Gabriele Haefs

111 GRÜNDE,
NORWEGEN
ZU LIEBEN

Eine Liebeserklärung an das
schönste Land der Welt

SCHWARZKOPF & SCHWARZKOPF

INHALT

VORWORT **9**

KAPITEL 1: WER SO ALLES IN NORWEGEN WOHNT UND WIE MAN SICH VERSTÄNDIGT **11**
Weil es in Norwegen so viele Fjorde gibt – Weil Norwegen von hochinteressanten Wesen bewohnt wird – Weil in Norwegen die Wikinger noch immer gegenwärtig sind – Weil es in Norwegen leicht ist, Wikinger zu besuchen – Weil sich in Norwegen alle duzen (oder auch nicht) – Weil die Leute in Norwegen so schöne Namen haben

KAPITEL 2: EIN ABSTECHER IN DIE POLITIK **31**
Weil es in Norwegen keinen Innenminister gibt – Weil das norwegische Parlament ein Vorbild sein könnte – Weil Norwegen ein lustiges Königshaus hat – Weil es so wunderbare Postkarten von der königlichen Familie gibt – Weil Oslo ein stattliches Königsschloss hat

KAPITEL 3: EIN BISSCHEN ÜBER MUSIK UND KULTUR **43**
Weil man in Norwegen echte Wiener Schrammelmusik hören kann – Weil Norwegen die kurioseste Alkoholpolitik aller Zeiten hat – Weil das Schnapstrinken in Norwegen ein ganz besonderes Erlebnis sein kann – Weil Norwegen ein Buchkaufparadies ist – Weil man in Norwegen beim Buchkauf einen trinken kann – Weil Norwegischlernen gar nicht so schwer ist – Weil es in Norwegen gleich zwei Sorten Norwegisch gibt – Weil manche Nynorskleute zu gern dem Klischee entsprechen wollen – Weil in Norwegen die Sami leben – Und weil in der Nähe dann auch noch die Quänen zu finden sind – Weil es wunderbare samische Musik und große Dichter gibt – Weil es in Norwegen überhaupt wunderbare Musik gibt – Weil es in Norwegen mutige Schallplattenfirmen gibt – Weil man trotzdem nicht a-ha hören muss

KAPITEL 4: EINIGE GANZ BESONDERE NORWEGISCHE BESONDERHEITEN 87

Weil in Norwegen sechs Dinge billiger sind als in Deutschland – Weil Aschenputtel in Norwegen ein Mann ist – Weil in Norwegen Gespenster Uniform tragen – Weil es in Norwegen überall spukt – Weil mein Lieblingsspuk gar nicht spukt – Weil es in Norwegen geheimnisvolle Häuser gibt – Weil in Norwegen sogar Fertighäuser wie Postkartenidylle aussehen – Weil es in Norwegen wunderbare Häuser gibt – Weil in Norwegen Schweine Inseln entdecken – Weil nirgendwo auf der Welt so viel über Mao Tse-Tung gesprochen wird wie in Norwegen – Weil nirgendwo auf der Welt Kaiser Wilhelm so verehrt wird wie in Norwegen

KAPITEL 6: EIN GRUSS AUS DER KÜCHE 109

Weil die norwegische Küche voller Überraschungen steckt – Weil es nur in Norwegen glibberigen Fisch gibt, der nach gar nichts schmeckt – Weil Labskaus in Norwegen gar kein Labskaus ist – Weil in Norwegen gutes Bier gebraut wird und Bier und Aquavit beim Lutefisk niemals fehlen – Weil Norwegen ein Schokoladenland ist – Weil Norwegen das Weihnachtsland schlechthin ist – so kann es zumindest wirken – Weil Norwegen ganz eigene Weihnachtsmärkte hat

KAPITEL 7: LAND UND VIELE GANZ BESONDERE LEUTE 127

Weil norwegische Krimiautorinnen etwas ganz Besonderes sind – Weil es in Norwegen geheimnisvolle Museen gibt – Weil Frau Amtsrichter Delphin in Norwegen wohnte – Weil in Norwegen Museen von Greifen bewacht werden – Weil in Norwegen eine Picasso-Skulptur, die es gar nicht gibt, zur Touristenattraktion geworden ist – Weil es in Norwegen wunderbare Statuen gibt, die wirklich aufgestellt worden sind – Weil der Ibsenpark in Løren etwas ganz Besonderes ist – Weil man in Oslo auf Ibsens Spuren wandeln kann – Weil Knut Hamsun Norweger war – Weil es in Norwegen ganz besondere Hotels gibt – Weil es in Norwegen das einzige Hotel mit eigener Hotelkapelle gibt – Weil in Norwegen Dinge erfunden worden sind, die wir jeden Tag benutzen – Weil kleine Gemeinden in Norwegen ihren ganz besonderen Charme haben

KAPITEL 8: EIN BLICK IN DIE LOKALPOLITIK 171

Weil in Norwegen Gemeinderäte dichten – Weil Bergen eine Schurkenstadt ist – Weil es bei Bergen einen Trollhügel gibt – Weil norwegische Trachten so schön bunt sind – Weil Ulvik eine poetische Perle ist – Weil in Norwegen ein Geruch zur Tourismusattraktion werden kann – Weil es in Norwegen wunderbaren Kuchen gibt – Weil Norwegen Kaffeeland ist – Weil Norwegen wunderbare Lokalzeitungen hat – Weil in Norwegen eine lokale Nachricht das ganze Land in Erregung versetzen kann – Weil es in Norwegen eine grandiose Klatschpresse gibt – Weil Norwegen Glossenland ist

KAPITEL 9: EIN BISSCHEN VOLKSSEELE 205

Weil man in Norwegen so richtig snobistisch sein darf – Weil ganz Norwegen den Osloer Flughafen hasst – Weil norwegische Eisenbahnangestellte richtig nett sein können – Weil Taxifahren in Norwegen zum Abenteuer wird – Weil Elling Norweger ist – Weil es in Norwegen berühmte Gräber gibt – Weil es in Norwegen eine ganz besondere Art von Höflichkeit gibt – Weil es nur in Norwegen ein Ostergebirge gibt – Weil in Norwegen vor allem Männer stricken – Weil norwegische Muster einfach zu allem verwendet werden können – Weil in der Textilkunst auch Frauen neue Wege gehen – Weil in Norwegen die alten Götter noch gegenwärtig sind – Weil man sich in Norwegen so schön einfach zum alten Götterglauben bekehren kann – Weil es in Norwegen so unendlich viele Vereine gibt

KAPITEL 10: EINIGE NORWEGISCHE PERSÖNLICHKEITEN, MENSCHLICHE WIE TIERISCHE, IM GUTEN WIE IM BÖSEN . . 243

Weil die norwegische Musikszene wirklich böse Männer zu bieten hat – Norwegen ist Metal-Land – Weil vor der Oper Kirsten Flagstad steht – Weil auch der neue Gott noch präsent ist, vor allem in der norwegischen Staatskirche – Weil in Norwegen der Schleimaal zum Nationalfisch werden konnte – Weil der Walfang doch irgendwie ein Abenteuer war – Weil Lebertran kriegsent-

scheidend war – Weil man trotz allem in Norwegen kein Walfleisch essen muss – Weil man in Norwegen trotzdem kein Skifan sein muss – Weil in Norwegen Eisbären hausen – und zwar in Spitzbergen – Weil Spitzbergen noch immer das letzte Traumziel ist – Weil in Norwegen der Buhund bellt – Weil es in Norwegen das Per-Willy-Institut gibt – Weil Norwegen das Heimatland der Stabkirchen ist – Weil Bjørnstjerne Bjørnson einfach allgegenwärtig ist

KAPITEL 11: WORÜBER WIR AUS NORWEGEN BALD MEHR HÖREN WERDEN 275

Weil Norwegen nicht nur Genies hervorgebracht hat, sondern auch den unbegabtesten Spion unserer Zeit – Weil die Menschenrechtlerin Solomia Karoli aus Norwegen stammt – Weil in Norwegen die Zeitschrift BLIKK erscheint – Weil die norwegischen Flussmuscheln eine ganz besondere Geschichte haben – Weil bestimmt auch Königin Eufemia Flussmuscheln zu schätzen wusste – Weil norwegische Pilze die Weltgeschichte geprägt haben – Weil es in Norwegen so schöne Gedenktage gibt – Weil der Norway Cup sogar Sportmuffeln gefällt – Weil Europas Heilbutthauptstadt in Norwegen liegt – Weil Nille das Einkaufsparadies überhaupt ist – Weil schon die Anreise eine Erholungsreise ist: die Kielfähre – Weil Kurt Schwitters in Norwegen sein eigenes Museum bekommt – Weil Norwegens Literaturförderung einzigartig ist – Weil Norwegen 2019 Gastland auf der Frankfurter Buchmesse sein wird – Weil es noch 111.111 weitere Gründe gibt, Norwegen zu mögen

ORTS- UND PERSONENLISTE, ZITATE 306

*Für Annette Bräker (1952–2015),
denn keine schrieb so schöne
Reiseberichte wie sie.*

VORWORT

Einhundertelf Gründe, Norwegen zu lieben? Auch der geübten Norwegenreisenden fällt es vielleicht anfangs schwer, so viele zu finden. Warum soll man Norwegen denn überhaupt mögen? Ein Land, das hemmungslos Öl fördert und (Auskunft von Greenpeace) eins von weltweit nur fünfen ist, die ihren eigenen Gesetzen nach industriellen Abfall einfach so ins Meer kippen dürfen – und das auch tun?

Ein Land, das sich damit brüstet, in puncto Geschlechtergerechtigkeit ganz weit vorn zu liegen, weil ja schließlich nur Unternehmen an die Börse dürfen, in denen der Vorstand zu mindestens 40 Prozent aus Frauen besteht – aber wo die vierzig umsatzstärksten Firmen des Jahres 2015, die nicht an der Börse notiert waren, rein männliche Vorstände aufwiesen? Wo Frauen wie fast überall so ungefähr ein Viertel weniger verdienen als Männer? Wo gewaltige Bauprojekte gewaltig angekündigt und dann nie vollendet werden? Wo bei jeder Flüchtlingsfamilie, die es über die Grenzen schafft, die Zustimmung für die fremdenfeindliche Propaganda der Rechtspopulisten in die Höhe schießt? Klingt doch alles wie in Deutschland. Außerdem ist alles furchtbar teuer, vor allem der Alkohol! Doch wenn die ersten negativen Assoziationen, die wir in Deutschland mit Norwegen verbinden, durch sind – Quisling, Walfang und Blaskapellen, wo man geht und steht –, dann kommen die guten. Ein Land voller Fjorde und Gebirge, ein Land, in dem die Geschichte überall zum Greifen nahe liegt, ein Land, in dem es wunderbare Musik, kuriose und köstliche Gerichte gibt, in dem Trolle, Wichtelmännchen und listige Waldfeen wohnen, vor denen man sich hüten sollte (oder auch nicht), und wo es zudem eine Königsfamilie gibt, die für wunderbare Skandale sorgt, von denen man hierzulande viel zu wenig hört? Norwegen ist nicht nur eine Reise wert, sondern zehn, zwanzig und endlos viele mehr. *Gabriele Haefs*

KAPITEL 1

WER SO ALLES IN NORWEGEN WOHNT UND WIE MAN SICH VERSTÄNDIGT

1. GRUND

Weil es in Norwegen so viele Fjorde gibt

Norwegen ist das Land der Fjorde – oder es gilt als das Land der Fjorde. Es stimmt schon, das ganze Land ist voller Fjorde, überall an der Küste zieht sich ein Fjord neben dem anderen ins Landesinnere, dazu gibt es Fjorde mitten im Land, die nicht mit der Küste in Berührung stehen, die der Einfachheit halber aber ebenfalls Fjord genannt werden (der Tyrifjord zum Beispiel). Viele Fjorde sehen auch gar nicht nach Fjord aus, jedenfalls, wenn wir die geologische Definition eines Fjordes zugrunde legen:

Ein Fjord ist in grauer Vorzeit (oder genauer gesagt, am Ende der letzten Eiszeit) entstanden, indem ein Gletscher aus seinem Ursprungsgebiet durch ein Flusstal abwärts rutschte. Die Gletschermassen rissen Gesteinsmassen mit, weshalb sich die ursprüngliche Talform änderte, oft wurden die Täler sehr viel tiefer, und die mitgerissenen Steine finden sich weit weg und werden auf Deutsch »Findlinge« genannt. Fjorde können sehr tief sein, der Boden eines Fjords liegt manchmal bis zu 1.000 Metern unter dem Meeresspiegel. Je mehr das Eis schmolz, umso tiefer ins Land konnte das Meer dem Talverlauf folgen und die freigelegten Täler füllen. Das erklärt die schroffen, dramatischen Fjorde an der norwegischen Westküste.

Neben den Fjorden gibt es die Förden. Die sind ebenfalls während der letzten Eiszeit entstanden, aber sie wurden nicht von meerwärts wandernden Gletschern gegraben, sondern von landeinwärts wandernden Gletscherzungen. Das klingt sehr theoretisch, und wer keine Ahnung von Geologie hat, vergisst es sofort wieder, aber jedenfalls erklärt dieser Unterschied, warum es ungeheuer sanfte, tief liegende Fjorde gibt, die mit den dramatischen, »typischen« Fjorden kaum Ähnlichkeit haben – sondern an die Kieler Förde erinnern. Die ja nicht umsonst Förde heißt. In Norwegen wird aber alles Fjord genannt, und das ist ja auch gut so, es ist auch so schon schwer genug, sich die vielen Fjordnamen zu merken und ihre Lage auseinanderzuhalten. Vielleicht heißt auch alles Fjord, weil das norwegische Selbstbild so sehr von der Vorstellung der Wikingernachkommen geprägt ist, die an schroffen Fjorden tapfer ihr Leben fristen. Wir wollen uns die Sache von einem echten Norweger erklären lassen.

Ørnulv Lyngmo-Heien war erst siebzehn, als er im November 2015 beim Literaturwettbewerb von Vestfold den zweiten Preis gewann. Sein preisgekrönter Essay über das norwegische Wesen ist noch nicht veröffentlicht, und für dieses Buch dürfen wir uns hemmungslos daran bedienen.

Hier ein paar Informationen vorab: Vestfold, auf dem Westufer des Oslofjords gelegen (wichtige Städte: Tønsberg, Larvik, Sandefjord), ist ein »fylke«, ein Regierungsbezirk. In deutschen Reiseführern liest man bisweilen bizarre Erklärungen dieses Begriffs, eine der erstaunlichsten, die mir bekannt ist, brachte diese vollkommen sinnlose Definition: Ein Fylke entspreche einem deutschen Bundesland, sei nur ganz anders strukturiert und habe andere Funktionen. Stimmt nicht, Fylke entspricht in Aufbau, Funktionen und Aufgaben einfach den deutschen Regierungsbezirken. Es gibt zwanzig davon, oder eigentlich einundzwanzig, aber Nr. 21 ist Svalbard (Spitzbergen), das einen Sonderstatus hat, darüber später mehr.

Und der Name Ørnulv Lyngmo-Heien ist einfach so ungeheuer norwegisch, dass er nicht so einfach unkommentiert hier stehen darf. Wörtlich übersetzt heißt das junge Genie: Adlerwolf Heidekrautheide-Heide. Dass die Eskimovölker endlos viele Wörter für Schnee haben, ist zwar nachweislich ein Gerücht, aber dass es in Norwegen endlos viele Wörter für Heide gibt, ist eine Tatsache. Jedenfalls, so kann man in Norwegen heißen, und der Name wirkt ganz normal und fällt nicht weiter auf. Auch die Namen sind ein Grund, Norwegen zu mögen, aber dazu kommen wir noch. Zurück zu den Fjorden.

»Nichts ist wohl norwegischer, als verwitterten Bergen und wilden Fjorden zu trotzen, Pfade anzulegen, die Ehre des Familiennamens weiterzuführen und uns ein Haus auf einer kleinen Felskuppe in einer ganz besonders feindseligen Umgebung zu bauen. Mit bloßen Händen, selbst hergestelltem Werkzeug und eigenhändig gebackenem Brot, mit Käse aus der Milch, die nur die zähesten Ziegen geben, wenn sie sich hoch über dem Geirangerfjord an einen kleinen Grasfleck klammern, wo Ola Nordmann einmal im Jahre Achtzehnhunderthungersnot um jeden Preis seinen Hof anlegen musste, um dann, zu seiner Enttäuschung, im Laufe der Geschichte nur einmal Anerkennung zu finden. Nämlich von einem deutschen Touristen, der langsam mit einem Schiff der Hurtigrute dahinfährt und zu seiner Empörung weder Troll noch Waldfee entdeckt, sondern nur diese total unbegreiflich platzierten Holzhütten, woraufhin er verdutzt ausruft: ›Meine Güte, nun sieh dir doch bloß mal diesen Hof da oben an!‹, und sein geplagter Mitreisender nickt genervt und murmelt etwas wie: ›Wenn die ihr ganzes Leben damit verbringen, mit einer Zwergbirke als einziger Freundin eine Felswand anzuglotzen, dann kann ich gut verstehen, dass die hier Black Metal produzieren.‹

Wir Norweger fühlen uns am wohlsten, wenn unsere Umgebung so kompliziert und praktisch idiotisch wie überhaupt nur möglich ist. Wenn unser Haus auf porösem Fundament in überschwemmungsgefährdeter Gegend steht, ein Dutzend Kilometerchen vom nächsten Lebensmittelladen entfernt, wenn der Regen uns ins Gesicht peitscht und dafür sorgt, dass wir rein gar nichts sehen, wenn die Kinder in eine Schule gehen, die drei Grad Ost durch die Heide liegt, durch die Furt und dann vier Kaffeepausen in der allgemeinen Richtung der Ölvorkommen, während wir von einer Idylle in südlicheren Gefilden träumen und bei Pest und Filzläusen die norwegischen Behörden verfluchen, die es weder schaffen, die Grundschule in nächster Nachbarschaft unserer Wohnstatt anzulegen, noch die kulturellen Aktivitäten dieser Buschsamen auf winzige Reservate auf Tanas weite Hochebenen zu beschränken, damit es nicht so verdammt anstrengend wäre, sich in diesem Land hier hin und her zu bewegen. Dann fühlen wir Norweger uns am wohlsten.«

Muss ich hinzufügen, dass diese Stimmung sehr schnell auf Norwegen-Besuchende übergreift? Wohl kaum ...

2. GRUND

Weil Norwegen von hochinteressanten Wesen bewohnt wird

Dass in Norwegen Norwegerinnen und Norweger wohnen, liegt auf der Hand. Aber der von Ørnulv Lyngemoe-Heiden erwähnte deutsche Tourist möchte ja auch Trolle und Waldfeen sehen, und bestimmt sind Trolle – neben den Wikingern – die international bekanntesten Bewohner Norwegens. Trolle sind erst einmal nur übernatürliche Wesen, die in vielerlei Gestalten auftreten können. Es gibt große und kleine, sichtbare und unsichtbare, freundliche und gemeine. Die fiesen Trolle sind oft ziemlich dumm und können durch List ausgetrickst werden. Mit Vorliebe wohnen sie im Wald, in dunklen Höhlen oder nah am Wasser. In einem der bekanntesten norwegischen Märchen haust ein Troll unter einer Brücke. Drei Brauseböcke kommen des Wegs, und der Troll droht ihnen, sie zu fressen. Aber weil er blöd ist und die Brauseböcke eben nicht, wird er am Ende von ihnen in den Fluss gestoßen und ertrinkt. Denn Trolle sind zwar übernatürliche Wesen, aber durchaus sterblich – selbst wenn sie, wie es oft vorkommt, drei Köpfe haben. Absolut zuverlässige Bekannte haben mir erzählt, dass es im Bezirk Troms noch heute alte Menschen gibt, die sich erinnern, dass früher oft ein Troll auf einem Feld auftauchte und die Pflüger anstarrte. Das brachte die dann so durcheinander, dass sie Zickzacklinien pflügten. Seit nicht mehr mit Pferdegespannen gepflügt wird, haben die Trolle aber offenbar damit aufgehört. Trolle, die im Gebirge wohnen, entführen gern schöne Prinzessinnen, die dann von einem Märchenhelden gerettet werden müssen. Sie schreien, wenn der Märchenprinz kommt: »Ich rieche Christenblut« – im Gegensatz zu den bösen Riesen aus Grimms Märchen, die »ich rieche, rieche Menschenfleisch« rufen. Aber ansonsten sind die Unterschiede eigentlich gar nicht so groß. Es gibt in Norwegen übrigens auch Riesen. Oder es gab sie. In den Sagen wirken sie sehr unklar, sind diffuse Gestalten, die sich neben den allgegenwärtigen Trollen nicht so richtig als eigenständige Wesen behaupten können. Riese heißt auf Norwegisch *jotul* oder *jotun*. Jotunheimen, das höchste Gebirge Norwegens, bedeutet also übersetzt: »Welt der Riesen«. Riesen werden gewaltige Kräfte zugeschrieben, sie häufen Gebirge und Geröllhalden an, sind bei ihrer Arbeit zielstrebiger als die eher einfältigen und chaotischen Trolle, halten sich aber von den Menschen fern, neue Riesengeschichten hört man in Norwegen heutzutage einfach nicht mehr.

Ein Troll, der sich lieber ganz im Wasser aufhält, ist der Nøkk (ein enger Verwandter des deutschen Nöck, das sagt schon der Name), er liebt es, einsamen Hirten oder Pilzesammlern aufzulauern. Der Draug, ein Meermann, haust im Meer und hat es auf Fischer abgesehen, er lockt sie gern in Unwetter oder Sturm. Was er eigentlich davon hat, bleibt ungewiss. Oft war ein Draug früher selber ein Seemann und ist bei einem Sturm umgekommen, sodass er vielleicht jetzt Gesellschaft haben und neuen Klatsch aus der Menschenwelt hören möchte.

Die bereits erwähnte Waldfee ist die schöne Huldra (es gab sie auch in alten deutschen Überlieferungen, Richard Wagner hat sie noch gekannt). Sie ist wunderschön, nur hat sie einen Kuhhintern samt Schwanz. Wenn einem Wandersmann in der norwegischen Natur also eine schöne Frau begegnet, die ihm konsequent den Rücken zukehrt, ist schon mal Vorsicht geboten. Huldren tragen immer lange Gewänder, doch der Schwanz lugt darunter hervor. Also, genau hinschauen und nicht einfach mitgehen. Von manchen Wissenschaftlern ist die Gestalt der Huldra als Ausdruck der Sexualangst gedeutet worden, die Angst, von einer schönen Frau verzaubert und damit geschwächt zu werden. Ob das nun stimmt oder nicht, dann sind die norwegischen Männer nicht allein mit dieser Angst – in Deutschland sitzt die Huldra bekanntlich auf einem Felsen, kämmt ihr güldenes Haar und hat als Loreley schon manchen Rheinschiffer ins Verderben gestürzt. Wie oft so eine Huldra sich zeigt, ist unklar. Die meisten norwegischen Männer, die Huldrengeschichten erzählen, beteuern, diese Begegnung nicht selbst erlebt zu haben, aber jemanden zu kennen, der einer schönen Huldra in ihre Berghöhle folgte. Wenn er dann nach Monaten oder Jahren wieder herauskam und zu den Menschen zurückkehrte, war er total verändert, in sich gekehrt und wollte nie über dieses Erlebnis sprechen.

Neben Trollen und Hulden gibt es in Norwegen auch Wichtelmännchen, Nisser genannt. Das Wort »Nisse« ist angeblich vom Heiligen Nikolaus abgeleitet, weshalb der Weihnachtsmann auf Norwegisch Julenisse heißt, also Weihnachtswichtel. Neben dem großen Weihnachtsmann, der mit seinem von Rentieren gezogenen Schlitten kommt und Geschenke bringt, gibt es noch viele kleine Nisser, die eigentlich immer lieb und nett sind und durchaus bereit, Menschen zu Hilfe zu kommen. Eigentlich hat jedes Haus einen Nisse, der irgendwo auf dem Dachboden oder in einem Schuppen haust und sich nur selten sehen lässt. Zu Weihnachten gehört es sich ganz einfach, dem Hauswichtel ein Schüsselchen mit Weihnachtsbrei hinzustellen, und selbst gestandene Naturwissenschaftler, die das ganze Jahr hindurch über jede Art von Aberglauben erhaben sind, folgen diesem Brauch. Denn das sei, so beteuern sie auf die Fragen der erstaunten Gäste aus dem Ausland, ja gar kein Aberglaube, sondern Tatsache. Der Wichtel wartet auf seinen Brei, und man weiß nicht, was passiert, wenn er ihn nicht bekommt. Ein bekanntes norwegisches Weihnachtslied handelt vom Wichtel, der oben auf dem Dachboden sitzt und seinen süßen Brei löffelt – für deutsche

Gäste ist es mindestens so unbegreiflich, dass dieses Lied zur Melodie von *Meine Oma fährt im Hühnerstall Motorrad* gesungen wird wie der ganze Brauch überhaupt. Aber man gewöhnt sich schnell daran und freut sich wahnsinnig, wenn man im nächsten Jahr dann ausersehen wird, dem Wichtel seinen Brei hinzustellen.

3. GRUND

Weil in Norwegen die Wikinger noch immer gegenwärtig sind

Die Wikinger werden je nach Bedürfnis dargestellt als furchtbare Wüteriche, die auf ihren Beutezügen fremde Küsten überfielen und mordeten und sengten, oder als tapfere Helden und Entdecker, oder sogar als Kaufleute, die eigentlich niemandem etwas getan haben. Der Name Wikinger bedeutet eigentlich ganz langweilig »Buchtbewohner«, und wenn wir uns die norwegische Küste ansehen, dann finden wir endlos viele Ortsnamen auf »vik« (Bucht). Den Buchtbewohnern, die im frühen Mittelalter in den Buchten und im Inneren der Fjorde lebten, blieb eigentlich gar nichts anderes übrig, als loszusegeln und zu versuchen, durch Handel oder Raubzüge genug Nahrung herbeizuschaffen, um sich und ihre Sippe durch den Winter zu bringen. Eigentlich ganz einfach. Aber sie haben auch große Entdeckungen gemacht, haben Island und Grönland besiedelt und auf Sizilien ein Königreich gegründet. Bücher über die Wikinger und ihre Reisen und Beutezüge füllen ganze Bibliotheken, und doch gibt es noch viele Forschungslücken. Das macht es nun wiederum leicht, sie für verschiedene Ziele zu instrumentalisieren. In Zeiten mit starkem Nationalbewusstsein wurde in Norwegen ganz bewusst auf die Wikinger zurückgegriffen. Während der Nationalromantik im 19. Jahrhundert (als Norwegen die Unabhängigkeit als Staat anstrebte) und im Ersten Weltkrieg sollten sie das starke, unabhängige Norwegen darstellen. Heute ist es vor allem die Tourismusindustrie, die zu Werbezwecken auf Wikingerklischees zurückgreift. Dass solche Wikingerbilder wenig mit der Wirklichkeit übereinstimmen, spielt da keine Rolle. Es ist leicht zu beweisen (das wissen wir durch Skelettfunde, durch bei Grabungen entdeckte Kleidungsstücke, durch die Größe der Waffen), dass die alten Könige und Helden für heutige Maßstäbe eher kleinwüchsig waren, durchaus nicht die Riesen, von denen die Sagas berichten. Viele Wikinger gingen zwar auf weite Fahrten und mordeten und brandschatzten, andere waren aber ganz normale Kaufleute, und wieder andere zogen nicht aus Entdeckerfreude los, sondern weil sie sich zu Hause unmöglich gemacht hatten und irgendwo in der Fremde ein neues Leben aufbauen mussten – das ist der Hintergrund der Besiedlung von Island und Grönland und der verschollenen wikingischen Siedlungen in Nordamerika. Die typischen Wikinger, die also, die im Winter zurückkehrten und als brave Hausväter die während der Reisen des Sommers zerbrochenen und verlorenen Waffen und Werkzeuge reparierten, konnten das alles nur, weil Frau Wikingerin zu Hause die Stellung hielt, auf kargem Boden Haus und Hof bewachte und dafür sorgte, dass die Ernte ins Haus kam.

Dennoch sind gerade in den letzten Jahren die Wikinger abermals gewaltig in Mode gekommen und müssen als Identifikationsfiguren herhalten. Eine Menge Buchtitel spricht da eine deutliche Sprache: *Das Russland der Wikinger* oder *Prinz Wladimir, ein russischer Wikinger*. Namen wie Olga, Oleg und Igor werden als Ableitungen nordischer Namen wie Helga, Helge und Ingvar gedeutet, und immer wieder wird der Eindruck erweckt, dass es mit Russland bergab gegangen sei, seit die Wikinger dort nicht mehr das Sagen hatten, und dass die Russen eben starke Herrscher wollen. Der erste starke Herrscher dort war der Wikinger Rurik (ca. 830 bis ca. 890), wobei andere Historiker darauf hinweisen, dass es gar nicht klar ist, ob dieser Rurik nicht eine nicht nachweisbare Sagengestalt ist. Dennoch wird Putin als »Prinz Wladimir« sozusagen als direkter Nachfahre und im Grunde damit echter Wikinger ausgegeben. Solche Auswüchse des Wikingermythos sind vielleicht doch kein so überzeugender Grund, Norwegen zu mögen, aber es gibt wunderbar viele Wikingersachen, die wir guten Gewissens mögen können. Und viele Wikingermythen sind vor allem lustig:

In dem rekonstruierten wikingischen Langhaus von Borg auf den Lofoten erfährt die erstaunte Besucherin, dass es ein Mythos ist, dass die Wikinger Helme mit Hörnern trugen. Und diesen Mythos hat angeblich der an nordischen Dingen sehr interessierte Richard Wagner in die Welt gesetzt. Einfach, weil man seine singenden Helden ja irgendwie unterscheiden können musste, wenn sie auf der Bühne standen, und da bot sich die Farbe der Hörner ja geradezu an. Ob das stimmt, war nicht zu ermitteln (wo gibt's denn bei Wagner Wikinger?), ist aber egal. Wir sehen, die Wikinger, egal wie und bei wem, sind immer noch für eine schöne Geschichte gut.

4. GRUND

Weil es in Norwegen leicht ist, Wikinger zu besuchen

Im Jahre 1904 wurde bei Tønsberg in Vestfold ein Schiff ausgegraben, das nach dem Fundort (einem Gehöft namens Osberghof) den Namen Oseberg-Schiff erhielt. Es ist bis heute der reichhaltigste Fund aus der Wikingerzeit. Das Oseberg-Schiff ist ein komplett erhaltenes Wikingerschiff, mit reichen Schnitzereien überall, Drachenköpfen, verschlungenen Mustern, alles, was das Wikingerklischee will. Es war aber offenbar niemals fahrtüchtig, sondern sollte vor allem schön sein. Sein Zweck: als besonders luxuriöser Sarg einer zweifellos bedeutenden Frau zu dienen. In dem in einem Hügel beim Osberghof vergrabenen Schiff fanden sich die Skelette zweier Frauen, einer jungen und einer sehr viel älteren, dazu eine reiche Menge an Grabbeigaben: Gefäße, Textilien, Schmuckstücke, Lebensmittel, alles, was eine große Dame im Jenseits eben so braucht. Die ältere Frau war vermutlich die, um die es hier ging, die jüngere wohl eine Dienerin, die ihre Herrin auch auf der Reise in die Nachwelt bedienen sollte. Mehr lässt sich nicht sagen. Zuerst wurde im romantischen Überschwang jener Jahre – 1905 errang Norwegen seine staatliche Unabhängigkeit, und alles, was auf die glorreiche Vergangenheit des Landes hinwies, war willkommen! – angenommen, es müsse sich um eine mächtige Königin handeln, am besten um Frau Åsa aus dem Herrschergeschlecht der Ynglinge, die Großmutter des bekannten Wikingerkönigs Harald Schönhaar. Beweise ließen sich nicht erbringen, und irgendwann kamen die Forscher von dieser Ansicht ab. Versuche, mithilfe der Skelettreste eine DNA-Bestimmung vorzunehmen, scheiterten, kurzum, wir wissen eigentlich nichts über die beiden Oseberg-Frauen. Aus dem für den Schiffsbau verwendeten Holz geht hervor, dass das Schiff um das Jahr 820 herum gebaut worden sein muss. Vom Christentum hatte man in Norwegen damals höchstens gerüchteweise gehört – und die meisten Forscher vertreten heute die Ansicht, die ältere Frau sei eine Hohepriesterin gewesen, die mit den ihrem Amt zukommenden Ehren bestattet wurde.

Das Osebergschiff – es war das dritte Schiff aus der Wikingerzeit, das um 1900 im Bezirk Vestfold ausgegraben wurde, es war das größte, prachtvollste und besterhaltene.

Kein Wunder, dass sich in der Gegend leises Murren regte, als das Osebergschiff wie seine beiden Vorgänger (das Gokstadschiff und das Tuneschiff) zur wissenschaftlichen Untersuchung nach Christiania (wie Norwegens Hauptstadt Oslo damals hieß) gebracht wurde. Aber es sollte ja nur vorübergehend sein, wie es hieß, und Tønsberg hatte damals eben keine Universität, die die Untersuchungen vornehmen könnte. Zuerst wurde das Osebergschiff in einer Halle der Universität von Christiania untergebracht, dann bekam es auf der Museumsinsel Bygdøy ein eigenes Haus, das Vikingskiphus, und dort liegt es noch heute. Der Bezirk Vestfold und vor allem die

Stadt Tønsberg forderten es zwar ab und zu zurück, aber da stellen sich die staatlichen Stellen in Oslo taub.

Irgendwann hatten sie die Sache dann satt. Und fingen an, das Schiff nachzubauen. »Nachbauen« ist zu schwach ausgedrückt, es gibt aber kein Wort, das alles umfasst, was in Tønsberg geschah. Denn das Schiff wurde mit der Technologie des Mittelalters kopiert, nachgeahmt, mit dem Werkzeug, das es damals gab, ohne Motorsägen oder sonstige moderne Hilfsmittel. Die Segel wurden handgewebt, aber zuerst wurde der Flachs, aus dem das Segeltuch dann entstehen konnte, mit der Hand gekratzt, gesponnen, was immer sonst Flachs noch verlangt – in Tønsberg ist es möglich, den Arbeitsgruppen bei der Arbeit zuzusehen, wie sie im Wikingergewand am Schiff herumschnitzen oder die Spindel betätigen. Das neue Osebergschiff ist längst fertig, aber die Fans in Tønsberg sind auf den Geschmack gekommen – sie bauen noch ein Wikingerschiff und noch eins. Wikingerfans aus aller Welt kommen zu Besuch, bleiben einige Wochen oder Monate und helfen mit. Es ist ein unbeschreiblicher Anblick, an einem trüben Novembermorgen in Tønsberg um die Ecke zu biegen, die Bucht mit dem Hafen öffnet sich vor unseren Augen, und aus dem Nebel ragen die legendären Drachenköpfe auf!

Ein Informationshäuschen im Hafen ist im Winter nachmittags geöffnet, in den Sommermonaten den ganzen Tag. Man bekommt dort Auskünfte über das laufende Bauprojekt, kann Bücher zum Thema kaufen, und vor allem kann man sich auf eine Warteliste setzen lassen. Gegen eine Spende darf man dann bei der nächsten Fahrt eines Wikingerschiffes die Küste entlang mitmachen, wie lange und bis zu welchem Hafen, hängt ab von der Höhe der Spende.

Im November 2015 lag der Mindestbetrag (kleinere Spenden sind natürlich auch willkommen, berechtigen aber nicht zu einer Schiffspassage) bei 500 Norwegischen Kronen. Damit kommt man aber nicht weit, höchstens bis Arendal. Wer bis zu den Lofoten mitfahren will, muss tiefer in die Tasche greifen, die Summen sind allerdings verhandelbar und ändern sich immer wieder, je nachdem, wer mit welchem Betrag auf der Warteliste steht.

Als Spender auf einem Wikingerschiff mitfahren zu dürfen, berechtigt nun aber nicht dazu, an Deck auf Rentierfellen zu liegen, Met zu schlürfen und die märchenhaft schöne norwegische Südküste an sich vorbeiziehen zu lassen – wer an Bord geht, muss mit anpacken und lernt, welche elende Plackerei die wikingischen Seeleute tagtäglich verrichten mussten. Eine Hohepriesterin ist leider nicht an Bord, die vielleicht die schmerzenden Blasen an den Händen mit mittelalterlichem Zauber heilen könnte. Immerhin, die Pflaster aus der Bordapotheke sind von heute, es werden also nicht vollkommen strenge Maßstäbe angelegt.

Die Reise von Tønsberg zu den Lofoten dauert mehrere Wochen und ist derzeit die weiteste Reise, die die Tønsberger Wikingerschiffe unternehmen. Weitere sind allerdings geplant, nach Island, Grönland, und warum nicht auch weiter? Die Wikinger waren ja schließlich auch überall.

Eben auch auf den Lofoten. In Borg auf der Lofoteninsel Vestvågøy wurde vor dreißig Jahren eine Siedlung ausgegraben, die mindestens tausend Jahre lang bestanden hatte und vermutlich erst zur Zeit der großen Pest im 15. Jahrhundert aufgegeben wurde. Zu der Zeit, als in Tønsberg das Osebergschiff gebaut wurde, lebten in der Siedlung von Borg vermutlich um die achtzehnhundert Personen. Sie wohnten natürlich auf viele kleinere Gehöfte verteilt, aber der Mittelpunkt der Siedlung war das Langhaus, der Sitz des Häuptlings (oder Königs, über die genaue Benennung der wikingischen Herrscher sind sich die Gelehrten nicht einig). Ein Langhaus, der Name sagt es schon, war ein sehr langes Haus. Eigentlich so eine Art in die Länge gezogenes niedersächsisches Hallenhaus. Von der Feuerstätte aus, die an einer zentralen Stelle angelegt war, konnte die Herrscherin des Hauses genau beobachten, wer sich gerade wo befand und was die Hausbewohner so unternahmen. Geschlafen wurde auf schmalen Bänken an den Wänden, aber nicht überall, denn auch das Vieh musste im Winter untergestellt werden können. Und sorgte damit für eine gewisse Erwärmung, bei den harten nordischen Wintern sicher ebenso willkommen wie in den Hallenhäusern der norddeutschen Tiefebene.

Das Langhaus von Borg kann besucht werden. Wenn man einen Schritt in die Wikingerzeit tun möchte, muss man es sogar besuchen, auch wenn man also nicht mit einem Wikingerschiff aus Tønsberg gekommen ist. Es ist sozusagen Wikingerzeit zum Anfassen! Man darf auf dem Hochsitz des Häuptlings Platz nehmen, man darf wikingische Waffen (na ja, in Nachbildung) in die Hand nehmen, man darf einen Wikingerhelm (mit den Wagner zugeschriebenen bunten Hörnern) aufsetzen – und wenn man zur Mittagszeit kommt, gibt es nebenan im Café einen Imbiss aus geräuchertem Fleisch und harten dünnen Brotfladen, wie er schon zur Wikingerzeit gereicht wurde.

5. GRUND

Weil sich in Norwegen alle duzen (oder auch nicht)

In der Wikingerzeit, das wissen wir aus den alten Sagas, gab es zwar eine streng durchstrukturierten Gesellschaft, es gab Sklaven, Leibeigene, Freie, Adelige, es gab Häuptlinge und Königinnen und Priesterinnen und Hohepriester, und in christlicher Zeit dann noch die Geistlichkeit, vom Wandermönch bis zum Bischof. Und entsprechend gab es ein reichhaltiges Angebot an Anredeformen, Ehrenbezeichnungen, Titeln – nur eins gab es nicht, eine Höflichkeitsform in der Anrede. Es gab »du« für eine Person und »ihr« für mehrere, Schluss, aus. Das änderte sich dann später, und in der frühen Neuzeit kam eine höfliche Anrede auf: De, »Sie« – also auch die dritte Person Plural, wie im Deutschen. Es wird spekuliert, ob es der deutsche Einfluss war, der diese Form aufbrachte, durch enge

Handelsbeziehungen zum Beispiel. Der Adel sprach zwar französisch, und alles Französische galt als besonders elegant und formvollendet, aber gerade bei den Anredeformen ließ man sich nicht vom französischen »Vous« inspirieren. Die Sie-Form gibt es im Norwegischen noch immer, aber in den letzten Jahrzehnten ist das »De« ziemlich verschwunden. Irgendwann beschloss dann das norwegische Parlament, dass nur noch der König und die königliche Familie gesiezt werden müssten. Wenn Sie also irgendwo in Norwegen eingeladen sind, dann dürfen Sie getrost alle mit Du anreden, es sei denn, Sie seien beim König zum Kaffee. Der jetzige Kronprinz, Haakon Magnus, lässt sich in Interviews gern duzen, man sollte sich aber nicht darauf verlassen, dass das »du« bei Königs immer und jederzeit so gut ankommt. Das hat jetzt nichts mit Norwegen zu tun, hätte aber auch dort passieren könne: Kurz vor Weihnachten 2015 fuhr die dänische Königin Margarethe einem jungen Journalisten bei einer Pressekonferenz wütend über den Mund. Der junge Spund hatte die Königin geduzt. Worauf sie sagte: »Ich kann mich nicht erinnern, dass wir zusammen zur Schule gegangen sind!« Im Internet erfreut sich diese Szene noch immer großer Beliebtheit und hat die Beliebtheit der Königin noch weiter gesteigert.

Es ist also nicht ganz so einfach, wie es klingt, wenn man hört, dass sich in Norwegen »alle« duzen. Versicherungen schreiben ihren Klienten heute noch gern per Sie, überhaupt wird alles Unpersönliche gern in die eigentlich nur in königlichen Zusammenhängen benutzte Sie-Form gekleidet. Und es gibt eine Anredeform, die irgendwo zwischen »Sie« und »du« liegt und sozusagen die Sie-Form ersetzt und für die es im Deutschen keine Entsprechung gibt.

Dazu wird der Titel verwendet, wenn man denn einen hat, aber irgendeinen Titel hat schließlich jeder und jede. Oder man erfindet einen. Es gibt eine viel erzählte Anekdote, in der ein älterer Herr in Norwegen mit einer Fähre unterwegs ist. Er steht an der Reling, betrachtet die schöne Fjordlandschaft, aber irgendwann hat er von der Schönheit genug und würde gern im Schiffscafé einen Cognac trinken, aber am liebsten nicht allein. Neben ihm steht ein anderer älterer Herr. Der erste Herr überlegt, der andere wäre sicher ein passender Trinkgenosse, aber er weiß ja nicht, wie er heißt. Und einfach zu sagen: »Du, wollen wir zusammen einen trinken«, findet er zu unhöflich. Was also tun? Als die Sehnsucht nach dem Cognac zu stark wird, findet er die Lösung, er holt tief Luft und sagt: »Möchte der Mitreisende wohl mit mir einen Cognac trinken gehen?«

Die höfliche Anrede läuft also so: Irgendein Titel, und dann in der dritten Person reden, das direkte Anredepronomen einfach auslassen. Das klingt einfach, kann aber noch ganz andere Probleme machen als die, die der nette Herr mit seinem Cognacdurst bewältigen musste. Lesen Sie gern skandinavische Krimis? Dann stellen Sie sich eine Szene vor, wo der Ermittler einen »Richter am Obersten Gericht« befragen muss. Die Szene zieht sich über fünf Seiten hin, und immer wieder sagt der Ermittler: »Würde der Richter am Obersten Gericht sich wohl setzen?«, »Darf ich dem Richter am Obersten Gericht einen Kaffee anbieten?« Kein einziges Mal fällt der Name, und die Übersetzerin verzweifelt. Die Szene so ins Deutsche zu übertragen geht einfach nicht, es würde verquast und wahnsinnig umständlich klingen, aber so steht es da. Meistens liegt die Lösung darin, den Autor des Romans zu fragen. Der fällt dann aus allen Wolken, findet die Problematik aber witzig und irgendwie exotisch, und dann schlägt er vor, der Richter am Obersten Gericht solle Larsen oder Astrup heißen. Dann sagt der Ermittler: »Herr Larsen, möchten Sie einen Kaffee?«, und alles ist gut. Die norwegische Variante hat aber doch mehr Stil, finden Sie nicht?

Norweger übrigens, die längere Zeit in Deutschland oder Frankreich gelebt haben, erzählen, dass sie die Sie-Form eigentlich richtig gut finden und sich ärgern, wenn sie dann in Norwegen von Wildfremden geduzt werden. Auch da kann die Anrede mit Titel eben Abhilfe schaffen!

6. GRUND

Weil die Leute in Norwegen so schöne Namen haben

Dass man in Norwegen Adlerwolf Heidekrautheide- Heide heißen kann, ist ja eigentlich Grund genug, dieses Land zu mögen, aber so schöne Namen haben nun doch nicht alle. Das, was in Deutschland Otto Normalverbraucher ist, sind in Norwegen Ola und Kari. Ola und Kari waren lange Zeit die in Norwegen am häufigsten vorkommenden Vornamen, und mit Nachnamen heißen viele Larssen, Olsen oder Hanssen. Nachnamen, die vom Vater auf den Sohn vererbt werden, gibt es in Norwegen erst seit etwa zweihundert Jahren, vorher hatten nur die Adelsfamilien einen eigenen Nachnamen – und Leute, die aus dem Ausland eingewandert waren und einen Namen mitbrachten (aber darunter waren dann wiederum viele dänische Adelige, die als Verwaltungsbeamte in das bis 1814 unter dänischer Herrschaft stehende Norwegen geschickt wurden). Je mehr sich moderne Verwaltungsmethoden durchsetzten, umso sinnvoller erschien es der Obrigkeit, die Untertanen nach Namen ordnen zu können. Und die Norweger wurden vor die Wahl gestellt: Entweder den Namen des Vaters übernehmen und dann behalten, also Larssen (Sohn von Lars), oder den des Hofes, und so kommt es, dass viele norwegische Nachnamen etwas mit Wald, Heide, Berg und Tal zu tun haben. Ein -sen-Name konnte also durchaus darauf hinweisen, dass jemand aus einer nicht gerade begüterten Familie kam. Der dänische Märchendichter Hans Christian Andersen schreibt in einer autobiografischen Geschichte, dass er voller Verzweiflung dachte: »Aus mir wird nie was!« Denn wenn man Andersen heißt, ist ja klar, dass man immer arm bleiben wird. Er wurde dann damit getröstet, dass der um 1800 ungeheuer erfolgreiche dänische Bildhauer Bertel Thorvaldsen ja auch nur einen -sen-Namen habe und doch weltberühmt geworden sei. Auch in Norwegen ist seit Andersens Zeiten die Gesellschaft viel durchlässiger geworden, die Sache mit den Namen ist nicht mehr ganz so schlimm, aber ein wenig klingt doch noch nach. Der in Norwegen sehr erfolgreiche Krimiautor Jan Mehlum lässt in seinem ersten Roman, *Schöner Schein trügt*, einen Mann auftreten, der Karlsen heißt. Er will unbedingt nach oben, und Karlsen ist ihm nicht fein genug, deshalb nennt er sich Krüger.

Für Deutsche ist es natürlich schwer zu verstehen, dass Krüger vornehmer sein soll als Karlsen. Umgekehrt finden Norweger deutsche Namen oft wahnsinnig komisch. Dass man »Breitschuh« oder gar »Fick« heißen kann, ist eine ständige Quelle der Heiterkeit. Dass Heidekraut-Heide ebenso komisch ist, finden sie dann schwer zu erklären, weil sie eben an jede Variation von Landschaftsnamen gewöhnt sind. Elsebutangen (Elsehofslandspitze), Storbukaas (Großbockgipfel) oder Kvilekval, das hat irgendwas mit Meer und Strand zu tun. Zu meinen Studienzeiten fanden wir diesen Namen wahnsinnig komisch, und wir fragten uns, warum der Autor Nils Kvilekval sich kein seriöser klingendes Pseudonym zulegte. Aber es stellte sich heraus, dass Kvileval sein Pseudonym war: In Wirklichkeit hieß er Kvilekvål!

Es ist in Norwegen relativ leicht, sich einen neuen Namen zu geben. Jedes in Norwegen geborene Baby bekommt nämlich eine »Personennummer«, daraus geht hervor, wann das Kind auf die Welt gekommen ist und welches Geschlecht es hat. Diese Personennummer entspricht eigentlich dem, was früher im Deutschen Reich Personenkennnummer hieß und was ab und zu ein Innenminister neu einführen möchte, weil man dann die Bevölkerung eben besser überwachen kann. In Norwegen gibt es also Personennummern, und nur die allereifrigsten Datenschützer nehmen daran Anstoß. Persönliche Namen sind für die norwegische Bürokratie sozusagen die Kirsche auf der Sahnetorte, nett, aber eigentlich nicht nötig. Deshalb ist es leicht und billig, sich einen neuen Namen geben zu lassen.

Bis 1971 galt das allerdings nur für erwachsene Männer. Kinder mussten den Namen tragen, den ihr Vater sich ausgesucht hatte,

Frauen den ihres Mannes. Ab 1971 durften Frauen dann ihren Geburtsnamen behalten oder sich einen neuen suchen, jedenfalls mussten sie nicht mehr heißen wie ihr Mann. Diese Regeln wurden nach und nach immer weiter liberalisiert, heute können Eltern entscheiden, welche Nachnamen ihre Kinder bekommen, ein Kind vielleicht bekommt den des Vaters, das nächste den der Mutter, das dritte beide als Doppelnamen. Und ohne weiteren bürokratischen Aufwand haben alle die Wahl zwischen vier Namensvarianten, der »modernen« und der »wikingischen«.

Nehmen wir Bjørn Hanssen, dessen Mutter Sigrid Fimbulvinter hieß und dessen Vater Thor Helgetveidt. Bjørn hat keine Lust mehr auf Hanssen. Nun kann er sich nennen: Bjørn Fimbulvinter, nach der Mutter, Bjørn Helgetveidt, nach dem Vater, oder, nach Mittelaltermanier: Bjørn Sigridssønn – Sigridssohn – oder Bjørn Thorsson – Thorssohn. Wenn er dagegen nicht mehr Bjørn heißen will, dauert der bürokratische Vorgang ein wenig länger. Die meisten Norweger scheinen allerdings mit den Namen zufrieden zu ein, die ihnen ihre Eltern zugedacht haben, Sie brauchen nicht zu befürchten, dass Ihre norwegischen Freunde bei Ihrem nächsten Norwegenbesuch ganz anders heißen.

Die Sache mit den Personennummern kann durchaus Probleme machen – so praktisch das System manchmal auch wirken mag. Wer sich auf Dauer in Norwegen niederlässt, braucht eine Personennummer. Wer nur zu Besuch ist, braucht oft auch eine. Selbst wenn das Gesetz das gar nicht vorsieht, bestehen viele Institutionen darauf. Norwegische Formulare enthalten oft den Kasten für die Personennummer, und nicht immer hilft die Beteuerung, man komme doch aus einem Land, wo die Leute nicht nummeriert werden.

Dass ich schon häufiger meinen deutschen Personalausweis kopieren musste, um ein Honorar für einen Vortrag in Norwegen ausbezahlt zu bekommen, ist ja irgendwie noch einzusehen – die Kopien werden dann mit der Lupe abgesucht, ob sich auch nirgendwo eine Personennummer versteckt hat. Sie werden gestempelt, noch mal kopiert, in irgendwelchen Ordnern verstaut, und dann kommt irgendwann das Geld. Ein Antiquariat in Oslo, bei dem ich zwei Bücher bestellen wollte, verlangte meine Personennummer. Dass ich keine habe, weil ich einen deutschen Pass habe, den ich gern vorlegen wollte, beeindruckte den Antiquar kein bisschen. Wer keine Personennummer hat, egal warum, bekommt keine Bücher geschickt. In seiner gemailten Antwort wurde ich übrigens mit Sie angeredet (also mit »De«. Nicht einmal einen Titel hatte er sich für mich überlegt). Ein kleiner Trost: Wenn man persönlich vorbeigeht und die Bücher direkt bezahlt, geht es auch ohne.

KAPITEL 2

EIN ABSTECHER IN DIE POLITIK

7. GRUND

Weil es in Norwegen keinen Innenminister gibt

Das klingt sofort sympathisch, und ist natürlich auch finanziell von Vorteil, Minister verdienen in Norwegen schließlich auch sehr gut und haben Pensionsansprüche. Der Grund, warum es keinen Innenminister gibt, ist aber einfach ein praktischer.

Als Norwegen im Jahre 1905 unabhängig wurde und das erste norwegische Parlament entscheiden sollte, wie viele und welche Minister sie denn brauchten, war die allgemeine Meinung: Einen Innenminister brauchten sie nicht. Alles, was in anderen Ländern Aufgabe des Innenministers ist, könnten die sonstigen Minister unter sich aufteilen. Und so geschah es.

Manche sind aber mit dieser sinnvollen Regelung nicht zufrieden. Im Sommer 2015 beschloss die norwegische Mitte-Rechts-Regierung, den Posten eines Innenministers einzurichten. Ein wirklich überzeugender Grund wurde nicht genannt, außer: Wenn alle anderen Länder einen haben, wollen wir auch einen. Aus dem Vorschlag wurde aber nichts. Norwegen hatte nämlich schon einmal einen Innenminister! Und zwar zwischen 1940 und 1945, als das Land von deutschen Truppen besetzt war und der norwegische Naziführer Vidkun Quisling eine Marionettenregierung bildete. Unter Quisling gab es einen Innenminister! Diese Erinnerung war Grund genug für die Regierung, sofort einen Rückzieher zu machen, und so kommt es, dass Norwegen weiterhin keinen Innenminister hat.

8. GRUND

Weil das norwegische Parlament ein Vorbild sein könnte

Das klingt vielleicht übertrieben, und seit einer Führung durch das Gebäude des schwedischen Parlaments weiß ich, dass das schwedische ähnlich kluge Vorkehrungen hat wie das norwegische. Aber der Parlamentsführer in Stockholm betonte, nur Schweden und Norwegen hätten so weise Entscheidungen getroffen, und er wirkte so überzeugend, dass ich ihm sofort alles geglaubt habe. Beim norwegischen Storting – so heißt das Parlament, also das »große Ting« – fällt sofort auf, dass die Sitze furchtbar unbequem sind, und da kann man doch hoffen, dass die Abgeordneten schnell zur Sache kommen und nicht ewig herumreden. Aber wichtiger ist die Sitzordnung.

Die Abgeordneten sitzen nicht nach Parteien sortiert, sondern alphabetisch geordnet. Da liegt es auf der Hand, dass ein höflicherer Umgangston herrscht als anderswo, und dass anzügliche und beleidigende Zwischenrufe seltener vorkommen. Es ist einfach nicht so leicht, loszupöbeln, wenn man durch die Fügungen der Namenswahl zwischen Parteiangehörigen des Redners sitzt, den man so gern zusammenbrüllen würde.

In Schweden werden sie dagegen nach ihrem Herkunftsbezirk gesetzt, auch das sorgt für eine gewisse soziale Kontrolle, und so sind offenbar das norwegische und das schwedische Parlament die Volksvertretungen auf der Welt, in denen die manierlichsten Umgangsformen herrschen.

9. GRUND

Weil Norwegen ein lustiges Königshaus hat

Als Norwegen 1905 aus der seit 1814 bestehenden Union mit Schweden ausschied und zum unabhängigen Staat wurde, gab es kein langes Gerede, sie wollten dann auch einen König. Die europäischen Monarchien boten eifrig überzählige Prinzen an, die Wahl fiel auf den dänischen Prinzen Carl von Glücksburg. Carl war verheiratet mit der englischen Prinzessin Maud, einer Enkelin von Queen Victoria und außerdem Lieblingskusine des deutschen Kaisers Wilhelm II. Als frischgebackener König von Norwegen beschloss Carl sofort, dass die neue Dynastie keinen Nachnamen haben sollte, also nicht wie die Windsors, die Bernadottes oder die Hohenzollern. Damit wollte er den Neuanfang des norwegischen Königshauses betonen, zugleich aber legte er Wert auf Kontinuität und nahm den altehrwürdigen Wikingernamen Haakon VII an. Der große, schlanke Haakon mit seiner zackigen Haltung gewann rasch die Liebe seiner neuen Untertanen und gilt als weiser Vermittler zwischen den norwegischen Gesellschaftsklassen und zugleich als tapferer Widersacher der Nazis. Königin Maud, die ihren Namen nicht zu ändern brauchte, ist vor allem wegen ihrer Wespentaille bekannt. Dass sie unter dem Pseudonym P. Graham Theaterstücke schrieb, wenn sie sich in Gesellschaft der Hofschranzen langweilte, ist dagegen fast in Vergessenheit geraten.

    Haakon und Maud bekamen einen Sohn, den späteren Olav V. Olav war kugelrund und pausbäckig und sah also ganz anders aus als sein zackiger Vater. Als der Schriftsteller Tor Bomann-Larssen vor einigen Jahren eine mehrbändige Biografie des norwegischen Königshauses schreiben wollte und erstmals Zugang zum Hofarchiv bekam, machte er eine erstaunliche Entdeckung. Weil der königliche Nachwuchs auszusterben drohte, wurde Haakons Adjutant zum Samenspender ernannt. Der königliche Leibarzt, der die künstliche

Befruchtung durchführte, wurde später mit einem Orden belohnt, der Adjutant ging leer aus.

Das war aber hundert Jahre her, als es bekannt wurde, und die Untertanen wunderten sich inzwischen über gar nichts mehr, was ihre königliche Familie anging. Ganz kurz wurde die Frage aufgebracht, ob die Erbfolge denn rechtens sei, oder ob dem armen Olav posthum die Königswürde aberkannt werden müsste, aber die Rechtslage war klar: Ein in der Ehe geborenes Kind gilt als Kind des Ehemanns (solange der keinen Einspruch erhebt, natürlich).

Olav vermählte sich mit der schwedischen Prinzessin Märtha, die jedoch noch als Kronprinzessin verstarb. Olav lebt in der Erinnerung seines Volkes weiter als eine Art Märchenkönig, klein und kugelrund, immer gütig und immer kichernd. Als er während der Ölkrise 1973 in Oslo mit der Straßenbahn fuhr und kein Fahrgeld hatte, kicherte er. Buße fürs Schwarzfahren musste er aber nicht bezahlen, denn auch er hatte einen Adjutanten zur Hand, der die Sache stillschweigend erledigte.

Olavs Schwiegertochter, die heutige Königin Sonja, beschreibt ihren Schwiegervater etwas anders. In ihren Augen war Olav eine Art Soldatenkönig mit einem Hang zu preußischen Tugenden, der zudem mit der neuen Schwiegertochter gar nicht einverstanden war. Sonja war nämlich bürgerlicher Herkunft, was Olav nun gar nicht gutheißen konnte. Sie kam zwar aus einer reichen Osloer Kaufmannsfamilie, aber Geld ist eben nicht alles. Kronprinz Harald musste neun Jahre kämpfen, bis er seine Sonja heimführen durfte – und dazu war sogar ein Parlamentsbeschluss nötig. Nicht nur König Olav übrigens war verärgert, auch die Untertanen runzelten die Stirn.

Mein Schwiegervater erzählte noch viele Jahre später immer wieder gern, wie er zwei alte Tanten besuchte, nachdem er im Radio von der Entscheidung des Parlaments erfahren hatte. Die Tanten hatten kein Radio gehört und wollten es nicht glauben. Sie waren ganz sicher, ihr unverschämter Neffe wolle ihnen einen Bären aufbinden, ein norwegisches Parlament würde doch niemals eine solche Mésalliance zulassen! Der unverschämte Neffe wurde vor die Tür gesetzt und traute sich erst Wochen später wieder hin. Das ist aber lange her, und Königin Sonja ist heute sehr beliebt bei ihren Untertanen, die ja lange Jahre ohne Königin auskommen mussten.

Harald und Sonja haben zwei Kinder, Märtha Louise (geboren 1971) und Haakon Magnus (geboren 1973). Märtha Louise schrieb schon als Baby Justizgeschichte. In Norwegen galt bei Königs die männliche Erbfolge, also würde der Thron irgendwann an ihren jüngeren Bruder fallen. Aber die norwegische Verfassung erklärt Männer und Frauen für gleichberechtigt, und mit dem Hinweis auf die Verfassung war 1966 das alte, noch aus der Wikingerzeit stammende Erbrecht abgeschafft worden, nach dem Brüder mehr erbten als Schwestern. Und das müsste dann doch auch für das Königshaus gelten und Märtha Louise zur Thronerbin machen?

Die mit der Klärung dieser Frage beauftragten Herren ließen sich Zeit, und als dann Haakon Magnus geboren war, beschlossen sie, die Frage aufzuschieben, bis er als nachmaliger König vielleicht eine Tochter bekäme.

Damit ist Märtha Louise die einzige Frau in Norwegen, für die die in der Verfassung verankerte Gleichberechtigung nicht gilt. Und da ihr Urgroßvater ja beschlossen hatte, die königliche Familie Norwegens brauche keinen Nachnamen, ist sie auch die Einzige, die ihren Namen nicht an ihre Kinder weitergeben kann. Das hat sie offenbar ermutigt, eigene Wege zu gehen. Sie hat auf eine Apanage verzichtet, um keine repräsentativen Aufgaben übernehmen zu müssen, und will sich ihren Lebensunterhalt selbst verdienen. Wichtige Herren haben noch immer ihre Probleme mit der Prinzessin. Die an religiösen und spirituellen Dingen sehr interessierte Märtha Louise schreibt nämlich Bücher darüber, wie man zu Engeln Kontakt aufnimmt. Die Bischöfe der lutherischen norwegischen Staatskirche hielten das für Blasphemie. Menschen könnten keinen Kontakt zu Engeln aufnehmen, so einfach sei das. Sagten die Bischöfe. Doch sogar Presseleute ohne irgendwelche religiösen Interessen fragten, wieso eigentlich. Die Bibel wimmelt ja schließlich von Berichten über Leute, die sich mit Engeln treffen. Die Bischöfe aber hatten das letzte Wort. Man darf nämlich Engel nicht zum Kommen auffordern, sondern muss warten, bis sie sich von selbst einstellen.

Die Prinzessin also schreibt Bücher über Übersinnliches, ihr Bruder dagegen wurde im ersten Interview, das er 1991 anlässlich seiner Volljährigkeit gab, gefragt, wie er sich Norwegens künftige Königin vorstelle. »Wie meine Schwester«, war seine Antwort, sicher ein wunderbares Kompliment für Märtha Louise. Später allerdings entschied er sich für eine Gemahlin von ganz anderer Art. Die deutsche Klatschpresse hat viel über Mette-Marits Abenteuer in der Osloer Drogenszene geschrieben, das soll hier nicht aufgewärmt haben. Mette-Marits angehende Untertanen störten sich auch weniger an der etwas fragwürdigen Vergangenheit der ledigen jungen Mutter, auch die bürgerliche Herkunft war nicht mehr das große Problem. Aber der Name ... Mette-Marit! Beides Abkürzungen von Margarethe, so ungefähr, als hieße eine Deutsche Grete-Marga. Und Mette-Marit heißt die Heldin einer lange Zeit in Norwegen viel gelesenen Mädelbuchserie. Ein Kind Mette-Marit zu nennen ist ungefähr so, als ob deutsche Eltern ihre Tochter Försters Pucki getauft hätten. Ein günstiges Licht auf die literarischen Vorlieben der neuen Schwiegereltern des Kronprinzen wirft diese Namenswahl zudem auch nicht. Es wurde also überlegt, ob Mette-Marit sich nicht einen neuen Namen suchen müsste. Aber da die erste Königin hundert Jahre zuvor auch weiterhin Maud heißen durfte, wurde darauf verzichtet.

Die Erbfolge wurde inzwischen geändert, die Erstgeborene des Kronprinzenpaares wird in ferner Zukunft als Königin Ingrid Alexandra auf dem Thron sitzen. Aber erst einmal werden ihre Eltern an die Reihe kommen. Als König Harald sich vor einigen Jahren einer schweren Operation unterziehen musste, wurde Kronprinz Haakon Magnus für die Zeit bis zur Genesung seines Vaters zum Regenten ernannt. Das norwegische Fernsehen lauerte auf Oslos Prachtstraße Karl Johan den Passanten auf und fragte, was sie davon hielten. Alle hofften auf baldige Genesung des Königs und meinten, der Kronprinz werde sicher als Regent gute Arbeit leisten. Aber Mette-Marit als Regentin? Das könne doch nie im Leben gut gehen. Und auf die Frage, wen sie denn als Regentin sehen wollten, kam immer dieselbe Antwort: natürlich Prinzessin Märtha Louise.

Es wurde dann aber noch aufregender. Die Interviews wurden nachmittags gesendet. In den Abendnachrichten kamen sie dann ein weiteres Mal, aber verkürzt – der Kronprinz werde ein hervorragender Regent sein, der Rest war herausgeschnitten worden.

Am nächsten Morgen aber erfolgte die offizielle Mitteilung vom Königsschloss: Während der Krankheit des Königs werde der Kronprinz die Pflichten des Regenten übernehmen. Seine Schwester Märtha Louise habe sich freundlicherweise (denn durch den Verzicht auf die Apanage muss sie ja nicht) bereit erklärt, ihm als Regentin zur Seite zu stehen.

Die norwegische Königsfamilie bietet einfach wunderbar beste Unterhaltung, und ihre Herrschaft scheint bis auf Weiteres absolut gefestigt zu sein. Es gibt in Norwegen nur wenige Republikaner, sie verlangen ab und zu lautstark nach der Republik, werden aber sehr schnell von der königstreuen Mehrheit ihrer Landsleute wieder zum Schweigen gebracht. Nicht einmal die Kostenfrage scheint eine große Rolle zu spielen. Im April 2016 wurde offiziell bekannt, dass das Königshaus zur Erfüllung der repräsentativen Aufgaben und zum Erhalt von Schlössern und ähnlichen unerlässlichen Requisiten ab sofort sehr viel mehr Geld vom Staat erhalten soll als bisher. Auf die Frage, ob das denn wirklich nötig sei und was die Untertanen eigentlich davon hätten, antwortete der zuständige Hofmarschall mit zufriedenem Lächeln: »Die bekommen sehr viel mehr Monarchie für ihr Geld.« Und ein Land mit so einem Hofmarschall muss man doch einfach lieben?

10. GRUND

Weil es so wunderbare Postkarten von der königlichen Familie gibt

Wer in Norwegen reist, möchte natürlich den Lieben daheim einen Postkartengruß zukommen lassen. Und wenn dramatische Fjorde und düstere Felsformationen erschöpft und die Trollkarten gerade ausverkauft sind, dann bietet sich doch ein Bildnis von König oder Königin an? Es gibt so schöne ... und so ungefähr jeder Kiosk in Oslo hat andere (in anderen Landesteilen kann es schwieriger werden, obwohl die Einheimischen überall gleich königstreu sind! Vermutlich bleiben wegen der großen Nachfrage die Karten gleich in Oslo). Wir finden Harald als jungen König und als alternden Landesvater, wir finden Sonja lächelnd und ernst, es gibt die Königsfamilie in norwegischer und samischer Tracht, die Männer gibt es in Uniform und in Freizeitkleidung, es gibt sie im Winter mit Skiern und im Sommer beim Segeln, es gibt Königspaar und Kronprinzpaar und die königlichen Enkelkinder (die Erbprinzessin Ingrid Alexandra und ihr jüngerer Bruder Sverre Magnus) am Nationalfeiertag auf dem Schlossbalkon, und mit etwas Glück finden wir sogar Märtha Louise und ihren Gatten, den Schriftsteller Ari Behn. Und solche Karten werden bald hohen Sammlerwert haben, da zum tiefen Gram ganz Norwegens die beiden im August 2016 ihre Trennung bekannt gegeben haben! Ebenfalls in Tracht, Märtha Louise auch gern zu Pferde (ohne Tracht allerdings) und natürlich auch in Freizeitkleidung.

Auf den offiziellen Fotos – also denen, auf denen die Herren in Uniform zu sehen sind und die Damen in eleganten Kleidern samt Ordensband und Orden – fällt auf, dass die Königin immer ein kreisrundes Bildnis des Königs am Busen trägt, es sieht aus wie eine große Brosche oder ein Ordensstern. Der König dagegen hat nur Orden und kein Bildnis der Königin. Der tiefere Sinn dieses

Arrangements ist mir bisher unklar. Man kann eine Anfrage an den Protokollchef des Hofes richten, aber meine bittere Erfahrung ist: Antwort kriegt man nie.

Spannend ist da die Frage, ob irgendwann einmal, wenn Ingrid Alexandra als Landesmutter den Thron besteigt, ihr Prinzgemahl (der sich in Zeiten der Gleichberechtigung vielleicht ja König nennen darf) dann ein Bildnis der Königin am Busen tragen wird und sie nur Orden. Wir werden sehen. Auch diese Frage mag der Protokollchef nicht beantworten.

11. GRUND

Weil Oslo ein stattliches Königsschloss hat

Norwegens königliche Familie wohnt in einem Schloss, wie sich das gehört. Da sie keinen Nachnamen haben, steht vermutlich »Friedland« an der Tür – aus irgendwelchen Gründen steht auf allen fertig gekauften Klingelschildern in Norwegen »Friedland«. Wenn Sie jemals in Norwegen Bekannte besuchen wollten und vor der Tür standen, dann aber bei Friedland nicht zu klingeln wagten, weil Sie doch zu Henriksen wollten .... Und wenn dann ein Anruf ergab, dass Sie richtig waren, nur hatte Henriksen immer vergessen, den Namen am Klingelschild auszutauschen, dann sind Sie in guter Gesellschaft. Das passiert immer wieder. Das mit dem königlichen Klingelschild ist allerdings nur eine Vermutung, so nah kommt man der Schlosstür normalerweise nicht. Vor dem Schloss steht die Königliche Garde, stramme Kerls in Uniform und vollem Wichs, und immer um die sechste Stunde gibt es Wachablösung, wo sie marschieren und salutieren und überhaupt. Es ist nie ganz so imponierend wie vor dem Buckingham-Palast, aber doch ein lustiges Schauspiel. Besichtigen kann man das Schloss nicht – schließlich wird es von der königlichen Familie bewohnt. Man weiß immer, ob sie zu Hause sind – dann ist auf dem Dach die Flagge gehisst. Keine Flagge – keine königliche Familie, ganz einfach (leider darf man das Schloss auch dann nicht besichtigen). Im Sommer ist manchmal ein kleiner Teil für die Öffentlichkeit zugänglich, dann finden Sonderausstellungen statt, 2005 gab es zum Beispiel eine zum Thema Hundert Jahre norwegische Unabhängigkeit. Errichtet wurde das Schloss allerdings nicht für Norwegens königliche Familie, jedenfalls nicht für diese.

Geplant wurde der Schlossbau gleich 1815, als entschieden worden war, dass Norwegen nun nicht mehr zu Dänemark gehören sollte, sondern zu Schweden. Der schwedische und nunmehr auch norwegische Kronprinz Karl Johan, nach dem dann später Oslos Prachtstraße genannt wurde, wünschte sich das Schloss auf einer noch kaum bebauten Anhöhe namens Bellevue – der Name passt, man hat von dort einen weiten Blick über Innenstadt und Fjord. Zuständig für den Bau war der dänische Architekt Hans Ditlev Franciscus von Linstow. Das mit dem Bauen dauerte schon damals etwas länger, alles kostete immer viel mehr als ursprünglich vorgesehen, der Kronprinz wurde König und starb, am Schloss wurde weitergebaut. Der nächste schwedisch-norwegische König, Oscar, hatte eine größere Familie als sein Vater, also wurde am nicht fertigen Schloss noch ein Flügel angebaut. Offiziell eingeweiht wurde Oslos (oder Christianias) Königsschloss 1844, und Oscar war mit seiner ganzen Familie dabei. Einziehen konnten sie allerdings erst 1849.

Das Schloss ist knallgelb und sehr breit, total beeindruckend durch den Säulenvorbau, so richtig wuchtig und königlich. Einem Reiseführer entnehme ich allerdings: Das Schloss umfasst nur hundertdreiundsiebzig Räume und gehört somit zu den kleineren Residenzen Europas. Auf dem Balkon in diesem Säulenvorbau steht jedenfalls jedes Jahr am 17. Mai, dem Nationalfeiertag Norwegens, die königliche Familie und winkt den jubelnden Untertanen zu.

Der arme Karl Johan, der sein Schloss nie bewohnt hatte, bekam immerhin ein schönes Reiterstandbild, seit 1875 steht es vor dem

Schloss und schaut auf die nach ihm benannte Prachtstraße. Geschaffen hat es der Bildhauer Brynjulf Larsen Bergslien aus Voss in Westnorwegen, der Lehrer des viel bekannteren Gustav Wigeland.

Alle, die als Teenies herzklopfend den Roman *Désirée* von Annemarie Selinko gelesen (oder den Film mit Marlon Brando gesehen) haben – der Karl Johan, der hoch zu Ross auf dem Denkmalssockel prangt, das ist er, unser Held, der napoleonische Marschall Jean-Baptiste Bernadotte, der als Karl Johan zuerst Kronprinz von Schweden und dann König von Norwegen war. Désirée, die als Königin Desideria hieß, ist heute in Norwegen fast vergessen, ihr Gemahl ist in Norwegens Hauptstadt dagegen fast überall präsent.

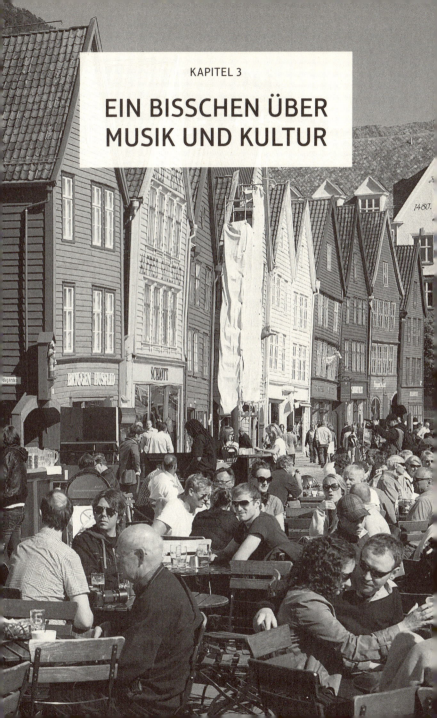

KAPITEL 3

EIN BISSCHEN ÜBER MUSIK UND KULTUR

12. GRUND

Weil man in Norwegen echte
Wiener Schrammelmusik hören kann

Im Königsschloss gibt es keinen Kaffee (falls man nicht zur Audienz beim König eingeladen wird, aber wer wird das schon!), doch ein kleines Stück weiter Karl Johan hinunter gibt es das Theatercafé – auf Norwegisch: Theatercafeen – das berühmteste Café in Oslo und eigentlich in ganz Norwegen. Es ist ein echtes altes Jugendstilcafé, Kenner der Jugendstilszene versichern, dass es in Europa nur noch vier davon gibt, und zwar das *Café Europa* in Prag, das *A Brasileira* in Lissabon, das *Métropole* in Brüssel und eben das *Theatercafé* in Oslo. Es wurde 1900 eröffnet und gehörte damals einer Brauerei, seit 1909 allerdings befindet es sich im Besitz der Familie Brochmann und wird dort immer in weiblicher Linie vererbt. Im Theatercafé waren sie alle, Norwegens Künstler, die Bohemeszene, Knut Hamsun, die Leute vom Nationaltheater gegenüber, jede Menge Prominenz aus der Politik (nur Ibsen nicht, der ging ins Grandcafé auf der anderen Straßenseite). Es geht einfach nicht, dieses Café bei einem Oslobesuch nicht aufzusuchen. Natürlich ist es nicht ganz billig, und ab dem späten Nachmittag herrscht Speisezwang. Die Kellner, die im echten Wiener Kaffeehausstil gern granteln, kennen da kein Pardon. Das Rentierfilet ist natürlich nicht ganz billig, aber ein Käsebrot tut es doch auch? Allerdings, Schwestern, seid gewarnt, auf der Damentoilette sitzt immer eine griesgrämige Person, (nicht immer dieselbe, aber griesgrämig sind sie alle). Sie stellt nie ein Preisschild auf, aber egal, was auf den Teller gelegt wird, immer herrscht sie die bedrängte Kundin an: »Da fehlen noch zwei Kronen.« Glaubwürdige Zeugen beteuern, dass es auf dem Herrenklo gratis ist.

Im Theatercafé gibt es Musik, es geht nachmittags so gegen 17 Uhr los, oben auf einer Art Balkon sitzt eine Kapelle, die wie die

Kellner auch aus einem Wiener Kaffeehaus entliehen sein könnte. Und sie spielen Wiener Musik, Schrammelmusik eben.

Im Theatercafé habe ich dann sogar gelernt, warum die Schrammelmusik Schrammelmusik heißt. Ich dachte immer, sie heiße so, weil sie eben so klingt. Nach Schrammeln und Schunkeln. Aber sie heißt nach den Wiener Musikern Josef und Johann Schrammel, die um 1880 die Wiener Kaffeehausmusik entscheidend prägen. Die Brüder Schrammel begaben sich um 1890 auf eine ausgedehnte Tournee durch Schweden und Norwegen und hinterließen überall ihre musikalischen Spuren. Nicht nur in den großen Osloer Cafés nämlich. Volksmusiker in Schweden und Norwegen übernahmen begeistert den Schrammelstil, der Walzertakt breitete sich aus und prägte auch die ländliche Tanzmusik. Musiker, die sich der überlieferten norwegischen Tradition verpflichtet fühlten, lehnten die Schrammelmusik empört ab, erst in den letzten Jahren findet eine Annäherung zwischen beiden Stilen statt. Das hat aber nun nichts mit dem Theatercafé zu tun, und wir kommen später noch darauf zurück.

Weil – anders als in Wien – im Theatercafé keine neuen Einflüsse das Repertoire der Hauskapelle aufmischen, wird noch heute so gespielt wie um 1900 zur Eröffnung das Cafés. Und so kommt es, dass man in Oslo ganz echte, unverfälschte Wiener Schrammelmusik hören kann. Und das zum Rentierbraten!

13. GRUND

Weil Norwegen die kurioseste Alkoholpolitik aller Zeiten hat

Alkohol ist teuer in Norwegen, das ist eigentlich allgemein bekannt. Um die Dimensionen klarzustellen: Norweger fahren nach Schweden zum Alkoholkauf, weil dort alles viel billiger ist, Schweden aus denselben Gründen nach Dänemark und Dänen nach Deutschland.

Alkoholische Getränke werden in staatlichen Läden verkauft, die Vinmonopolet heißen, also Weinmonopol, abgekürzt »Polet«. Bier bildet eine Ausnahme, das dürfen auch Supermärkte verkaufen, allerdings nur, wenn die zuständige Gemeinde das auch will. Will sie nicht, kann ein eigenes »Biermonopol« eingerichtet werden. Warum das Bier nicht im bereits existierenden Vinmonopol verkauft werden darf, ist eins der ungelösten Rätsel der norwegischen Alkoholpolitik. Damit nicht zu fröhlich gezecht wird, sind dann Bier- und Weinmonopol möglichst weit voneinander entfernt untergebracht. Will zum Beispiel jemand in Tromsø (eine Stadt mit Biermonopol) für das Fest am Wochenende Bier und Wein besorgen, ist er leicht einen halben Tag unterwegs. Und einfach mal so im Vorbeigehen eine Flasche Bier mitnehmen geht auch nicht: Damit die Zecherei nicht überhandnimmt, darf Bier nur kistenweise abgegeben werden. Warum man weniger trinken sollte, wenn man eine Kiste hat und nicht nur eine Flasche, ist ein weiteres Rätsel der norwegischen Alkoholpolitik.

Aber keine Angst, wenn Sie im Urlaub in Norwegen einen trinken wollen: In Restaurants und Kneipen wird durchaus Alkohol ausgeschenkt. Kommen Sie nur nicht auf die Idee, die bei Polet erstandene Weinflasche zum Picknick auf der Parkbank zu leeren: Verboten. Der Anblick von in der Öffentlichkeit trinkenden Menschen muss schließlich die öffentliche Moral zersetzen, so sahen es die Gesetzgeber. Zehn Meter weiter, im Straßencafé, können Sie aber für den zehnfachen Preis ganz legal den gleichen Wein trinken, ohne offenbar Sitte und Anstand zu gefährden.

Allerdings: Jedes Jahr wird in Norwegen eine aktuelle Statistik über den Alkoholkonsum im Lande veröffentlicht, und eins ist immer gleich: Nur ein Drittel des in Norwegen konsumierten Alkohols wird in Restaurants oder bei Vinmonopolet erworben. Das zweite Drittel wird eingeschmuggelt – und das dritte Drittel ist im Land schwarzgebrannter Fusel, anheimelnd »hjemmebrent« genannt, »hausgebrannt«. Vom Schmuggeln raten wir natürlich energisch ab, und mit dem Hjemmebrent werden Sie vermutlich Bekanntschaft machen, ehe Sie sichs versehen (darüber später mehr).

In Norwegen gibt es überraschend viele Menschen, die den Alkoholkonsum strikt ablehnen. Die kalvinistischen und pietistischen Traditionen sind stärker, als man auf den ersten Blick vermutet, und dass Martin Luther einem herzhaften Schluck nicht abgeneigt war, wird im mehrheitlich lutherischen Norwegen lieber schamhaft verschwiegen. Und dass Jesus selbst Wasser in Wein verwandelt hat? Das sagte zu diesem Thema ein Fernsehpastor: »Ja, das wissen wir, aber wir erwähnen es nicht gern.« Geht man am Freitag- oder Samstagabend allerdings durch die Innenstadt von Oslo oder Stavanger, ist es kaum zu glauben, dass es ganz in der Nähe auch Leute gibt, die sich an diesen beiden Abenden nicht so voll wie möglich laufen lassen wollen. Auch in Kleinstädten herrschen da strenge Sitten. Der Autor Jonny Halberg schildert die Lage in seiner Heimatstadt so:

»In Moss geht man zweimal in der Woche aus. Und immer an den gleichen zwei Tagen. An diesen Tagen trinkt man, bis man umfällt. Das ist in Ordnung so. Sollte man jedoch an einem anderen Tag ausgehen, mitten in der Woche, dann ist das nicht in Ordnung. Man kann drei Bier trinken und nach Hause gehen und gilt trotzdem als Problemfall.«

Zechen bis zum Umfallen darf man also freitags und samstags. Einfach mal zwischendurch zum Essen oder zur Entspannung ein Glas Wein trinken heißt »kontinentales Trinken« und ist Besuchern erlaubt – und zumindest in Oslo und Bergen auch bei Einheimischen nicht mehr ganz ungewöhnlich. Oslo als Hauptstadt leistet sich übrigens etwas ganz Besonderes, um das Gedränge in den Kneipen der Innenstadt an den beiden Trinktagen noch zu vergrößern. Findige Osloer Bürokratengehirne haben das System des »Ausschankringes« ersonnen, des »Skjenkering«. Innerhalb dieses Bereiches darf im Osloer Stadtgebiet auch nach Mitternacht noch Alkohol verkauft werden. Ziel der Maßnahme: die Leute vom

Trinken abzuhalten. Wer einen weiten Weg in die Stadt hat und entsprechend früh aufbrechen müsste, um die letzte Bahn noch zu erwischen, verzichtet lieber gleich, dachten die Bürokraten. Zumal in einer Stadt, die für ihre Taxiknappheit berüchtigt ist.

Hier müsste jetzt stehen, wo die Grenzen des Ausschankringes verlaufen, damit Sie bei Ihrem Besuch in Oslo entsprechend planen können. Nur: geht nicht. Der Ausschankring ist keine feststehende Größe. Seine Ausdehnung ändert sich mit jeder Kommunalwahl, sind dort Parteien, die den Zugang zu alkoholischen Getränken einschränken wollen, schrumpft der Ausschankring. Ändert sich die Zusammensetzung des Stadtrats, wächst der Ausschankring. Undenkbar ist offenbar nur eins: die Lokale selbst entscheiden zu lassen, wie lange sie öffnen wollen. Gastwirte, deren Lokale im Grenzbereich des aktuellen Ausschrankringes liegen, zittern bei jeder Lokalwahl. Ein beliebter Treffpunkt, und für Osloer Verhältnisse gar nicht mal so teuer, war das »Bar & Restaurant«, strategisch perfekt gelegen zwischen U-Bahn-Station Majorstua und dem Colosseumkino. Als ein neuer Stadtrat den Ausschankring um wenige Meter verkleinerte, blieb die Kundschaft weg. Die Gäste mögen schließlich nicht um Mitternacht plötzlich umziehen und vielleicht wegen Überfüllung gar keine Tränke mehr finden. Das »Bar & Restaurant« musste nach wenigen Monaten schließen.

Die Sache mit dem Ausschankring wirkt eigentlich ganz niedlich, ein Grund, Norwegen zu mögen, aber so richtig klappt es mit dem Mögen dann doch nicht. Die Lokale in der Osloer Innenstadt sind an den beiden Trinkabenden immer überlaufen, lange Warteschlangen sind keine Seltenheit, und im kalten Winter sorgt das für einen hohen Aggressivitätspegel. Die Osloer Polizei rät ganz offen allen, die sich in Oslo nicht sehr gut auskennen, am Freitag- und Samstagabend die Gegend um die Rosenkrantzgate (wenn man von Karl Johan aus zum Königsschloss hochblickt, auf der rechten Seite) weitläufig zu meiden. Mir kommt das allerdings gewaltig übertrieben vor. Sich am Tresen nicht vordrängen und keinen Streit mit den

Stammgästen anfangen – wer sich an ganz einfache Benimmregeln hält, wie sie in Castrop-Rauxel oder Bremen-Vegesack gelten, hat auch in der Rosenkrantzgate nicht zu befürchten.

Auch das gehört übrigens zum Charme der norwegischen Alkoholpolitik: Immer wieder berichten die Zeitungen, dass gerade ein elegantes, sündhaft teures, vielleicht gar mit einem Michelinstern ausgezeichnetes Restaurant vorübergehend geschlossen worden ist. Nicht, weil das Ordnungsamt bei einer Stichprobe Spinnweben in der Küche vorgefunden hätte, nein – sondern, weil den Gästen statt edler Spirituosen aus Frankreich oder Russland schwarzgebrannter Schnaps aus Hedmark vorgesetzt worden war. Im Einkauf für den Gastwirt natürlich viel billiger. Man sollte ja denken, die Gäste merkten den Betrug, aber was wissen denn wir?

14. GRUND

Weil das Schnapstrinken in Norwegen ein ganz besonderes Erlebnis sein kann

Ehe wir uns dem geselligen Schnapstrinken widmen können, noch schnell ein Wort über das Schmuggeln als Alkoholbeschaffungsmethode. Ein Blick auf die Landkarte zeigt, dass Norwegen das perfekte Land für umfassende Schmuggeltätigkeiten ist – die endlose Küste mit den vielen felsigen Buchten, die lange Grenze zum billigeren Schweden mit den vielen unbesetzten Grenzübergängen, wo höchstens ein Schild freundlich auffordert, wer etwas zu verzollen habe, solle bitte die unten angegebene Nummer anrufen! Leider muss ich gestehen, dass ich nicht die geringste Ahnung vom Schmuggeln habe – deshalb wird das Thema hier nur aus Pflichtbewusstsein gestreift. Wenn Sie gerade einen Streifzug durch norwegische Antiquariate planen: Unbedingt empfehlenswert ist der Romanklassiker *Schmuggler* (norwegisch *Smuglere*, 1953, deutsch

1953) von Arthur Omre (1887–1967). Omre hatte selbst wegen Alkoholschmuggels gesessen und schildert die Jahre der norwegischen Alkoholproduktion (1916–1927), die nie so streng war wie die der USA, und die 1927 durch eine Volksabstimmung aufgehoben wurde.

Neben Vinmonopolet und Schmuggel ist also das Selbstbrennen in Norwegen eine beliebte Methode zur Alkoholbeschaffung. Ganz vorn in der Produktionsmenge liegt der Bezirk Hedmark, was eigentlich verwundert, denn diese ostnorwegische Gegend grenzt schließlich an Schweden. Aber Selbstbrennen ist eben immer noch billiger als preisgünstig einkaufen, jedenfalls wird in Hedmark viel gebrannt. In anderen norwegischen Gegenden natürlich auch, je weiter man sich von der Küste entfernt, desto mehr. So abenteuerlich das klingen mag, es muss auch zugegeben werden, dass Schwarzgebrannter in Norwegen immer wieder Schlagzeilen macht. Witzig ist es, wenn er in Osloer Nobelrestaurants anstelle von wirklich edlen Tropfen serviert wird und die Gäste das nicht mal merken. Gar nicht witzig, wenn durch miesen Fusel Menschen erblinden oder gar zu Tode kommen, was aber auch alle paar Jahre passiert. Aber es gibt eben auch schöne Schnapserlebnisse.

Die klassische norwegische Hjemmebrentsituation ist die: Sie sind unterwegs, übernachten in einem kleinen Ort, je weiter nach Norden, desto wahrscheinlicher ist eine solche Begegnung. Sie sitzen im Imbiss, sonst gibt es nichts, wo man hingehen könnte. Und dort gibt es, manchmal, Bier, meistens aber Kaffee. Und da sitzen Sie nun des Abends bei Ihrem Kaffee und kommen mit Einheimischen ins Gespräch. Egal ob auf Norwegisch oder auf (beiderseits) gebrochenem Englisch, die Fragen sind immer gleich, woher kommt ihr, wieso seid ihr gerade hier in unserem Kaff – es folgen wenig schmeichelhafte Beschreibungen des Ortes, von den Gästen wird natürlich erwartet, dass sie heftig widersprechen und jedenfalls die landschaftlichen Schönheiten preisen. Wenn dieses Ritual vollzogen ist, werden die Gäste willkommen geheißen, wie es sich gehört. Mit einem Schnaps.

Wenn Sie gut hingesehen haben, haben Sie vermutlich schon beobachtet, wie Ihre Gesprächspartner sich, ehe sie das Gespräch mit Ihnen suchten, aus einer kleinen Flasche in regelmäßigen Abständen ihre Kaffeetasse aufgefüllt haben. Und nun sind Sie dran. Die Flasche taucht wieder auf, verstohlen, es soll ja niemand sehen, auch wenn alle wissen, was vor sich geht. Ihr Kaffee wird angereichert, oder wenn Sie gerade ausgetrunken haben, wird ein Schluck einer bräunlichen, gelblichen oder auch durchsichtigen (eher selten) Flüssigkeit in Ihre Tasse gegossen. Und dann können Sie nur noch anstoßen und sich freuen, weil Sie hier echte norwegische »heimgebrannte« Ware kosten dürfen. Keine Angst übrigens, blind werden Sie nicht, Ihre Gesprächspartner haben ihr Produkt ja schon längst im Selbstversuch auf Unschädlichkeit getestet. Wenn Sie zu tief in die Tasse schauen, riskieren Sie höchstens einen grimmigen Kater. Und ja, es ist natürlich Geschmackssache, aber ich habe noch keinen Hjemmebrent getrunken, der nicht geradezu furchtbar geschmeckt hätte, wie billiger Fusel eben. Aber in einem Imbiss irgendwo im Nirgendwo in der norwegischen Pampa zum Schnaps eingeladen zu werden ist einfach zu schön, was spielt der Geschmack da schon für eine Rolle …

15. GRUND

Weil Norwegen ein Buchkaufparadies ist

Norwegen hat wunderbare Buchantiquariate. Und das ist nicht nur interessant für die unter uns, die Norwegisch lesen können. Gerade für Deutsche ist Norwegen ein Buchkaufparadies! Bis zum Zweiten Weltkrieg war Deutsch einfach die Fremdsprache, die alle in Norwegen lernten, wenn sie überhaupt eine andere Sprache lernen mussten oder konnten. Deutsch galt als die Sprache von Bildung und Kultur (das muss man sich heute mal vorstellen!), und noch immer kann man in Norwegen alte Leute treffen, die von der Schönheit der deutschen Sprache schwärmen und Schillers *Ballade vom Handschuh* auch nach all den Jahren noch auswendig können. Es ist immer *Der Handschuh*, nie *Die Bürgschaft* oder *Die Glocke*, warum auch immer. In norwegischen Nachlässen finden sich deshalb sehr oft deutsche Bücher, und zwar alles, nicht nur die Klassiker, sondern auch Unterhaltungsliteratur aus den Zwanzigerjahren, Gedichte, Essays, Handbücher für so ungefähr jedes Thema zwischen Himmel und Erde. Und diese Bücher landen dann in den Antiquariaten. Sie kosten meistens gar nicht viel, weil in Norwegen heute kaum noch jemand Deutsch lernt und die Kundschaft damit sehr begrenzt ist.

Es kann auf den ersten Blick so aussehen, als ob in Norwegen das große Antiquariatssterben eingesetzt hätte. Traditionsreiche Antiquariate in der Osloer Innenstand sind eins nach dem anderen verschwunden. Das mit dem Antiquariatssterben stimmt aber nicht, das sagt zum Beispiel Even Fen, der viele Jahre das Oslo Nya Antikvariat in Majorstua betrieb. Er hat seinen Laden einfach aus Altersgründen aufgegeben, noch immer treffen an der alten Adresse Bestellungen ein – allerdings oft von Leuten, die in neuen Protzvierteln teure Wohnungen erstanden haben und die gern mit drei Kisten gemischten Klassikern aufpeppen wollen. »Suchen Sie etwas aus«, schreiben sie dazu, »unbedingt Bjørnson und Undset, und sonst, was Sie passend finden.« Seine Kollegin Mette Wildhagen, vom Antikvariat Messel & Wildhagen, sieht auch keine Anzeichen für ein Antiquariatssterben. Das Verschwinden der Antikvariate aus der Osloer Innenstadt liegt einfach daran, dass die Mietpreise so wahnsinnig in die Höhe geschossen sind, während man die Buchpreise eben nicht beliebig steigern kann. Irgendwann geht es nicht mehr, das Antiquariat zieht in einen billigeren Vorort um und ist deshalb beim Schlendern durch die Stadt nicht mehr zu entdecken. Und alle Antiquariate bauen ihren Online-Verkauf aus.

Das ist natürlich schön, wenn man gezielt etwas sucht, aber das Herumwühlen und Entdecken von Büchern, von denen man noch gar nicht wusste, dass man sie sucht, ist damit nicht zu ersetzen. Und dann ist ja noch das Problem gewisser Antiquare, die nur an Leute mit Personennummer verschicken mögen. Aber für alle Fälle, hier die gemeinsame Website der norwegischen Antiquariate: http://www.antikvariat.no

Eine ganz besondere Fundgrube ist übrigens die Bibliotheksbar im Osloer Hotel Bristol, in der Kristian IVs gate 7. »Bar« klingt irreführend, die Bar ist mindestens so sehr ein Café, am späten Vormittag gibt es Schnittchen, nachmittags Kuchen, das alles zu dezenter Klaviermusik.

Norwegens schriftstellerische Prominenz veranstaltet in der Bibliotheksbar übrigens gern Buchvorstellungen. Erscheint das neue Buch, sitzt der Autor in der Bibliotheksbar und empfängt einen Rezensenten nach dem anderen. Abends sind dann alle Osloer Zeitungen durch, und am nächsten Tag erscheinen die Rezensionen. Wenn Sie gerade in Oslo sind, wenn das neue Buch von Jo Nesbø oder Anne B. Ragde veröffentlicht wird – in der Bibliotheksbar haben Sie die beste Chance, sich Ihr Exemplar signieren zu lassen.

In einer Bibliotheksbar gibt es neben Prominenten und Kuchen natürlich Bücher, das ist klar. Viele Regale voller Bücher, die irgendwelche Gäste im Laufe der Jahrzehnte hinterlassen haben. Das Hotel wurde 1920 eröffnet, da sammelt sich ganz schön viel an. Und es ist wirklich ein internationales Angebot, bei dem das *Handbuch des Bergwerksingenieurs* aus dem Jahre 1886 (auf Deutsch) ebenso wenig fehlt wie die *Fifty Shades* (auf Englisch). Bücherklau wird ungern gesehen, aber das Bristol hat durchaus Verständnis für Bibliophile und rückt das ersehnte Buch gerne heraus, wenn wir es durch ein anderes Buch ersetzen. Nur die Goethe-Gesamtausgabe von 1833 wollten sie nicht hergeben. Wer die wohl vergessen hat …

16. GRUND

Weil man in Norwegen
beim Buchkauf einen trinken kann

Schöne Antiquariate gibt es in Norwegen, eins ist allerdings etwas ganz Besonderes, Bøker og Børst in Stavanger. Allein der Name! Bücher und Suff! Gegründet hat das in der malerischen Altstadtstraße Øvre Holmsgate gelegene Etablissement der in Stavanger legendäre Gastwirt Odd Noreger, der 2005 ganz unerwartet an einem furchtbar aggressiven Magenkrebs verstorben ist. Odd Noreger betrieb viele Jahre lang zwei Unternehmen: ein Antiquariat auf der einen Seite des Hafens von Stavanger, und eine Kneipe, Skjenkestuen, auf der anderen. Beides zusammenzubringen, das war sein Traum! Aber es dauerte, passende Räumlichkeiten mussten gefunden und finanziert werden, der doppelte Umzug sorgfältig vorbereitet. Ehe es so weit war, 2001, machte Skjenkestuen weltweit Schlagzeilen. Das hat jetzt nichts mit Büchern zu tun, aber es ist eine zu schöne Geschichte.

Der Stadtrat von Stavanger beschloss, dass nunmehr alle Kneipen in der Stadt einen Türsteher haben müssten. Odd Noreger wollte keinen Türsteher für seine Skjenkestue, niemals in den fünfzehn Jahren, in denen er diese Kneipe schon hatte, habe es irgendeinen Ärger gegeben, und wenn, dann trauten er und seine Mitarbeiter, alles lange kräftige Kerls, sich durchaus zu, selbst für Ruhe zu sorgen. Aber der Stadtrat ließ nicht mit sich reden, sie hatten nun mal diese Vorschrift erlassen, Ausnahmen könnten nicht gestattet werden, hieß es. Der Stadtrat hatte aber auch noch ganz andere Dinge verlauten lassen. Wer Stellen zu besetzen habe, so las Odd Noreger begeistert, solle doch bitte, wenn möglich, weibliche und ältere Arbeitnehmer bevorzugen. Und so löste er sein Problem aufs Wunderbarste.

Er stellte die neunzig Jahre alte Marta Aurenes als Türsteherin an. Die Rentnerin, die ohnehin regelmäßig Skjenkestuen besuchte, fand es wunderbar, von ihrer Stammkneipe nun offiziell angestellt zu sein. In aller Welt berichtete die Presse über die älteste Rausschmeißerin der Welt – allerdings verwechselten die meisten Berichte Stavanger mit Oslo. Aber egal. Marta erzählte in Interviews fröhlich, dass sie jetzt ins Fitness-Studio gehen und mit Hanteln üben wollte, auch wenn es wahrscheinlich niemals nötig sein würde. Eine alte Dame, die ihr Leben lang Ehemänner, Söhne, Neffen, Enkel und Nachbarsjungen mit einem strengen Blick zur Räson gebracht hat, wird ja wohl auch noch mit ein paar betrunkenen Ölarbeitern fertig. Sagte Marta. Natürlich passierte niemals etwas, nur, dass Skjenkestuen in den letzten Jahren des Bestehens dann noch mehr Zulauf hatte als vorher.

Aber zurück zum Antiquariat Buch und Suff. Die Eröffnung hat Odd Noreger nicht mehr erlebt, aber es ist da, und ohne ihn hätte es dieses in Norwegen einzigartige Lokal wohl nicht gegeben. Neben Büchern aller Art in vielen Sprachen gibt es dort Kaffee, Wein und auch lokales Bier, es gibt belegte Brote und Kuchen. Und es gibt eine Menge Brettspiele, die am Tresen ausgeliehen werden können, falls man mal nicht das passende Buch findet. Niemand hat etwas dagegen, wenn man stundenlang bei einem Kaffee in einem Buch schmökert und es dann doch nicht kauft. Nur eins stimmt bedenklich: Auf der Website von Bøker og Børst lesen wir, dass sie lieber nicht verraten mögen, welche alkoholischen Getränke es gibt, sie fürchten Ärger mit dem Stadtrat. Was immer der Stadtrat nun wieder aushecht – wäre Odd Noreger noch für Buch & Suff zuständig, bestimmt würde er wieder eine geniale List ersinnen!

17. GRUND

Weil Norwegischlernen gar nicht so schwer ist

Ist es wirklich nicht! Jedenfalls nicht zu Anfang – und danach, wenn die Schwierigkeiten kommen, ist man dann süchtig und hört trotzdem nicht auf. Norwegisch ist eine germanische Sprache, also mit dem Deutschen ziemlich eng verwandt. Das sieht man an Wörtern wie *mann*, *hus* und *mus*, die bedeuten Mann, Haus und Maus. Frau heißt dann allerdings *kvinne*, das ist nicht ganz so deutlich (ist aber mit dem englischen Wort »queen« verwandt, immerhin). Für sprachgeschichtlich Bewanderte: die zweite Lautverschiebung ist nie im Norwegischen angekommen. »Pfingsten« heißt *Pinse*, und »Pfau« heißt *påfugl*, und darin sehen wir das niederdeutsche »Puvogel«, und hören jetzt auf, sonst wird es gar zu theoretisch.

Norwegen ist ein bisschen wie Englisch – der Einstieg geht relativ schnell, bald kann man ein einfaches Gespräch führen, einen Zeitungsartikel lesen. Man hat das Gefühl, sich verständigen zu können – aber dann kommt wie beim Englischen die bittere Erkenntnis: Es gibt so unendlich viele Ausnahmen und hunderttausend kleine Regeln, wie sollen wir uns die bloß merken? Also als Beispiel: Ein o kann ausgesprochen werden wie ein o, aber auch wie ein u. Ein viel benutztes Wort ist *frokost*, Frühstück. Es wird ausgesprochen »frukost«, ganz einfach also. Aber warum ist das erste o ein u und das zweite ein o? Und woran kann ich unbekannten Wörtern, die ein o enthalten, ansehen, ob ich dieses o wie o oder wie u aussprechen muss? Gar nicht, ehrlich gesagt, es gibt Regeln, aber es gibt so viele, die dann meistens nur für ein oder zwei Wörter gelten, da kann man die Regeln lieber gleich vergessen und sich die Wörter einzeln merken. Und bei unbekannten auf das Glück vertrauen. Es gibt übrigens für *frokost* auch die Schreibweise *frukost*. Im Norwegischen wird das »u« eigentlich gesprochen wie ein ü, hier aber nicht, es heißt abermals »frukost«. Und wann ein u ein u bleibt und wann es ein ü wird, oh, auch dafür gibt es viele Regeln, aber glauben Sie mir, es ist leichter, sich einfach jedes Wort zu merken. Und wenn Sie »frükost« sagen, werden Sie ja trotzdem verstanden!

In Norwegen kommt man inzwischen auch mit Englisch zurecht, das ist klar, die Generation, die noch kein Englisch in der Schule hatte, ist inzwischen schon ziemlich alt. Die alten Leute haben dafür Deutsch gelernt und zitieren gern die damals auswendig gelernten Schillerballaden, wie wir ja nun schon wissen, Verständigung geht eigentlich immer irgendwie. Aber es ist viel schöner, in Norwegen Norwegisch zu sprechen, und die Norweger freuen sich dann auch immer und versichern begeistert, wie gut man schon Norwegisch kann. Erwarten, von Norwegern verbessert zu werden, weil man ein u wie ü ausspricht, wenn es doch ein u sein müsste, sollte man lieber nicht. Eher passiert es, dass sie den Fehler wiederholen, ob aus Höflichkeit, um den Gast eine vermutete Peinlichkeit zu ersparen, oder weil sie solche Fehler einfach wahnsinnig komisch finden – ich weiß es nicht. Ein Beispiel aus eigener Erfahrung. Ein g wird vor i und j wie ein j gesprochen, also gjedde = Hecht, wie »jedde«. Ganz oft sagt man »jeg gidder ikke«, ich hab keine Lust zu irgendwas, bring das nicht über mich. Ich habe jahrelang »jidder« gesagt, und alle norwegischen Freunde sagten das auch. Irgendwann kam ich dann dahinter, dass wir es hier mit einer der zahllosen Ausnahmen zu tun haben, korrekt heißt es »gidder«. Auf meine wütende Frage, wieso sie mir das nie gesagt und stattdessen meinen Fehler übernommen hätten (aber offenbar nur, wenn ich in Hörweite war), sagten die norwegischen Freunde strahlend: »Das klingt so niedlich.«

Sie sehen, noch ein Grund zum Norwegischlernen! Sie werden eine stete Quelle der Freude für Ihre norwegischen Bekannten sein, und das ist doch ein wunderbares Gefühl?

Zum Norwegischlernen empfehlen wir: Lesen Sie *Micky Maus* (*Mikke Mus*) oder *Asterix* auf Norwegisch. Da weiß man so ungefähr, was drinsteht, und lernt sozusagen, ohne es zu merken. Eine gute Methode ist auch, sich Ihr norwegisches Lieblingsbuch, das Sie in deutscher Übersetzung schon mehrmals gelesen haben, nun auf Norwegisch vorzunehmen. Ihr deutsches Lieblingsbuch auf Norwegisch zu lesen, ist nur theoretisch eine Lösung. Es wird ungeheuer wenig aus dem Deutschen ins Norwegische übersetzt, ungefähr zwanzigmal weniger als umgekehrt. Die Aussicht also, Ihr deutsches Lieblingsbuch auf Norwegisch zu finden, ist minimal. Dann lieber *Asterix*! Es gibt übrigens auch ein reiches Angebot an norwegischen Comics, aber die sind dann mehr etwas für Fortgeschrittene, da wir ja nicht ohnehin wissen, was darin steht. Die mit Abstand größte Auswahl an norwegischen (und englischsprachigen) Comics in ganz Norwegen hat übrigens der Buchladen Tronsmo in der Universitetsgata 12 mitten in Oslo!

18. GRUND

Weil es in Norwegen gleich zwei Sorten Norwegisch gibt

Das ist eine Situation, von der Briefmarkensammler gern erzählen. Norwegen heißt auf Norwegisch Norge, das weiß jeder Sammler, doch nun hält man eine Marke in der Hand, auf der »Noreg« steht. Ein seltener Fehldruck, hofft der Sammler, vielleicht gar ein kleines Vermögen wert? Ist es aber nicht. Es ist eine ganz reguläre Briefmarke, und auch Noreg heißt Norwegen, nur eben im »anderen« Norwegisch.

Das ist auf den ersten Blick reichlich kompliziert, auf den zweiten und dritten leider auch, es gibt dicke Bücher zum Thema, und in Norge und Noreg gleichermaßen immer neue erregte bis wutschnaubende Diskussionen zum Thema. Und das seit hundertfünfzig Jahren. Das hier ist nun ein Versuch, die Sache kurz und wenigstens annähernd verständlich darzustellen.

Norwegen stand ab dem späten Mittelalter unter dänischer Herrschaft, folglich war Dänisch Amtssprache. Und Kanzelsprache, und das ist wichtig, denn in die Kirche ging die norwegische Landbevölkerung ja doch häufiger als in die Schreibstube des dänischen Amtmannes. In vielen europäischen Ländern bedeuteten die Bibelübersetzungen der Reformationszeit einen großen Schritt in Richtung auf eine einheitliche Schreibweise für die im Land gesprochene Sprache (in deutschen Texten wird bisweilen noch im 19. Jahrhundert nicht von »Hochdeutsch« oder »Schriftdeutsch« gesprochen, sondern von »Bibeldeutsch«). In Norwegen war das nicht der Fall – dort wurde die dänische Bibelübersetzung benutzt. Die Landbevölkerung sprach ihre Dialekte und hörte in der Kirche und später in der Schule Dänisch. Bürger und Adelige in den Städten sprachen Dänisch, oder am besten gleich das vornehmere Französisch. 1814 musste Dänemark, das unklugerweise ein Bündnis mit Napoleon eingegangen war, Norwegen an das zu den Siegermächten gehörende Schweden abtreten. Da Norwegen deutlich gemacht hatte, dass man vom Wiener Kongress lieber zur unabhängigen Nation gemacht worden wäre, ging die neue Herrschaft vorsichtig vor, Schwedisch wurde in Norwegen nicht als Amtssprache eingeführt. Amtssprache blieb Dänisch, aber damit waren viele in Norwegen dann auch nicht zufrieden. Im Laufe des 19. Jahrhunderts wuchs das norwegische Nationalempfinden, der Drang nach Unabhängigkeit nahm zu und führte 1905 zur Auflösung der Union mit Schweden, und klar, ein eigener Staat brauchte eine eigene Sprache.

Ab der Mitte des 19. Jahrhunderts wurde nun versucht, eine norwegische Schriftsprache zu entwickeln. Sprachforscher und Pastoren (oft beides in einer Person) schauten dem Volk aufs Maul, reisten durchs Land und notierten Dialekte, suchten in alten Schriftstücken nach eigenständigen norwegischen Ausdrücken, die es im Dänischen nicht gegeben hatte, und nach vielem Hin und Her hatten sie zwei Schriftsprachen entwickelt, und die Vertreter jeder Richtung hofften, dass sich ihre im ganzen Land durchsetzen würde.

Die beiden Schriftsprachen hießen: Landsmaal und Riksmaal. Landsmaal bedeutet »Landessprache«, diese Sprachform war entwickelt worden aus dem Altnordischen (der Sprache der Wikinger) und den westnorwegischen Dialekten, die dem Altnordischen näher waren als die Dialekte im Osten des Landes. Riksmaal bedeutet »Reichssprache«, klingt gleich viel zentraler und amtlicher, es orientierte sich stark an der dänischen Schriftsprache, war aber angereichert mit Wörtern und grammatischen Formen, die in den ostnorwegischen Dialekten und vor allem in der Umgangssprache der Hauptstadt Christiania benutzt wurden.

Die Sprache, die damals »Landsmaal« hieß, heißt heute »Nynorsk«, also »Neunorwegisch«, und schreibt »Noreg«, das damalige »Riksmaal« heißt jetzt »Bokmål«, »Buchsprache«, und schreibt »Norge«. (Ich erwähne es nur ungern, Riksmaal, heute Riksmål geschrieben, gibt es auch noch, zusammen mit weiteren Varianten der beiden Schriftsprachen, aber das ist nun wirklich etwas für Fortgeschrittene und übermäßig Streitsüchtige und braucht uns hier nicht aufzuhalten). Man sieht schon am Noreg/Norge-Beispiel, dass die Unterschiede nicht so groß sind, sollte das aber in Norwegen lieber nicht laut sagen. Nynorsk und Bokmål sind vom Gesetz her gleichgestellt, offizielle Dokumente müssen in beiden Varianten veröffentlicht werden, für die Medien gilt ein Prozentsatz, der immer neu verhandelt wird; wie viel Text auf Nynorsk sein muss, hängt davon ab, wie groß der Anteil der Nynorskbenutzer an der Bevölkerung überhaupt ist, wie viele Schulen Nynorsk als Unterrichtssprache benutzen, wie viele Gemeinden Nynorsk als vorrangige Sprachvariante gewählt haben. Damit könnte die Sache ja eigentlich geklärt sein, aber natürlich ist es nicht so.

Die Nynorskbenutzer sind immer der Meinung, dass sie schlecht wegkommen und dass Nynorsk immer weiter unter den Tisch fällt. Die Bokmålbenutzer, die große Mehrheit im Land, finden es albern, auf die Nynorskleute Rücksicht nehmen zu müssen. Alle Kinder müssen, egal, welches die Hauptsprache auf ihrer Schule und in ihrem Ort ist, die andere Variante ebenfalls lernen und schriftlich beherrschen. Kinder auf Bokmålschulen sagen gern »spynorsk« (Kotznorwegisch) statt »Nynorsk«, was zeigt, was sie davon halten. Die Nynorskkinder sind höflicher und schweigsamer und vermutlich froh, wenn man sie in Ruhe lässt.

Das könnte jetzt klingen, als sei Nynorsk eine Sprache für Landeier, während der urbane Mensch des 21. Jahrhunderts sich auf Bokmål verlegt hat. Das ist aber nicht so. In der Literatur ist Nynorsk sehr gut vertreten, wichtige auf Nynorsk schreibende Autoren und Autorinnen sind der weltbekannte Dramatiker Jon Fosse, Halldis Moren Vesaas, eine der bedeutendsten norwegischen Lyrikerinnen des 20. Jahrhunderts, und der Krimiautor Lars Mæhle. Es gibt Zeitschriften auf Nynorsk. Wenn Sie sich zutrauen, Artikel auf Norwegisch zu lesen, dann sollten Sie sich beim nächsten Besuch dort unbedingt die aktuelle Ausgabe von *Syn og Segn* besorgen, diese Zeitschrift erscheint alle drei Monate, ist dick wie ein Telefonbuch und berichtet über alle Aspekte der Gegenwart – auf Nynorsk. Tageszeitungen lassen alle schreiben, wie ihnen der Schnabel gewachsen ist, bis auf *Aftenposten* (in Norwegen vielleicht das, was in Deutschland die *FAZ* ist), selbst, wenn dort Jon Fosse interviewt wird, werden seine auf Nynorsk formulierten Antworten vor dem Druck unbarmherzig ins Bokmål »übersetzt«.

»Übersetzt« schreibe ich hier in Anführungszeichen, weil die Unterschiede gar nicht groß sind, wie schon das Noreg/Norge-Beispiel zeigt. Grammatik, Wortschatz, alles ist sehr ähnlich, die beiden norwegischen Sprachen sind sich viel ähnlicher als zum Beispiel Kölsch und Berlinerisch. Was aber die richtig fanatischen Sprachvertreter in Norwegen nicht hören wollen.

Wenn man im Ausland Norwegisch lernt, lernt man die Variante, die die jeweilige Lehrerin von Haus aus benutzt, und wird dann in die Unterschiede zwischen beiden Sprachvarianten eingeweiht. Besondere Probleme gibt es dann nie mehr. Das liegt sicher auch daran, dass man, wenn man von außen kommt, eher die Ähnlichkeiten hört. Wer mit beiden aufgewachsen ist, hört dagegen die Unterschiede.

Es gibt viele und immer neue Beispiele dafür, wie sich die beiden Sprachrichtungen in Norwegen gegenseitig provozieren – wobei ganz klar zugegeben werden muss, dass die Provokationen vor allem von der Bokmål-Front ausgehen. Wenn Politiker der rechtspopulistischen Partei FRP am liebsten Nynorsk ganz abschaffen würden und behaupten, Kinder, die gezwungenerweise auf der Schule Nynorsk lernen müssen, schlügen als Erwachsene viel leichter eine kriminelle Laufbahn ein als andere, ist das nur unappetitlich und leicht zu widerlegen. Aber manchmal sind die Provokationen vor allem komisch.

Erinnern Sie sich an das Lied *In diesem ehrenwerten Haus* von Udo Jürgens? Darin beschweren sich alle im Haus über eine Mietpartei, die nicht ihren gutbürgerlichen Ansprüchen entspricht, worauf die Kritisierten dann den anderen die Leviten lesen und zeigen, was für spießige Heuchler sie doch sind? Dieses Lied war eine Nachdichtung der Ballade *Harpervalley PTA* der Countrysängerin Jeannie C. Riley. In der Originalfassung wird eine Mutter in die Schule bestellt, weil die anderen Eltern finden, sie gebe ein schlechtes Beispiel, trage Miniröcke und verhalte sich so gar nicht wie eine sittenstrenge Matrone. Es gab dann auch eine norwegische Version, verfasst von Terje Mosnes, die sich viel enger an das Original hält als die von Udo. Gesungen hat sie die Schlagersängerin Inger Lise Andersen, die später als Inger Lise Rypdal auf Jazz umstieg und auch in Deutschland bekannt wurde.

Das Lied war 1968 in Norwegen ein Riesenhit und ist bis heute unvergessen. Die ganze Geschichte wird auf Bokmål erzählt, nur der Brief, den die sittlich geschockte Schulleitung an die Mutter schickt, ist auf Nynorsk. Was nun das Vorurteil verstärkte, die Nynorskleute seien alle moralinsaure Hinterwäldler. Was die Nynorskleute wiederum erboste und den Streit abermals aufflammen ließ. Und so geht es weiter und weiter, und es ist kein Ende abzusehen. Aber

wie gesagt, ein Problem beim Norwegischlernen sind die beiden
offiziellen Landessprachen nun wirklich nicht.

19. GRUND

Weil manche Nynorskleute zu gern dem Klischee entsprechen wollen

Bokmålvertreter stellen die Nynorskleute gern als ewiggestrige
Hinterwäldler dar, die einfach nicht begreifen, dass ihre Sprache
im 21. Jahrhundert nichts mehr zu suchen hat. Oder im 20. Oder
im 19. Denn wenn wir in der Geschichte der Auseinandersetzung
zwischen den beiden Sprachen bis zu den Anfängen zurückgehen,
können wir feststellen, dass es schon immer so war. Schon der
Gründervater des Nynorsk, der Sprachforscher Ivar Aasen (1813–
1896), wurde so dargestellt: mit Zipfelmütze, Kniehosen und einer
Art stilisierter norwegischer Tracht. Durch die Zipfelmütze, die
auch in norwegischen Karikaturen als Symbol für ganz besonders
entsetzliche Rückständigkeit gilt, sah Ivar Aasen und sieht der typische Nynorskverfechter in den Karikaturen ungefähr aus wie der
deutsche Michel. Ein umgekehrtes, von Nynorskleuten verbreitetes, Zerrbild der Bokmålleute gibt es übrigens nicht. Aber es gibt
eben auch Nynorskleute, die sich alle Mühe geben, dem Landei-Klischee zu entsprechen. Im April 2016 wurde der Gymnasiallehrer Magne Aasbrenn zum neuen Vorsitzenden von Noregs Mållag
gewählt, dem Sprachverband Norwegens also (Norwegen hier in
der Nynorskform angegeben, Noreg), der sich für Stärkung und
Verbreitung von Nynorsk einsetzt. Ursprünglich hatte der 1906 gegründete Verband das Ziel, ganz Norwegen zum Nynorskland zu
machen, ist mangels Erfolg davon aber inzwischen abgekommen.
Der neue Vorsitzende unterrichtet in Fredrikstad auf dem Ostufer
des Oslosfjords, nicht gerade eine Hochburg des Nynorsk. Aber

der neue Vorsitzende gibt sich in den ersten Interviews nach Amtsantritt sehr zuversichtlich. Vor allem aber gibt er sich alle Mühe, der Karikatur des weltfremden Gelehrten zu entsprechen. Auf die in Norwegen in Interviews gern gestellte Frage »Mit wem würden Sie gern mal im Fahrstuhl stecken bleiben?« antwortet er: »Mit Ivar Aasen.« Und den will er dann fragen, was er erfahren hat, als er die Zeit zwischen dem 6. und dem 29. September 1853 in Eidsberg war, um sich die Wörtersammlung des Pastors Jacob Nicolai Wilse genauer anzusehen. Ich gestehe, ich weiß nichts über die Wörtersammlung des Pastors, ich bin auch nicht sicher, ob ich viel darüber wissen will, aber solche Episoden machen die Beschäftigung mit Nynorsk immer wieder zum großen Vergnügen!

20. GRUND

Weil in Norwegen die Sami leben

Die Sami leben ganz oben im Norden, ein Teil ihres Siedlungsgebietes heißt Lappland (allerdings nicht der, der in Norwegen liegt), früher wurden sie Lappen genannt. Das mochten sie nicht, haben sich immer dagegen gewehrt (Lappe ist ein Wort, das ursprünglich aus dem Finnischen stammt und so viel wie »Untermensch« oder »Barbar« bedeutet), und heute sagt »Lappe« wirklich nur noch, wer absolut keine Ahnung hat, oder wer sein Gegenüber beleidigen möchte. Die Sami haben keinen eigenen Staat, sie leben in Norwegen, Schweden, Finnland und Russland, nennen ihr Siedlungsgebiet Sápmi, haben eine eigene Flagge und einen Nationalfeiertag, am 6. Februar. Schwierig ist die Frage zu beantworten, wie viele Sami es überhaupt gibt – ist jemand Sami, der Samisch spricht, oder reicht es, samische Eltern zu haben und sich als Samin zu fühlen? Schwer zu entscheiden ist das, besonders, wenn wir uns klarmachen, wie weit die Zerstörung der samischen Kultur und damit der Identität inzwischen vorangeschritten ist. Dabei ist diese Kultur viel älter als die Nationalstaaten, die den Samen das Leben schwer machen. Eine realistische Schätzung geht derzeit von 54.000 Menschen aus, von denen etwa 30.000 in Norwegen leben. Aber das mit den 54.000 ist doch sehr geschätzt, da offizielle Zahlen aus Russland fehlen und die inoffiziellen Angaben sich so gewaltig unterscheiden, dass sie überhaupt nicht weiterhelfen. Aber uns interessieren hier ja auch die norwegischen Sami.

Der Staat Norwegen brüstet sich gern mit seinem vorbildlichen Umgang mit dieser ethnischen Minderheit, schließlich wurde den Sami 1989 sogar ein eigenes Parlament spendiert, das Sameting. Klingt gut, vor allem, wenn wir bedenken, dass es vorher jahrelange heftige Auseinandersetzungen um den Ausbau des Altaflusses zu einem gewaltigen Stausee ging. Durch diese riesige Anlage wären wichtige Wanderwege der Rentiere zerstört worden, was wiederum die Existenzgrundlage der Sami gefährdet hätte, die auf die traditionelle Weise ihres Volkes lebten. Es waren damals noch etwa zehn Prozent der norwegischen Sami, aber diese alte Nomadenkultur hatte für weitaus mehr Menschen einen hohen kulturellen Identifikationswert. Die Rentiersamen leben von ihren Tieren, deren Produkte – Fleisch, Fett, Fell und Knochen – verkauft werden. Außerdem versorgen die Rentiere ihre Halter mit Leder und Sehnen für die Herstellung von Bekleidung und Zelten, und aus den Knochen werden allerlei Geräte hergestellt.

Dass die Sami einfach mit ihren Tieren hin und her zogen, war den norwegischen Siedlern, die ab dem 16. Jahrhundert in immer größerer Anzahl in den Norden des Landes kamen, von jeher ein Dorn im Auge – wie soll man denn Landbesitz anständig vermessen und verteilen, wenn die Eingeborenen nach Lust und Laune durch die Gegend ziehen? Solche Klagen von geplagten Beamten lesen wir in den folgenden Jahrhunderten immer wieder. Dass die Eingeborenen dann auch noch eine unverständliche Sprache sprachen und unbegreifliche Götter verehrten, wurde auch gegen sie verwandt –

kurz gesagt, sie sollten mit Bibel und Feuerwasser auf den rechten Weg gebracht und so nebenbei auch vom Nomadentum abgebracht werden. Kein Wunder, dass die Sami dann auch als die »Indianer des Nordens« bekannt wurden.

Das mit der Bibel klappte sehr gut, das mit dem Feuerwasser auch. Die Sami wurde zwangschristianisiert und suchten im Feuerwasser Trost, nachdem ihnen Kultur und Lebensraum gestohlen worden waren. Die sprichwörtlich gewordene Trunksucht der Sami bot den Eroberern dann wiederum neue Möglichkeiten, ihre Unterdrückungsmaßnahmen zu rechtfertigen – wenn dieses Volk permanent besoffen ist, kann es seine Angelegenheiten ja schließlich nicht selbst klären!

1850 fiel in Kaaresuando ein samischer Pastor im Suff von der Kanzel – hier sehen wir die Segnungen der Zivilisation auf einen Blick. Und er war durchaus nicht der einzige einheimische Gottesmann, von dem ein solches Missgeschick belegt ist. Um dieselbe Zeit gründete der samische Pastor Lars Levi Laestadius (1800–1861) eine neue Sekte, die sich noch heute nach ihrem Begründer Laestadianer nennt und bis heute unter den Sami die vorherrschende Glaubensrichtung ist. Die Laestadianer fühlten sich zumeist den skandinavischen lutherischen Staatskirchen zugehörig. Puritanische Lebensweise, Verzicht auf Alkohol und Stolz auf die samische Kultur sollten nach dem Willen des Gründers das Leben der Sektenmitglieder prägen, wobei es mit dem Stolz auf die samische Kultur lange nicht so richtig geklappt hat. Der lag lange brach. Erst durch den Kampf gegen den Ausbau des Altaflusses kam ein neues Selbstbewusstsein auf, die Sami forderten Schulen in ihrer Sprache, überhaupt die Anerkennung ihrer Kultur, Schluss mit der Unterdrückung, hieß es, und sie bekamen – das Sameting. Was wunderbar klingt, aber im Ernstfall keine Hilfe ist, denn es hat nur beratende Kraft. Das samische Parlament kann also beschließen, was immer es will, die Regierung in Oslo kann den Beschluss mit einem Federstrich wieder zunichtemachen. Das zeigt sich zur Zeit wieder ganz besonders – die Regierung in Oslo vergibt Schürfrechte und die Erlaubnis für Probebohrungen an alle möglichen Gesellschaften, die die ganzen derzeit für die Herstellung von Mobiltelefonen so wichtigen Bodenschätze abbauen möchten, und die sich nicht weiter um die dabei entstehenden Umweltschäden scheren. Das Samische Parlament sagte nein, hier wird nicht geschürft, die Regierung sagte, doch. Und so geschah es. Was die frommen Laestadianer angeht, übrigens – bei allem Respekt vor Frömmigkeit und Gottesfurcht, manche ihrer Überlegungen wirken doch befremdlich. So diskutierten einige besonders puritanische Gemeinden, während ihre Bekannten und Verwandten aus anderen Dörfern in Alta Barrikaden bauten, über diese wichtige Frage: Dürfen laestadianische Haushalte Waschmaschinen mit Fenstern vorn in der Tür anschaffen? Es wäre doch möglich, dass sich die samischen Männer davorsetzen und angesichts der vorüberwirbelnden Damenunterwäsche auf sündhafte Gedanken verfallen. Sie konnten sich aber nicht einigen, ich glaube, die Frage ist bis heute unentschieden.

Das klingt jetzt alles ganz deprimierend, aber so ist es nicht. Die samische Kultur lebt und ist stärker denn je, bei der Entscheidung für den norwegischen Titel zum Eurovision Song Contest (der in Norwegen wahnsinnig wichtig genommen wird und weiterhin Grand Prix heißt) nahm 2015 die junge Sängerin Emma Elliane teil, die ihr Lied auf Samisch vortrug. Es klang eigentlich genau so scheußlich wie alle anderen Grand-Prix-Lieder des Jahres, aber dass es überhaupt möglich ist, ein samisches Lied in die erste Runde des Rennens zu schicken, ist doch ein Fortschritt? Ich habe keinen Kontakt mehr zu der Familie, bei der ich vor vielen Jahren babysitten war, um besser Norwegisch zu lernen. Als damals der norwegische öffentlich-rechtliche Rundfunk NRK erstmals Nachrichten auf Samisch brachte, jeden Tag die ungeheure Menge von fünf Minuten, schimpfte das noch recht junge und ansonsten aufgeschlossene Ehepaar gewaltig über diese Verschwendung von Steuermitteln, denn: »Die Sami (dass es nicht »Lappen« heißt, hatten sie mir sofort klargemacht) sollen gefälligst aufhören zu trinken und anfangen, Norwegisch zu sprechen, dann haben sie auch keine Probleme mehr.« Ich hätte gern gewusst, was sie zu diesem Grand-Prix-Beitrag gesagt haben.

21. GRUND

Und weil in der Nähe dann auch noch die Quänen zu finden sind

Die Quänen heißen auf Norwegisch Kvener, und zwar auf Bokmål und Nynorsk gleichermaßen! Quänen ist die alte deutsche Bezeichnung, die schon in ganz frühen Berichten auftaucht, in ihrer eigenen Sprache nennen sie sich Kveeni. Ob Quänen oder Kveeni, es ist ursprünglich dasselbe Wort, und es ist eng mit dem Wort »Finne« verwandt. Ohne sprachwissenschaftlich geschärften Blick sieht man das vielleicht nicht sofort. Einer, der es nicht sah, war der berühmte Historiker Adam von Bremen. Er schrieb um die Mitte des 11. Jahrhunderts über die Völker des Nordens und erwähnte das »Quänland«. Weil er das Wort nicht verstand, leitete er es von dem griechischen Wort für »Frau« ab und schrieb, im Quänland herrschten die Frauen nach Vorbild der antiken Amazonen. Diese schönen Zustände lassen sich aber leider nicht nachweisen. Wir wissen nur, dass die Quänen schon lange in Nordnorwegen ansässig sind. Die *Egils Saga* aus dem 13. Jahrhundert teilt mit, dass nördlich der Norweger die Quänen hausen, dann weiter im Osten die Finnen, es wurde also klar zwischen beiden Völkern unterschieden. Aber seit wann sie dort oben siedeln, wissen wir nicht. Wie die zahlreicheren Sami wurden die Quänen im Laufe der Jahrhunderte einer gnadenlosen Norwegisierungspolitik unterworfen, sollten ihre Sprache aufgeben und sich norwegische Varianten ihrer Namen zulegen. Ganz hat es nicht geklappt, es wird noch immer

Quänisch gesprochen. Das ist, jetzt wird es wieder sprachwissenschaftlich, eine ostfinnische Sprachvariante, die sich vom heutigen Finnisch in Wortbestand und Grammatik unterscheidet. Das habe ich gelesen, ich kann leider weder Finnisch noch Quänisch, aber Finnisch sprechende Bekannte erzählen, dass Quänisch ihnen teilweise vorkommt wie sehr altes Finnisch, das meiste verstehen sie, wenn sie es geschrieben sehen, aber dann kommen immer wieder Wörter oder Redewendungen, die es im modernen Finnisch nicht (oder nicht mehr) gibt. »Quänen« heißt auf Finnisch »kveenit«, das ist jedenfalls nicht so weit vom quänischen »kveeni« entfernt. Die offizielle Organisation der Quänen, Norske Kveners Forbund – Ruijan Kveeniliitto, hatte 2015 auf seiner Facebookseite die Aktion »jeden Tag ein Wort Quänisch«, es machte großen Spaß, Dinge wie »die Sonne ist gelb wie Butter« zu lernen. Leider wurde die Aktion dann wieder eingestellt, weil man mit einem Wort pro Tag nie zu Ende gekommen wäre, und inzwischen habe ich fast alles wieder vergessen.

Wie viele Personen derzeit in Norwegen Quänisch sprechen, ist unklar, der Riksforbund geht von 10.000 bis 15.000 aus. Staatliche Stellen setzen die Zahlen niedriger an, vor allem, wenn sie Geld geben sollen, für den Erhalt quänischer Kulturdenkmäler oder für Schulunterricht auf Quänisch. Den gibt es noch gar nicht lange. Quänisch wurde von der norwegischen Regierung erst 2005 als eigenständige Sprache anerkannt, vorher war der Staat also nicht verpflichtet, irgendetwas zum Erhalt dieser Sprache beizutragen. Mehr als fünftausend quänische Ortsnamen in den Bezirken Troms und Finnmark zeigen, wie verbreitet diese Sprache einmal gewesen sein muss. Wie schwierig die Lage heute noch ist, zeigt dieses Beispiel: Vor einigen Jahren stellte die Regierung in Oslo Geld zur Verfügung, mit dem Schulunterricht auf Samisch und Quänisch finanziert werden sollte (je nachdem, welche Sprache in welchem Ort gesprochen wird). Die Verteilung wurde dem Samischen Parlament übertragen. Als sich nach einer Weile die quänischen Gemeinden meldeten und fragten, wo denn das Geld bleibe, war schon alles ausgegeben. Und zwar für die samischsprachigen Dörfer. Begründung der samischen Verteiler: Die Quänen seien so wenige, da habe es doch keinen Zweck, denen auch noch Geld zu geben.

Ich würde jetzt schrecklich gern einen schönen Roman einer quänischen Autorin empfehlen, geht aber nicht, es wird kaum etwas veröffentlicht. Ich habe ein Buch mit quänischen Texten, die ins Norwegische übersetzt worden sind, aber das ist zwanzig Jahre alt, und die Texte sind sehr kurz und ähneln eher Schulaufsätzen zum Thema »Meine Heimat«. Aber wenn Sie quänische Musik hören möchten, was auch nicht ganz einfach ist – es sei denn, Sie sind in Finnmark oder Troms unterwegs und in einem quänischen Gemeindehaus gibt es gerade Kaffee und Musik! –, dann gibt es eine wunderbare Doppel-CD mit dem Titel *Kvenfinsk tradisjon i Norge*, also quänisch-finnische Tradition in Norwegen. Auf CD 1 sind heutige quänische Musikerinnen und Musiker zu hören, mit Liedern und Instrumentalstücken, im Duett, als Trio, a-capella und mit Akkordeonbegleitung. Auf CD 2 dagegen hören wir Feldaufnahmen, die um 1990 von damals schon sehr alten Gewährsleuten gemacht wurden. Die sind alle inzwischen verstorben, aber hier haben wir die Gelegenheit, zu hören, wie Quänisch um 1920 klang und was damals gesungen wurde. (Erschienen ist die CD beim Etnisk Musikklubb in Kongsberg, überhaupt eine Fundgrube, wenn Sie sich für traditionelle norwegische Musik interessieren, aber darüber später dann mehr.)

22. GRUND

Weil es wunderbare samische Musik und große Dichter gibt

Die samische Sängerin Mari Boine hat zeitweise ihre CDs in Deutschland aufgenommen, und derzeit ist überhaupt viel samische Musik zu hören. Die erste Begegnung für manche hierzulande mit diesem samischen Musikstil war aber wohl der Film *Ofelas*, der erste abendfüllende samische Spielfilm (übrigens für einen Oscar nominiert). »Ofelas« – dieses samische Wort bedeutet Pfadfinder oder Fährtensucher. In diesem Film war die Stimme von Nils Aslak Valkeapää zu hören. Allerdings: Der ganz große Erfolg für den Film blieb in Deutschland aus. Der deutsche Verleih nannte den Film *The Pathfinder*, doch zweimal th in einem Titel, das ist zu viel für deutsche Filmkritiker, die sich den Film dann lieber gar nicht erst ansahen und ihn wegen des Titels für einen Film über den Vietnamkrieg hielten. In diesem Film bildet Joik die ständige Hintergrundmusik und verschmilzt streckenweise mit der samischen Sprache zu einer ganz eigenen Melodie. Die Nils Aslak Valkeapää geschaffen hatte, an den hier erinnert werden soll. Doch zunächst noch zu *Ofelas*. In der deutschen Übersetzung wurde zudem sorgfältig darauf geachtet, dass nie von »Sami« oder »samisch« die Rede war, sondern von »Lappen«, zum Glück so ungefähr das letzte Mal, dass hierzulande irgendwer dieses verpönte Wort benutzt hat.

Joiken zu beschreiben, den Gesangsstil, den Nils Aslak Valkeapää erneuert und in alle Welt getragen hat, ist alles andere als einfach. Wie überhaupt einen Gesangsstil schildern, ohne ihm klangliche Beispiele beifügen zu können? Uralte Gesangsform, besondere Kehlkopftechnik, keine festgelegte Melodiefolge, hochentwickelte Improvisation, traditionell immer Sologesang, ohne Instrumentalbegleitung, das ist das theoretische Wissen. Wie sich das anhört, kann man sich noch immer nicht vorstellen. Wie lange die Sami schon joiken, wissen wir nicht. Sie haben keine Geschichtsbücher verfasst, hatten einen zyklischen, dem Kreislauf der Natur angepassten Zeitbegriff und lernten Jahreszahlen erst kennen, als sie »zivilisiert« wurden. Jahrhunderte ist dieser Gesangsstil jedenfalls alt, wenn nicht Jahrtausende. Männer und Frauen joikten, nicht nur Noaiden (so heißt bei den Sami das, was anderswo »Schamane« genannt wird), wie manchmal zu lesen ist. Allerdings nicht alle gleich gut, es hat immer berühmte JoikerInnen gegeben und solche, die nur leise in der Sauna joikten. Die vorhandenen Berichte über Joiken reichen nur wenige Jahrhunderte zurück, bezeichnenderweise ist die erste Erwähnung ein dänisches Gesetz von 1607, das Joiken mit der Todesstrafe belegte. Damals wurde offenbar bei religiösen Zeremonien gejoikt, bei Festen, bei Auseinandersetzungen, aber Joiken erschien auch als das geeignete Mittel, um über die Geschichte der Sami oder der eigenen Sippe zu berichten. Aufschlussreich ist ein Beispiel, das zu Beginn des 19. Jahrhunderts aufgezeichnet wurde. Es ging um einen »Sängerkrieg« zwischen Noaide (der als Vertreter des heidnischen »Barbarentums« besonders der Verfolgung durch die Kolonialmächte und ihre frommen Missionare ausgesetzt war) und Dieb (Symbol für die Eroberer). Die Noaiden standen in dem Ruf, Rentiere in die Arme der samischen Jäger joiken zu können. Sollte es ihnen da nicht gelingen, auch die fremden Eindringlinge wegzujoiken? Und der Noaide sang: »Scher dich weit weg von hier, dahin, woher du gekommen bist, ich werfe dich weit weg von hier.«

Eine schöne Vorstellung, leider schlug der Versuch fehl. Joikforscher sehen darin einen Grund für den Niedergang der Joikkultur seit dem 19. Jahrhundert. Die Gesellschaft, die diese Kultur entwickelt hatte, gab es nicht mehr, für die neuentstandenen Probleme bot Joiken keine Hilfe, und wer überleben wollte, musste sich der Kultur der norwegischen, schwedischen, finnischen oder russischen Eroberer anpassen, in der es für samische Dinge keinen Platz gab.

Doch manches überlebte, oft im Verborgenen. So erinnerte sich um 1990 der damals siebenundsiebzig Jahre alte Same Gaebpien

Gästa: »Wir Südsamen hielten Joik für ausgestorben. Im Norden, wo die Samen in der Mehrheit waren, trotzten sie dem Verbot jahrhundertelang. Im Süden war der Druck stärker. Aber dann stellte sich heraus, dass Joiken überlebt hatte, fast in einem Komazustand. Eine kulturelle Äußerung lässt sich nur schwer durch ein Verbot ersticken, und in meiner Generation kam es immer noch vor, dass die Menschen im Joiken ihre Zuflucht suchten, wenn sie von starken Gefühlen überwältigt wurden. Durch Joik lebten wir unsere Gefühle aus und wurden von den Visionen bereichert, die die Melodie uns schenkte.« Als die herkömmliche Lebensweise dieses Volkes immer mehr zerstört wurde, änderte sich auch das Joiken. Heute kennen wir vor allem kürzere Personenjoiks oder Tier- und Naturbeschreibungen als Kombination von Wort und Melodie. Hier ein hübsches kleines Beispiel von Nils Aslak Valkeapää:

Der Rentierstier ist so mächtig,
sein starkes Halshaar, sein mächtiges Geweih.
In der Brunftzeit verspüre ich
sonderbaren Neid.

Diesen Stil also reformierte der samische Dichter Nils Aslak Valkeapää fast im Alleingang (auch wenn er das nie hören wollte und abwehrend auf die vielen Freunde und Kollegen verwies, mit denen er bei immer neuen Projekten zusammenarbeitete) und trug ihn in alle Welt. Seine Aktivitäten brachten ihm nicht von Anfang an nur Lob vonseiten seiner Landsleute ein, Puristen hielten manche seiner Neuerungen für »uneheliche Kinder«, wie er selbst das ausdrückte. Dass der Joiker sich von Synthesizer begleiten ließ, erboste sie ebenso wie ein frecher Text. Und vor beidem schreckte Valkeapää nie zurück:

Die Sommersonne scheint, brennt
vom offenen Meer weht ein warmer Wind
ich liege auf dem Rasen
gebe mich dem Sonnenlicht hin
und trinke Bier.

Mit dem Bier wollte er den strengen Laestadianern eins auswischen, die ja jeglichen Alkoholgenuss ablehnen.

Nils Aslak Valkeapää wurde 1943 im finnischen Enontekiö geboren, seine Mutter kam aus Norwegen, und er verbrachte große Teile seines Lebens im norwegischen Skibotn. Kurz vor seinem Tod kündigte er sogar, frustriert vom finnischen Umgang mit samischen Belangen, an, demnächst die norwegische Staatsbürgerschaft annehmen zu wollen. Der junge Ailu, wie er von Freunden und schließlich von seinem ganzen Volk genannt wurde, machte eine Ausbildung als Grundschullehrer, doch in diesem Beruf hielt es ihn nicht lange. Er versuchte sich, überall sehr bald mit wachsendem Erfolg, als Musiker, Maler, Filmemacher, Komponist und immer wieder und vor allem als Joiker. Unbeeindruckt von allen Widerständen setzte er sich für die samische Kultur ein, was ihn in Kontakt zu den Vertretern anderer indigener Bevölkerungsgruppen brachte, und etliche Jahre war er Generalsekretär beim Weltrat der Urbevölkerungen. Auch als er dieses Ehrenamt niedergelegt hatte, blieb er eine Art samischer Botschafter in aller Welt – auf dem Höhepunkt seines Erfolgs trat er in samischer Tracht bei der Eröffnung der Olympischen Winterspiele 1994 im norwegischen Lillehammer auf und konnte damit vor Fernsehzuschauern in aller Welt seine Kunst vortragen.

Er sang und dichtete, und das mit gleicher Schärfe und Eleganz auf Samisch, Finnisch und Schwedisch. Sein größtes Werk, *Beaivi, áhcázan* (»Sonne, mein Vater«), eine mehrere Hundert Seiten starke Collage aus Zeichnungen, Fotos und Texten, ist vielleicht sein Meisterwerk und sicherlich sein Vermächtnis. Noch nie war ein samisches Buch für den Literaturpreis des Nordischen Rates nominiert worden, die höchste literarische Auszeichnung der nordischen Länder Norwegen, Schweden, Dänemark, Finnland und Island, doch 1990 war es dann so weit. Oder: Sollte es so weit sein. Die Nominierung wurde von der zuständigen Behörde abgelehnt, denn Samisch sei beim Nordischen Rat nicht als Literatursprache vorgesehen. Das führte natürlich zu Protesten, half aber nichts. Vorschriften sind schließlich Vorschriften. Also übersetzte Valkeapää sein Werk ins Schwedische, und im nächsten Jahr wurde *Solen, min Far*, wie der schwedische Titel lautet, abermals oder erstmals nominiert. Und abgelehnt, es sei ja eine Übersetzung, und Übersetzungen würden in den Vorschriften nicht berücksichtigt. Aber das ging nun doch zu weit, die Vorschriften wurden geändert, und der begehrte Preis ging zum ersten und bisher letzten Mal in seiner Geschichte ins Samenland.

Die Preisverleihung, die jedes Jahr in einer anderen nordischen Hauptstadt arrangiert wird, fand in jenem Jahr in Kopenhagen statt und wurde im Rundfunk übertragen. Der Moderator hatte ganz offenkundig seine Vorstellungen von samischen Dichtern, die ihr Leben allein im wilden Hochland verbringen, im Tête-à-Tête mit ihrem getreuen Rentier. Und so fragte er den Preisträger: »Wie finden Sie es denn so, in die Großstadt zu reisen und einen Preis entgegenzunehmen?« Der Preisträger überlegte. Dann antwortete er freundlich: »Nett.« Der Moderator schwieg verblüfft, holte dann Atem und stellte die Frage, die alle seine heimlichen Vorurteile zum Ausdruck brachte: »Ja, aber, ist es nicht ein ganz besonders aufregendes Erlebnis, hier in dieser Stadt unter so vielen Menschen zu sein?« Valkeapää überlegte wieder. Und dann sagte er auf seine langsame, ruhige und unnachahmliche Weise: »Ach, wissen Sie, vorgestern war ich in Tokio. Da waren noch mehr Menschen.«

Der Literaturpreis, der Auftritt bei den Olympischen Spielen, Einladungen zu Lesungen in aller Welt – alles schien darauf hinzuweisen, dass hier der demnächst erste samische Literaturnobelpreisträger zu bewundern war. Und dann war alles zu Ende. 1996 wurde Nils Aslak Valkeapää Opfer eines schweren Autounfalls, brauchte mehrere Jahre, um sich einigermaßen von den Folgen dieses Unfalls zu erholen. Im Jahre 2000 teilte er mit, er fühle sich endlich stark genug für einen neuen Anfang, ein CD-Projekt stand als Erstes auf dem Programm. Aber vollendet wurde das Werk nie, die Hoffnungen hatten getäuscht, er hatte seiner noch immer labilen Gesundheit zu viel zugemutet, und 2001 starb Nils Aslak Valkepää im Alter von nur 58 Jahren ganz überraschend an einer Lungenembolie.

In Erinnerung bleibt er als größter Joiker und bedeutendster samischer Dichter seiner Generation, vielleicht sogar aller Zeiten. Und als Wegweiser für eine neue Generation von samischen Joikern und Joikerinnen, die zwar alle versuchen, ihren eigenen Stil zu entwickeln, doch bei allen ist zu hören, daß sie ausgiebig Valkeapää gehört haben. Übrigens: Wenn von Joik die Rede ist, hat sich in Deutschland die Form »der Joik« verbreitet, was Valkeapää, als ihm das deutsche System der grammatischen Geschlechter erklärt wurde, für Unsinn befand. Ein so persönlicher, individueller Stil dürfe nicht willkürlich mit einem Genus versehen werden, meinte er, wenn ein Artikel unumgänglich sei, sollte man danach gehen, ob man es mit einem Joiker oder einer Joikerin zu tun habe. Also, wenn Sie mal wieder in Reiseberichten über den hohen Norden von »der« Joik lesen, lächeln Sie hämisch. Sie wissen es besser!

23. GRUND

Weil es in Norwegen überhaupt wunderbare Musik gibt

Norwegische Musik, da denkt man doch zuerst an Edvard Grieg, und dann an Schlagerstars wie Wencke Myhre und Kirsti – das war die mit *Ein Student aus Uppsala*. Wencke Myhre heißt eigentlich Wenche, musste sich in Deutschland aber mit k schreiben, um die norwegischunkundigen Schlagerfans nicht zu verwirren, Kirsti heißt mit vollem Namen Kirsti Sparboe, aber dieser Nachname war für das deutsche Publikum auch zu kompliziert. Kirsti Sparboe ist übrigens die norwegische Sängerin, die am häufigsten für ihr Land ins Finale des Eurovision Song Contest gelangt ist – ein wirklicher Rekord für ein Land, das noch häufiger als Deutschland null Punkte holt. Norwegischer Jazz ist auch hierzulande bekannt (nennen wir nur Jan Garbarek und Ketil Bjørnstad), aber hier soll es jetzt vor allem um norwegische traditionelle Musik gehen. Darüber ist in Deutschland noch viel zu wenig bekannt, wenn auch (unter anderem durch das alljährliche Festival Folk Baltica in Kiel) inzwischen häufiger norwegische Volksmusik auch nach Deutschland gelangt. Vielleicht muss man sich auch erst mal hineinhören. Es gibt in Norwegen so gut wie keine Gruppen, die das musikalische Material verändern und in neuen Instrumentierungen bearbeiten, norwegische Musik ist vor allem Solo-Musik oder Gesang. Der Gesang entstammt oft der Arbeit, klangvolle Tonfolgen, wie norwegische Sängerinnen (seltener Sänger) sie im Repertoire haben, haben ihren Ursprung in der Almwirtschaft. Die im Sommer frei weidenden Kühe mussten zum Melken gerufen werden, und jede Sängerin entwickelte ihre eigenen Lockrufe, die den Kühen genau sagten, dass sie jetzt dran waren und sich zur Almhütte zu begeben hatten. Wenn jetzt jemand ans Jodeln denkt, dann ist das genau richtig, in Stimmführung und Funktion sind norwegische Lockrufe und Jodeln durchaus zu vergleichen. Und um die Ähnlichkeiten noch größer zu machen: Zum Vergrämen wilder Tiere wurden auf norwegischen Almen endlos lange Hörner, Luren genannt, geblasen, die ihrerseits wieder an Alphörner erinnern. Aber irgendwas ist in Norwegen passiert, die Lockrufe klingen einfach frisch, modern und zeitlos – und sind aus der modernen norwegischen Volksmusik einfach nicht wegzudenken. Neben Luren und allerlei Flöten ist in Norwegen die Maultrommel weit verbreitet, angeblich mehr als in jedem anderen Land der Welt – ich kann das nur zitieren, aber ich glaube schon, dass nur in Norwegen Schallplattenfirmen den Mut besitzen, CDs auf den Markt zu bringen, auf denen ein Maultrommelvirtuose sein zwar reichhaltiges, aber doch eintöniges Repertoire ausgiebigst vorstellt. Aber das norwegischste Instrument ist sicher die Hardangergeige, oder auch Hardangerfiedel genannt (*fele* auf Norwegisch).

Der Name sagt es ja, diese Geigenvariante stammt aus der westnorwegischen Region Hardanger. Jedenfalls taucht sie dort erstmals in Berichten über Musik auf, und zwar um 1600. Das Besondere der Hardangerfiedel ist die doppelte Saitenbespannung, bei der die zweite Saite sozusagen als »zweite Stimme« mitschwingt, den Bordunton liefert, um ein Fachwort zu verwenden. Vermutlich, aber auch hier kann ich nur die Musikforschung zitieren, stammen die Vorfahren der Hardangerfiedel aus Schottland und Northumberland, wo Bordun-Instrumente schon im späten Mittelalter verbreitet waren. Durch den Handel mit nordenglischen und schottischen Städten sind solche Instrumente dann nach Westnorwegen gelangt und dort weiterentwickelt worden. In Ostnorwegen dagegen wurde immer die »normale« Geige gespielt, und so klingen die Instrumentalstücke ganz unterschiedlich, auch wenn die Stücke an sich die gleichen sind. Das Mitschwingen der Bordunsaiten ergibt einen ganz eigenen Klang, der auf die Dauer durchaus hypnotisch wirken kann. Der pietistische Prediger Hans Nielsen Hauge (1171–1824), dessen Anhänger sich Haugianer nannten (es gibt sie übrigens noch heute, und noch immer verabscheuen sie wie die weiter im Norden angesiedelten Laestadianer Musik, Tanz und Kartenspiel), sah deshalb die Gründe für die Armut der ländlichen Unterschicht nicht in Krieg und ungerechter Verteilung des Grundbesitzes, sondern in der berauschenden Musik, mit der sich die Bauern amüsierten. Die könne nur vom Teufel inspiriert sein, meinte er, und forderte auf, die Instrumente, vor allem die Hardangerfiedeln, zu zerschlagen und zu verbrennen. Das ist der Grund, warum es in Norwegen kaum alte Hardangerfiedeln zu sehen gibt, also solche, die älter sind als hundertfünfzig Jahre. Einige wurden damals allerdings nach Stockholm gerettet, wo sie in den Sammlungen der schwedischen Altertumsforscher das Wüten der frommen Haugianer überlebt haben. Ein an die zweihundert Jahre altes, noch heute sehr beliebtes Geigenstück heißt übrigens *Fanitullen*, Teufelsmusik. Ob das aber wirklich auf einen satanischen Ursprung hinweist oder eher auf den Trotz der damaligen Musikliebhaber, ist natürlich auch schon wieder umstritten.

Ein besonders klangvolles norwegisches Instrument ist dann noch die Langeleik, das bedeutet eigentlich übersetzt einfach »Langspiel«. Eine Langeleik ist kurz gesagt eine längliche Zither, bei der die Saiten mit den Fingern gezupft, aber auch mit dem Plektrum angeschlagen werden können. Während die Hardangerfiedel eigentlich immer da war und alle Anfeindungen und Modernisierungswellen in der Musik einigermaßen unbeschadet überlebt hat, erlebt die Langeleik seit einigen Jahren einen phänomenalen Aufschwung. Als die absoluten Langeleik-Virtuosen gelten die Zwillingsbrüder Knut und Ole Aastad Bråten, die die Langeleik auf neue Weise stimmen und ihr Töne entlocken, die wie Blues klingen. Knut Aastad Bråten ist übrigens der Chefredakteur des umwerfend guten und informativen auf Nynorsk erscheinenden Magazins *Syn og Segn*. Wieso ein junger Musiker sich für ein fast schon totgesagtes Instrument begeistern kann, erklärt Knut Aastad Bråten so: »Die Langeleik ist ein kleines eigentümliches und schönes Instrument. Die Töne sind zaghaft, zurückhaltend und wenig aufdringlich. Langeleikmusik ist meilenweit von der Dröhnmusik entfernt, die wir heute überall hören. Die Musik ist anspruchsvoll, und die Zuhörer müssen sich sozusagen nach den Tönen strecken. Das gefällt mir. Das Instrument fordert mich als Spielmann heraus. Klar ist es einfach, und es ist kein Problem, eine schlichte Melodie hervorzuklimpern, aber aus dem Einfachen Musik zu machen, das ist ganz schön kompliziert.«

Im Sommer gibt es überall in Norwegen große und kleine Festivals, immer mit Wettbewerben verbunden. Die Wettbewerbe werden häufig kritisiert, weil die Musiker und Sängerinnen angeblich zu sehr nach dem Geschmack der Preisrichter schielen, was die lokalen Stile abflachen und schließlich verschwinden lässt. Das kann uns als Norwegenreisenden aber erst mal egal sein, schließlich müssen wir uns einhören und würden die feinen Unterschiede doch nicht bemerken. Hören Sie sich einfach nach solchen Festivals um, Stichwort »Kappleik«. Das größte Festival ist der landesweite Musikwettbewerb, wo neben Instrumentalkunst und Gesang auch Tanz bewertet wird. Es findet jedes Jahr Ende Juni statt, immer an einem neuen Ort. Informationen gibt es auf der Website, www.landskappleiken.no/, die auch eine englische Abteilung hat.

24. GRUND

Weil es in Norwegen mutige Schallplattenfirmen gibt

Bleiben wir noch ein bisschen bei der Volksmusik – die ist nämlich nicht nur auf Festivals zu hören, sondern es gibt jede Menge CDs (quänische haben wir ja schon empfohlen!). Die ältesten und bekanntesten, die auch viel nach Deutschland exportieren, sind Heilo und Grappa. Heilo wurde 1976 gegründet, Grappa 1983, erzählt Grappachef Helge Westbye. Die Namen könnten unterschiedlicher nicht sein, Heilo ist das norwegische Wort für den Goldregenpfeifer, Grappa ist ein italienischer Schnaps. Heilogründer Halvard Kvale nahm sich vor, am Ende jeder LP eine kurze Sequenz folgen zu lassen, auf der ein Goldregenpfeifer singt. Das ist auch nach der Fusion so geblieben, jedenfalls im Prinzip, manchmal wird es einfach vergessen, aber die meisten Künstler denken daran und verlangen den Vogelsang. Der Name Grappa dagegen bezieht sich wirklich auf den Schnaps. Die Idee, eine Plattenfirma aufzumachen, kam ihm in Italien, und der Name soll »würzig und fruchtbar« klingen.

Heilo also wurde 1976 gegründet und leistete Pionierarbeit. »Die norwegische Folkszene war damals sehr traditionell eingestellt«, sagt Helge Westbye, »es gab schon Kämpfe, wenn jemand ein Instrument etwas anders spielte, als die Tradition es angeblich vorschrieb.« Mit dieser Pionierarbeit war nicht so furchtbar viel Geld zu machen, und so begann Halvard Kvale, auch für Kirkelig Kulturverksted zu produzieren. In der ganzen Zeit gab es eine enge Zusammenarbeit zwischen Heilo und Grappa, und da lag es nah, dass Grappa 1994 das kleinere Label ganz unter seine Fittiche nahm Die beiden Namen wurden beibehalten, heute erscheint auf Heilo alles, »was irgendwie Folk ist«. Auf Grappa der Rest, und der ist groß; Jazz, Klassik, Country, Kinder-CDs (ein wichtiges Standbein), Singer-Songwriter, das alles gibt es bei Heilo, und das alles subventioniert Grappa. »Wir machen alle Musik«, sagt Helge Westbye, »außer klarem Pop, Rap usw.« Wie breit das Spektrum von Grappa ist, zeigt ein Blick auf die Website – wir finden Jan Garbarek, Alexander Rybak, die Wagnersängerin Kirsten Flagstad und sogar Wencke Myhre.

Grappa wurde 1983 gegründet, weil der Liedermacher Lillebjørn Nilsen fand, sie brauchten in Norwegen ein eigenes Label für Folk. Folk war in den ersten Jahren auf Grappa noch sehr stark vertreten, und Lillebjørn schildert die Anfänge so: »Helge arbeitete damals für Polydor in Hamburg. Als er erwähnte, dass er gern nach Oslo zurückgehen und eine eigene Plattenfirma starten wollte, war mir sofort klar: Ich mache mit! Meine erste LP bei Grappa (*Original Nilsen*) wurde ein Erfolg! Worauf Helge an seiner neuen Wohnung im besten Viertel Oslos noch eine Etage anbauen konnte.« Besonders positiv hebt Lillebjørn die Tatsache hervor, dass Helge Westbye selbst kein Musiker ist: »Bei den großen Firmen findet man oft musikalische Besserwisser oder Möchtegerns, die versuchen, musikalische Talente nach ihrem eigenen Bild zu formen.«

Obwohl Helge Westbye Hamburg also vor über dreißig Jahren verlassen hat, ist die Zusammenarbeit mit Deutschland weiterhin gut und wichtig – Deutschland war für norwegische Künstler schon immer das Tor zur Welt: »Deutschland ist ein sehr interessanter und guter Markt für Grappa, viel wichtiger als zum Beispiel Großbritannien«, sagt Helge Westbye.

Das klingt alles so gut, aber wie sieht die Zukunft aus? Nicht rosig, meint Kjell Westbye. In Norwegen, wo sich technologische

Neuerungen immer sehr viel schneller durchsetzen als z.B. in Deutschland oder Frankreich, ist der Absatz an CDs total eingebrochen. Im Vergleich zu Grappas Spitzenjahr, 2000, wurden 2014 nur noch 50 Prozent des damaligen Umsatzes erzielt. 80 Prozent der in Norwegen umgesetzten Musik geht per Streaming, schon 2013 erklärte Ole Paus, ganz Norwegens Lieblingstroubadour, er wolle nur noch eine CD machen, es lohne sich einfach nicht mehr. Aber im Juni 2016 melden norwegische Zeitungen, dass Ole Paus sich die Sache anders überlegt hat und die neue CD fast fertig ist. Das klingt doch ermutigend?

Die nächste wichtige Adresse für norwegische Musik ist Kirkelig Kulturverksted, auch hier gibt es eine enge Zusammenarbeit mit Grappa und Heilo. »Kirchliche Kulturwerkstatt«, das klingt sehr fromm und missionarisch, und in einem Huldigungsartikel zum vierzigsten Geburtstag wird KKV attestiert, sie verbreiteten den christlichen Glauben mit »Harfe und Pistole«, was aber nicht ganz ernst zu nehmen ist. 1974 gründete der noch immer amtierende Chef Erik Hillestad zusammen mit einigen Mitstreitern seine Firma. Hillestad war sozusagen erblich belastet: Sein Vater Olaf, der Pastor war, hatte sich auf der Suche nach musikalischer Belebung seiner Gottesdienste in England über Verwendung neuer Musikstile in der Kirche informiert, in der sehr traditionellen lutherischen Staatskirche Norwegens damals ein Skandal. Ein anderer Skandal war das Cover der LP *World Tour 1* von Den Norske Kammerkor, denn darauf hielt ein Chormitglied eine Weinflasche in der Hand. Läden im norwegischen Bibelgürtel an der Südküste weigerten sich sofort, dieses sündhafte Werk zu verkaufen. Weniger lustig war die Sache mit einem Chor aus Mittelamerika, dessen Lieder KKV herausbringen wollte. Ein Lieblingslied des – katholischen – Chores war ein Marienlied, sie wurden gebeten, eine norwegische Übersetzung einzustudieren, freuten sich, meisterten die norwegische Aussprache perfekt, und erst, als das Werk eingespielt war, wurden sie darüber informiert, dass die norwegische Fassung in wahrhaft protestantischem Geist zu einem Anti-Marienlied geworden war. So etwas kommt heute zum Glück nicht mehr vor, das Prinzip, Musiker aus anderen Ländern einzuladen, ihre Sachen aufzunehmen und in Norwegen herauszubringen und in einen musikalischen Austausch mit norwegischen Kollegen zu treten, ist geblieben. Zum vierzigsten Geburtstag brachte KKV eine Box mit vier CDs heraus, für jedes Jahrzehnt eine, und von Anfang an sehen wir die internationale Orientierung. Wir sehen auch, dass die ganze Zeit schon richtig große Namen dabei sind, nennen wir nur Ole Paus, Kari Bremnes, Agnes Buen Garnås und Ketil Bjørnstad. Ein musikalischer Schwerpunkt waren und sind Choräle, was anfangs Stirnrunzeln hervorrief, erinnert sich KKV-Gründer Hillestad. Choräle? »So was von langweilig und altmodisch«, hieß es. Aber wenn Ole Paus einen Choral singt, klingt das eben ganz anders als im Konfirmandenunterricht, und KKV trat in den Achtzigerjahren einen Choralboom in Norwegen los, der bis heute anhält. Man braucht übrigens nicht gläubig zu sein, um bei KKV veröffentlicht zu werden, aber: Es hilft, das behauptet Tomm Kristiansen im oben erwähnten Huldigungsartikel. Im Jahre 2000 wurde die Kulturkirche Jakob in Oslo eröffnet, die 1985 aufgrund von Bauschäden aufgegebene Kirche war mit staatlicher Hilfe restauriert worden und ist heute Norwegens einzige Kulturkirche, es gibt Theater, Tanz- und Musikaufführungen, im Keller liegen außerdem Ausstellungslokale. Im Winterhalbjahr wird jeden Sonntag die *Jakobsmesse* aufgeführt, ein immer neu gestalteter musikalischer Gottesdienst von Karoline Krüger (Musik) und Erik Hillestad (Texte.) Wie sein Grappakollege Helge Westbye wurde Erik Hillestad mit Auszeichnungen überschüttet, und beiden ist noch keinerlei Müdigkeit anzumerken, so dass wir von KKV und Grappa/Heilo zweifellos noch viel hören werden. Neben diesen drei großen gibt es kleinere Produzenten, die Sie unbedingt im Auge behalten sollen, wenn Sie norwegische Musik hören möchten. Da gibt es zum Beispiel den Etnisk Musikklubb in Kongsberg, man kann Mitglied werden und die Neuerscheinungen abonnieren, man kann aber auch jedes Produkt einzeln kaufen. Der Etnisk Musikklubb hat zum Beispiel die bei Grund 21 empfohlene Doppel-CD mit quänischer Musik herausgebracht. Und wo könnte eine ganze Stunde norwegischer Maultrommelmusik auf CD erscheinen, wenn nicht dort (der Virtuose heißt übrigens Sigurd Brokke!). Dann gibt es Ta:lik, beheimatet in Lomen im Fylke Oppland (dort gibt es übrigens auch eine prachtvolle Stabkirche aus der zweiten Hälfte des 12. Jahrhunderts), Ta:liks Katalog weist eine beeindruckende Menge an Aufnahmen von Hardangerfiedeln auf, aber auch die Langeleik-Virtuosen Knut und Ole Aastad Bråten veröffentlichen dort. Und ganz wichtig, der samische Verlag DAT in Kautokeino, Samisch Guovdageaidnu. Der Hinweis, dass dort das Gesamtwerk von Nils-Aslak Valkeapää vorliegt, reicht doch wohl als Qualitätsbeweis?

25. GRUND

Weil man trotzdem nicht a-ha hören muss

Das muss mal ganz klar gesagt sein. Man muss a-ha nicht toll finden, nicht mal, wenn man in Norwegen ist. Es gibt in Norwegen so viel wunderbare Musik, es reicht zu sagen, »a-ha finde ich bescheuert, aber Lars-Martin Myhre höre ich zu gern«, und schon sind sogar norwegische a-ha-Fans zufrieden. Ganz ehrlich, ich fand a-ha immer schon langweilig und bin nur zu Konzerten gegangen, wenn ich eine Freikarte bekam. Und dann fand ich sie auch langweilig, jede Bewegung, jede Bemerkung so total einstudiert, nix Spontaneität, ach, nichts für mich. Aber als Medienereignis sind sie wunderbar, und die norwegische Presse macht wunderbar mit. Als ich vor einigen Jahren einen dicken Prachtband über a-ha übersetzen musste – und zwar in aller Eile und mit zwei Kolleginnen, denn a-ha hatten sich gerade mal wieder getrennt, und das Buch sollte fertig werden, solange die alten Fans sich noch erinnerten –, habe ich gestaunt, in wie vielen Variationen sie immer wieder erzählen, dass sie miteinander eigentlich gar nichts anfangen können und so gut wie nie miteinander reden. Müssen sie sicher auch nicht, so eingespielt wie alles ist. Aber das war die vorige oder die vorvorige Trennung, man verliert da leicht den Überblick. Die Reuniontour vom Frühling 2016 ist vorbei, und schon ist von Trennung die Rede. Oder auch nicht. Morten Harket sagt am 11.4. vor versammelter norwegischer Presse: »A-ha ist ein abgeschlossenes Kapitel«, und er und sie hätten sich einfach nicht mehr genug zu sagen, um weiter als Band zusammenzubleiben. Am 17.4. sagt Morten Harket, das mit dem »abgeschlossenen Kapitel« sei missverstanden worden, natürlich würden sie weiter als Band auftreten. Bandkollege Magne Furuholmen bezeichnet am selben Tag in einem Interview die Aufregung als »Sturm im Wasserglas«. Der Dritte im Bunde, Paul Waaktaar-Savoy, erklärt, wenn sie ein gutes Lied finden, treten sie auch 2017 wieder zusammen auf. Bei a-ha gilt die eine Regel: »Nix Genaues weiß man nicht.« Die norwegische Presse schreibt wahnsinnig gern darüber, dass Morten Harket nie klare Antworten gibt und wahnsinnig schwer zu interviewen ist. Jeder zweite Fernsehkomiker in Norwegen hat eine Morten Harket-Parodie, wo der Morten-Harket-Imitator auf einfache Fragen (»Haben Sie heute schon Kaffee getrunken?«) eine endlos lange und komplett unbegreifliche Antwort gibt. Aber wenn er mal eine klare Ansage macht, wie eben am 11.4.2016, ist es auch wieder nicht recht. Wie gesagt, man muss a-ha nicht gut finden, wenn man in Norwegen ist, aber ihre Aktivitäten in den Medien zu verfolgen, macht großen Spaß!

KAPITEL 4

EINIGE GANZ BESONDERE NORWEGISCHE BESONDERHEITEN

26. GRUND

Weil in Norwegen sechs Dinge billiger sind als in Deutschland

So viel wird immer darüber geklagt, dass in Norwegen alles so teuer sei – und das stimmt ja auch, na ja, in den meisten Fällen. Aber einige Dinge gibt es, die sind da nicht teurer als in Deutschland. Es ist sicher nicht ganz einfach, bei einem Norwegenbesuch den Genuss von allen sechs Dingen zu verbinden, aber jedenfalls, hier sind sie:

Strom! Auch wenn in Norwegen in den letzten Jahren die Strompreise gewaltig gestiegen sind, liegen sie noch immer um einiges unter dem deutschen Niveau. Wenn Sie sich schon mal gefragt haben, warum Ihre norwegischen Bekannten die Lampen brennen lassen, wenn sie in ein anderes Zimmer gehen, während die Kaffeemaschine vor sich hin blubbert und das Radio immer weiter spielt, auch wenn niemand in den folgenden Stunden Kaffee trinken oder Radio hören möchte – die geringen Strompreise sind der Grund. Strom sparen lohnt sich da einfach nicht. Diese Einstellung ändert sich zwar langsam, weil die Preise steigen, aber typisch ist noch immer der Vater einer Bekannten. Sie hatte mehrere Jahre in Deutschland gelebt und brachte dann deutsche Gewohnheiten mit zurück nach Oslo: Sie knipste das Licht aus, wenn sie ein Zimmer verließ. Ganz konsequent. Ihr Vater sah sich das eine Woche lang verwundert an, dann sagte er: »Kind, wenn du so weitermachst, hast du in ganz kurzer Zeit sämtliche Lichtschalter in der Wohnung ruiniert!«

in die Sauna gehen

Würstchensenf in großen Haushaltsflaschen

Micky Maus-Sammelbände

beim Schwarzfahren ertappt werden – und das ist wirklich gut zu wissen! Es ist natürlich auch in Norwegen nicht anzuraten, aber seit es an so vielen Straßenbahnhaltestellen keine Fahrkartenautomaten mehr gibt und die Fahrer nur verwundert den Kopf schütteln, wenn der Fahrgast bei ihnen einen Fahrschein zu kaufen wünscht, (weil sie davon ausgehen, dass alle längst auf ihrem Telefon die App der Osloer Verkehrsbetriebe haben und darüber ihre Fahrkarten buchen), ist die Versuchung bisweilen doch gewaltig groß.

Kopfschmerztabletten in der Apotheke
Kunstpostkarten im Museum

Und was immer man mit dieser Auswahl auch anfangen kann, überraschend und tröstlich ist sie doch schon?

27. GRUND

Weil Aschenputtel in Norwegen ein Mann ist

Märchen sind ja überall so ziemlich gleich, und den norwegischen Aschenputtel finden wir auch in Grimms Märchen. Nur heißt er da anders, oder eigentlich heißt er gar nicht. Wird als Grindkopf bezeichnet oder ist einfach nur der dritte oder der jüngste Bruder. Der, der zu Hause in der Asche sitzt und dem niemand etwas zutraut, während seine glorreichen älteren Brüder auf Abenteuer ausziehen. Und natürlich total versagen. Bis sich dann der Grindkopf aus der Asche erhebt, Riesen besiegt und Jungfrauen in Nöten rettet und am Ende die Prinzessin und das halbe Königreich bekommt. In Norwegen ist das also das bekannteste Volksmärchen, und dort heißt der Knabe Askeladden. Aske ist Asche, das »ladden« ist, sagen die Märchenforscher, ein altes Wort, verwandt mit dem englischen »lad«, Bursche. Die Autorin Åse Birkenheier liegt also total richtig, wenn sie in ihrer Neuübersetzung norwegischer Märchen von »Espen Aschenbengel« spricht. Der Aschenputtel hat nämlich in Norwegen auch einen Vornamen, er heißt Espen. Die älteren Brüder heißen Per und Pål, aber ohne Nachnamen.

Die Geschichte geht in den norwegischen Versionen ungefähr so: Die Königstochter lacht nie, deshalb verspricht ihr Vater dem, der sie zum Lachen bringt, die Hand der Prinzessin sowie das halbe

Königreich. Per und Pål versuchen es, können der Prinzessin aber nur ein befremdetes Stirnrunzeln entlocken. Aschenputtel macht sich auf den Weg, sammelt unterwegs allerlei Schrott ein, den andere weggeworfen haben, findet für alles eine neue Verwendung, am Ende lacht die Prinzessin schallend, und alles ist gut.

Diese Geschichte sollte man in Norwegen einfach kennen, es reicht nicht, den Grindkopf der Brüder Grimm im Hinterkopf zu haben. Per, Pål und Espen Askeladd sind richtig sprichwörtlich, in Zeitungsartikeln ist oft von einem Askeladd die Rede, wenn jemand unerwarteten Erfolg hat, und fast alle norwegischen Autoren scheinen ein Gelübde getan zu haben, mindestens einmal in jedem Roman auf den norwegischen Aschenbengel hinzuweisen. Zur tiefen Verzweiflung der Leute, die diese Bücher übersetzen müssen: Wenn wir »Aschenputtel« schreiben, versteht erst recht niemand mehr was. Was in Norwegen nicht so bekannt ist, können wir in dicken Büchern über Märchenforschung nachlesen.

Das Motiv des dritten Kindes, das in der Asche hockt, geht angeblich zurück auf das alte Jüngstenerbrecht. Das gab es in früheren Jahrhunderten in vielen europäischen Gegenden, es erbte der jüngste Sohn, und manchmal überhaupt das jüngste Kind. Das war eigentlich ganz vernünftig; wenn das jüngste Kind alt genug war, um den Hof zu übernehmen, waren die Alten auch meistens alt genug, um sich aufs Altenteil zurückzuziehen. Der Jüngste, also der Erbe, galt als Hüter von Haus und Hof, sagen die Forscher, und eben des Herdes. Die älteren Geschwister, die nichts erbten, waren sauer auf den Jüngsten, und machten ihm das Leben zur Hölle. Leuchtet ja alles ein. Als sich dann das Ältestenerbrecht durchsetzte, geriet die Sache mit dem Herdhüten in Vergessenheit, und nur die Asche blieb übrig. Eine norwegische Besonderheit ist dabei, dass der dritte Sohn in den ganz frühen Märchensammlungen durchaus nicht Aschenbengel hieß, sondern »Askefis«, also Aschenfurz. Die bekannteste norwegische Märchensammlung ist die von Asbjørnsen und Moe, in Norwegen das, was in Deutschland Grimms Märchen sind (und die Brüder Grimm waren auch die großen Vorbilder von Asbjørnsen und Moe). Darin heißt er Askeladd, und so wurde er in ganz Norwegen bekannt und sprichwörtlich. In ihrem Vorwort schreiben die beiden aber, dass ihr Aschenbengel eigentlich Aschenfurz heißen müsste, aus Rücksicht auf das Schamgefühl der Öffentlichkeit hätten sie sich aber für den harmloseren Namen entschieden. Der Historiker P. A. Munch (sein Neffe Edvard wurde später als Maler berühmt, auch eine Art Aschenputtelgeschichte) tobte und schrie: »Zensur!« Das half aber nichts, der Aschenputtel ist in Norwegen so sprichwörtlich, dass man den Namen einfach nicht mehr ändern kann! Und wie gesagt, man stolpert immer wieder über Anspielungen auf den der Asche entstiegenen Espen Aschenputtel!

28. GRUND

Weil in Norwegen Gespenster Uniform tragen

Eigentlich sollte man ja meinen, dass es in Norwegen für Gespenster keinen Platz gibt, in einem Land voller Trolle und Bergfeen! Es gibt auch nicht so viele, und die meisten, von denen berichtet wird, sind vage und wirken total uninteressant. Ein ganz besonders schönes Gespenst gibt es allerdings in der malerischen Stadt Kragerø an der Südküste. Dort gibt es eine malerische Gasse, die bis vor wenigen Jahren Knivstikkersmauet hieß, also »Messerstechergasse«. Und wirklich wurde dort in einer nicht ganz dunklen (norwegischer Sommer!) Augustnacht des Jahres 1694 ein gewisser Christian Hansen Ernst erstochen.

Christian Hansen Ernst schrieb auch vorher Geschichte: Er war der erste farbige Beamte in Norwegen. Und er hatte eine beispielhafte Karriere hingelegt. Er war als Sklave ins Land gebracht worden und gehörte zum Haushalt des dänischen Statthalters Ulrik Fredrik

Gyldenløve (den kennen Sie, jedenfalls vom Namen her! So ungefähr in jeder norwegischen Stadt ist eine Straße nach ihm benannt), der aber schenkte ihm die Freiheit, machte ihn zum Beamten und ernannte ihn zum Postmeister von Kragerø. Es ist sehr wenig über Christian Hansen Ernsts Herkunft bekannt, wie kam er zu Gyldenløve, war er schon in der Sklaverei geboren worden, und wo überhaupt? Dänemark, damals noch eine europäische Großmacht, besaß in der Karibik und in Afrika Kolonien und bereicherte sich hemmungslos durch Sklavenhandel. Die Leute von Kragerø waren den Anblick schwarzer Menschen durchaus gewohnt, beim Adel waren schwarze Dienstboten gerade in Mode, und Kagerø war schließlich eine Hafenstadt, deren Seeleute aus den Häfen aller Welt berichten konnten. Nichts weist daraufhin, dass der Postmeister einem rassistischen Mord zum Opfer gefallen wäre. Viel wahrscheinlicher steckte ein eifersüchtiger Ehemann dahinter. Der gut aussehende, unverehelichte Postmeister kam bei der Damenwelt von Kragerø offenbar sehr gut an, und so mancher verschmähte Liebhaber und betrogene Gatte wäre ihn gern losgeworden. Einer stach dann in der Nacht auf den 17. August 1694 zu.

Die Gasse, in der der Mord geschah, hieß danach dreihundert Jahre lang Messerstechergasse. Dann wurden dort Luxuswohnungen errichtet. Die Bauunternehmen fürchteten, der Name der Gasse könne die Käufer abschrecken, und drängten auf Namensänderung. Seither heißt die Gasse Vennskapssmauet (»Freundschaftsgasse«). Das alte Straßenschild wurde aber nach wütendem Protest der alteingesessenen Anwohner wieder angebracht. Der Gassenname ist in Fraktur geschrieben, daneben sehen wir einen schwarzen Kopf und eine weiße Hand mit einem Dolch. Richtig schauerlich. Kein Wunder, dass der ermordete Postmeister umgeht. Sein Gespenst tut niemandem etwas, dennoch werden Kinder mit der Warnung zu gutem Benehmen angehalten: »Seid ganz brav, sonst kommt der Mann in der grünen Uniform.« So wird nämlich der Spuk genannt, nie beim Namen, immer »Der Mann in der grünen Uniform«. Und das ist eigentlich richtig so, denn wenn er umgeht, dann trägt er seine fesche Postuniform mit funkelnden goldenen Knöpfen!

29. GRUND

Weil es in Norwegen überall spukt

Das weiß ich aber nur vom Hörensagen, oder, schlimmer noch, aus dem Fernsehen. Na ja, den Mann in der grünen Uniform habe ich mit eigenen Augen auch noch nicht gesehen ... jedenfalls gibt es im norwegischen Fernsehen eine Sendung namens *Åndenes makt*, also, »Die Macht der Geister«. Seit mehreren Jahren schon wird dort Spuk im norwegischen Alltag nachgegangen. Jeder Art von Spuk, meistens sind es keine Geister, die umgehen, ob mit oder ohne Uniform, sondern seltsame Geräusche, kalte Stellen irgendwo im Haus, plötzliche Licht- oder Temperaturveränderungen oder Dinge, die umstürzen, auch wenn sie offenbar niemand berührt hat. Es gibt eine Menge Literatur zu diesen Themen ganz allgemein, aber die Leute, die sich ans Fernsehen wenden, möchten keine Literatur lesen, sondern von dem Spuk befreit werden. Die Fernsehsendung ist ungeheuer beliebt, obwohl es anfangs eher enttäuschend wirkt. Dass es in einer verwinkelten Gasse in einer malerischen Hafenstadt an der Südküste spukt, ist ja wohl noch einzusehen, aber auf einer Tankstelle? In einer Würstchenbude? Ist dennoch so. In jeder Sendung sagen Zeugen aus, und es werden auch Beweise vorgeführt. Soweit das geht, eine kalte Stelle mitten auf dem Gang kann man im Fernsehen ja nur schlecht zeigen, und auch plötzliche Geräusche wirken wenig überzeugend, wenn man nicht sehen kann, ob sich hinter der Wand am Bildrand nicht doch jemand versteckt und den Geist spielt. Zuerst wird in jeder Sendung versucht, für den Spuk eine rationale Erklärung zu finden. Wenn das nicht möglich ist – ist es natürlich nie, sonst wäre die Sendung ja gleich schon wieder aus! –, wird eine weise Frau aus Schweden geholt. Immer aus Schweden, immer eine Frau. Keine Ahnung, warum – ob die Schwedinnen besondere seherische Fähigkeiten besitzen, oder ob in Norwegen einfach diese Vorstellung existiert (umgekehrt gibt es in Schweden keine Sendung, in der Norwegerinnen einen Spuk aufklären sollen). Die Schwedin kommt, dreht eine Runde durch Tankstelle-Kiosk-Wohnhaus, schließt die Augen und hört. Oder sieht mit dem inneren Auge. Jedenfalls findet sie dann immer eine Erklärung. Sie sieht einen grauen Mann auf der Treppe stehen, und der entpuppt sich dann als der vorherige Betreiber der Tankstelle. Fotos, die bei seinem in einem weit entfernten Ort wohnenden Vetter gefunden werden, können von der schwedischen Seherin einwandfrei als die des Mannes auf der Treppe identifiziert werden. Irgendetwas passt ihm nicht – er wollte nicht, dass an seiner schönen Würstchenbude auch Frikadellen verkauft werden, er findet, der Tresen hätte auf der Raumseite bleiben müssen, wo er schon immer stand. Es sind eigentlich totale Kleinigkeiten, und wenn die schwedische Seherin dann ihren Spruch getan und die neuen Hausbewohner/Imbissbetreiber den Tresen verschoben und die Speisekarte verändert haben, ist alles gut, und der Spuk lässt sich nicht mehr blicken. Das macht norwegische Gespenster so sympathisch – sie sind gern bereit, aus jedem schwachsinnigen Grund zu spuken, aber sie sind auch schnell wieder zu besänftigen.

30. GRUND

Weil mein Lieblingsspuk gar nicht spukt

Mein Lieblingsspuk sitzt ganz still in seinem Fenster und schaut vor sich hin, leicht entsetzt, aber dazu hat er auch allen Grund. Irgendwann gegen Ende des 18. Jahrhunderts (wie bei allen interessanten Themen streiten sich die Gelehrten hier über das genaue

Datum) schlug in einer Kate in der Nähe der norwegischen Stadt Elverum der Blitz ein. Mit einer solchen Wucht, dass der Kätner (dessen Name leider nicht überliefert ist) vor lauter Schreck tot umfiel, sein Bildnis sich aber in die Fensterscheibe »eingebrannt« hat. Eingebrannt ist nicht richtig. Die Website der Abteilung für Physik der Universität Oslo erklärt dieses Phänomen, nur verstehe ich so gut wie kein Wort. Außer, dass es bei sehr hoher Temperaturentwicklung eben vorkommen kann, dass ein Gesicht auf eine Glasscheibe übertragen wird, und dass das alles überhaupt nichts mit Spuk zu tun hat. Aber der Mann im Fenster ist nicht immer zu sehen, heißt es – es gibt Leute, die behaupten, schon Stunden vor dem Fenster gestanden zu haben, aber der Mann war nicht zu sehen. Andere sagen, man könne ihn nur aus einem bestimmten Winkel erkennen (das hätte er dann mit den Greifen auf der Osloer Nationalgalerie gemeinsam). Und die echten parapsychologischen Vereine, von denen es in Norwegen eine Menge gibt, erklären, das habe alles nichts mit der Temperatur zu tun, ein Blitz sei eben magisch, und nur magisch begabte Personen können von Blitzen auf Glas übertragen werden. Was wir da sehen, ist sozusagen die Seele des damals tot umgefallenen Kätners. Mir egal, ich habe ihn immer sofort gesehen, und er sieht eigentlich sehr freundlich aus, alt und zahnlos allerdings. Aber bei den miesen Lebensumständen, unter denen Pächter und Kätner damals in Norwegen und anderswo leben mussten, war er vielleicht gerade 38 und hatte die letzten Zähne kurz vor der Konfirmation eingebüßt. Ich würde nur so gern wissen, wie er heißt. Aber er sitzt stumm in seiner Fensterscheibe und schaut vor sich hin. Die Kate ist nämlich erhalten, sie steht heute im Glomsdalsmuseum in Elverum. Deshalb heißt unser namenloser Fenstermann »Glomsdalsmann« und muss, da er sich ja offenbar nicht allen zeigt, als Norwegens friedlichster Spuk gelten!

31. GRUND

Weil es in Norwegen geheimnisvolle Häuser gibt

In den Häusern, die ich jetzt meine, wird nicht gespukt. Es ist die Frage, ob dort überhaupt etwas passiert. Es gibt sie überall in Norwegen, sowie man aus der Stadt herauskommt, alle haben bestimmt schon welche gesehen, aber meistens braucht man eine Weile, um darauf aufmerksam zu werden. Und offenbar gibt es solche Häuser nur in Norwegen, jedenfalls in solcher Menge. Die Häuser stehen immer allein, irgendwo zwischen Waldrand und Straße. Immer viel näher an der Straße als am Waldrand. Dabei ist es aber einwandfrei nicht so, dass vielleicht die Straße gebaut wurde und ein altes Haus dabei seine alte schöne Lage am Busen der Natur verlor. Immer sind die Häuser neuer als die Straße, als ob also jemand beschlossen hätte: Hier ist eine neue Straße, da wollen wir doch gleich mal ein Haus so bauen, dass die Straße nur noch nervt. Diese Häuser sind auch nicht schön, wenn schon die Lage scheußlich ist, wieso sollte da das Haus gut aussehen? Denken die Bewohner so? Die Häuser sind immer heruntergekommen, ungepflegt, die Regenrinne hängt schief herab und ist mit Moos vollgewachsen, die Fensterbank wurde offenbar noch nie gestrichen und ist mit gefährlich aussehenden kleinen Pilzen bewachsen, die Treppe zur Tür ist nie fertig geworden, die Zementmischmaschine rostet auf dem Hofplatz vor sich hin. Unerlässliche Requisiten sind zudem die Hundehütte mit Laufleine, aber ohne Hund, und das reifenlose Auto. Überall in Norwegen gibt es solche Häuser, und in Romanen werden sie auch schon erwähnt: »Man findet sie von der russischen Grenze im Norden quer durch Finnmark, durch Troms und Nordland, man findet sie an der Küste, ja, sogar auf den Inseln, und in den tiefen Wäldern in Richtung Schweden, an jeder Straße in ganz Ostnorwegen findet man sie, im Binnenland von Agder, in Jæren, entlang der Einfahrtsstraßen nach Bergen, an öden Orten, zum Beispiel mitten im Wald zwischen Voss und Ulvik, oder an einem Lehmhang 40 Kilometer außerhalb von Mo i Rana. Hat man bei solchen Häusern schon jemals Menschen gesehen? Niemals. Es wohnen Menschen dort, aber man sieht sie nie. Nur das blauweiße Schimmern der Leuchtröhre über dem Spülbecken. Das Flimmern des Fernsehers. Hier wohnen die Einzelhäusler. Das geheimnisvolle Volk. Die den Lastwagen fahren, der hier und da sehen ist, achtlos an der Auffahrt abgestellt. Die die Badewanne neben den Briefkasten an den Straßenrand werfen.«

Die Einzelhäusler, das ist ein schönes und sehr norwegisches Wort. Nur, wo sind sie? Warum steht niemals jemand auf dem Hofplatz, warum mäht niemand das Gras, warum kommen wir nie gerade dann vorbei, wenn sie den Briefkasten leeren? Ich möchte so gern anhalten und fragen: Warum wohnt ihr hier, ausgerechnet hier? Und warum habt ihr so ein Haus, und keins von den schönen roten Holzhäusern aus der Norwegenwerbung?« Einfach anklopfen und fragen, wenn also jemand auftaucht, das habe ich mich bisher nicht getraut. In norwegischen Kriminalromanen wohnen oft die Mörder in solchen Häusern, aber auch die Mörder müssen doch ab und zu mal vor die Tür treten? Ich weiß jetzt aber, dass ich bei Weitem nicht die Einzige bin, die von diesen Häusern fasziniert ist, und wer weiß, vielleicht gibt es bald einen Bildband. Fotos der unheimlichsten Einzelhäuser samt Interviews mit den Bewohnern!

32. GRUND

Weil in Norwegen sogar Fertighäuser wie Postkartenidylle aussehen

»Fertighäuser« klingt nicht unbedingt anheimelnd, aber in Norwegen ist eben alles anders. Klar gibt es auch dort furchtbare Blocks in Plattenbauweise, aber die üblichen norwegischen Fertighäuser sehen ganz anders aus. Im Norwegischen gibt es ein eigenständiges Wort für Häuser, die keine Fertighäuser sind: *arkitekttegnet*, also von einem Architekten oder einer Architektin entworfen. Das sind aber nur wenige. Norwegische Firmenregister weisen neunzig Produktionsfirmen für Fertighäuser auf, die pro Jahr um die siebentausend Fertighäuser errichten. Norwegische Architekten klagen immer wieder, sie würden gern viel mehr entwerfen und ihrer Kreativität freien Lauf lassen, aber der Markt will es eben anders. Und »der Markt« hat so seine eigenen Vorlieben. 2014 waren Häuser mit Flachdächern ganz besonders beliebt, vor allem im regenreichen Westnorwegen. Die Warnung, dass Flachdächer sehr ungünstig seien, wenn der Regen ablaufen soll, ohne dass auf Dauer das Dach Schaden nimmt, ließ die Kauflustigen kalt. Ein- oder Zweifamilienhäuser mit Flachdach sind also derzeit der Renner. Fertighausmodell »Aurdal« dagegen sieht aus wie das archetypische rote Holzhaus, das jeden zweiten skandinavischen Krimi ziert (die deutsche Ausgabe der Krimis wohlgemerkt, norwegische Krimis sehen ganz anders aus, viel großstädtischer sozusagen), mit geschnitztem Vordach über dem Balkon und einer großen Küche, denn, so ein Werbeprospekt: »Hier können Sie Ihren Traum von einer geräumigen Bauernküche erfüllen.« Die Fertighausmodelle ändern sich von Jahr zu Jahr ein wenig, schwanken zwischen Bauhaus und Bauernromantik, haben dem, was viele Architekturbüros im Angebot haben, aber eines voraus: Offenbar treffen sie immer den aktuellen Geschmack der baulustigen Massen. Architekten klagen, wie gesagt, und reden angesichts der neuen Möglichkeiten, das Grundmodell eines Fertighauses durch allerlei Details ganz nach Geschmack zu variieren, vom »uniformierten Individualismus«. Das klingt schrecklich und wäre an sich kein Grund, Norwegen zu mögen, aber ein Spaziergang entlang der neuen »Barcode« genannten (auch wenn man sie noch nie gesehen hat, nach dieser Beschreibung kann man sie sich vorstellen) Blocks in Bjørvika in Oslo, die die inzwischen nicht mehr neue Oper umzingeln, und die samt und sonders »architektgezeichnet« sind, lässt die Fertighäuser der großen Firmen wie Mesterhus, Blink Hus oder Nordbohus wirken wie die pure Idylle – Grund genug, Norwegen zu mögen.

33. GRUND

Weil es in Norwegen wunderbare Häuser gibt

Natürlich sind die Einzelhäuser auch umwerfend, aber Norwegen hat noch viel mehr zu bieten. Ich habe leider viel zu wenig Ahnung von Architektur, versuche immer, mir die Namen der großen norwegischen Architekten zu merken, aber so richtig ist mir das noch nicht gelungen. Aber man braucht das nicht alles zu wissen, um sich über ihre Produkte zu freuen. Alle Norwegenreisenden kennen natürlich die prachtvollen alten Holzhäuser, Schweizerhäuser, wie sie in Norwegen heißen, weil ihre Vorbilder eben in der Schweiz standen oder gestanden haben sollen, das ist schon wieder umstritten, und vielleicht ist es auch ein ganz norwegischer Stil, die Gelehrten fetzen sich da noch. Und wenn man vor einem solchen norwegischen Schweizerhaus steht, wundert man sich natürlich, warum der Anbau aussieht wie ein Hochsicherheitstrakt aus Beton – das ist zum Beispiel der Fall bei dem ansonsten wunderschönen Hotel Kviknes in Balestrand (wo Kaiser Wilhelm im Sessel saß, Grund 36). Und nicht nur da … Aber das hat rein bürokratische Gründe, die norwegischen Landeskonservatoren kennen da keinen Spaß. Man darf an ein altes Gebäude nichts im alten Stil anbauen, das könnte die Betrachter ja irreführen und eine Kontinuität vorgaukeln, die es gar nicht gibt. So steht es im norwegischen Denkmalschutzgesetz, hilft alles nix. Die Sitten waren aber nicht immer so streng, in der kleinen Stadt Son am Oslofjord sehen wir zum Beispiel ein wildes Gemisch aller Baustile, die um 1920 bekannt waren. In der Zeit der norwegischen Prohibition (mehr dazu in Grund 14) galt Son wegen seiner für die Warenanlieferung praktischen Lage als Schmugglerparadies. Die lokale Polizei drückte ein Auge zu, und gleichzeitig wurden Geschäftsleute durch schöne Steuergeschenke zur Ansiedlung gelockt. Die scheinen damals für ihr mit Schmuggel verdientes Geld die verrücktesten Architekten Norwegens angeheuert zu haben, und das macht Son noch heute zu einer Sehenswürdigkeit, wenn man sich also auch nur vage für Architektur interessiert. Was auf den ersten Blick überrascht, jedenfalls, wenn man von Norwegen das Bild der idyllischen roten Fertighäuser im Kopf hat, ist der große Einfluss des Funktionalismus. Aber viele norwegische Architekten hatten in Deutschland studiert, meistens am Bauhaus, und sie brachten kontinentale Einflüsse mit nach Norwegen. Vor allem Oslo ist reich an funktionalistischen Bauten, auf Norwegisch wurde das komplizierte Wort zu »Funkisstil« verkürzt, ich finde, das könnten wir übernehmen. Funkishäuser gibt es viele in der Nähe des Osloer Rathauses und von dort aus gesehen auf der anderen Seite des Königsschlosses; berühmt sind auch das Restaurant neben der Seefahrtsschule im Stadtteil Ekeberg und das Kunstnernes Hus im Parkvei, die Architekten Gudolf Blakstad und Herman Munthe-Kaas wurden dafür 1931 sogar mit einem Preis ausgezeichnet. Selbst die erst 1961 errichtete Mensa der Universität ist ein spätes Beispiel für den norwegischen Funkisstil, lese ich in einem Buch über norwegische Architektur, man sieht es eigentlich auch nicht, aber es ist schön, es zu wissen, wenn man davorsteht oder drinnen einen Kaffee trinkt. Auch Bergen ist reich an Funkisstilhäusern, wenn man auf der Brygge-Seite des Hafens steht und den romantischen alten Holzhäusern den Rücken zukehrt, blickt man gleich auf mehrere berühmte Beispiele, zum Beispiel Blaauwgården, 1936 errichtet, der den »Stil der alten Bootshäuser mit den Mitteln des Funktionalismus« wiedergeben sollte. Und wenn man im Land unterwegs ist, kann man plötzlich auf eine ganze Straßenzeile im Funkisstil stoßen, in Dörfern, deren Namen man überhaupt nie gehört hatte und die auch nicht in den üblichen Handbüchern stehen. Norwegen ist also auf seine Art ein Funkisparadies!

Mein Lieblingshaus (neben dem preisgekrönten Betonhaus in Moss natürlich, siehe Grund 62) ist aber kein Funkishaus und muss trotzdem erwähnt werden. Es steht in Harstad in Nordnorwegen und heißt Punkthuset, Punkthaus. Es war mit seinen zehn Stockwerken eines der ersten Hochhäuser Nordnorwegens überhaupt, und als es 1957 nach einem Entwurf des Architekten Jan Inge Høvig (1922–1977, sein anderes bekanntestes Werk ist die sogenannte Eismeerkathedrale in Tromsø) errichtet wurde, staunte ganz Norwegen. Was wollte das kleine Harstad mit einem Hochhaus? Der Grund war aber ganz einfach. Das Hochhaus war den Menschen in Harstad eigentlich egal. Sie wünschten sich einen Alkoholladen. Aber um sich ein Vinmonopol einrichten zu dürfen, muss ein Ort mehr als viertausend Einwohner haben. Nun war die Wohnungsnot noch immer groß in Norwegen, nachdem die deutsche Wehrmacht beim Rückzug mit der Politik der verbrannten Erde ganze Ortschaften dem Erdboden gleichgemacht hatte, und deshalb war es kein Problem, genug Bewohner für das zehnstöckige Hochhaus nach Harstad zu locken. Damit war die Grenze von viertausend überschritten, und Harstad bekam seinen Alkoholladen. Der ist nicht gerade um die Ecke vom Punkthaus, aber wie zum Ausgleich steht vor dem weiterhin alles überragenden Hochhaus ein niedliches rotes, typisch norwegisches Fertighaus!

34. GRUND

Weil in Norwegen Schweine Inseln entdecken

In Norwegen gibt es viele Ortsnamen, die etwas mit Schweinen zu tun haben. Einer der ersten, den viele Norwegenreisende hören (oder lesen), ist Svinesund. Wenn Sie die lange Brücke über den »Schweinesund« hinter sich gebracht haben, sind Sie nicht mehr in Schweden, sondern haben norwegischen Boden erreicht, die Grenze verläuft irgendwo tief unter der Brücke in der Mitte des Sundes. Aber der Svinesund fällt hier ein bisschen aus dem Rahmen, die meisten Schweinenamen finden wir entlang der Westküste, je weiter nördlich, desto häufiger finden wir Namen, die mit Schweinen zu tun haben – Namen, in denen »svin«, »gris« (beides Wörter für Schwein ganz allgemein), »purke«, »sugge« (Sau) und »galte« (Eber) vorkommen, wie Svinøy oder Svindalen, Storgalten, Purkestad, Suggetjønn, Grishuet und Galthåen. Manchmal gibt es in der Gegend Berge, die ähnlich geformt sind wie ein Schweinekopf. Meistens gibt es irgendwelche ernsthaften Sprachforscher, die uns erzählen, diese schönen Namen hätten gar nichts mit Schweinen zu tun, sondern seien Ableitungen von missverstandenen samischen oder quänischen Namen. Svindalen zum Beispiel, an der Helgelandsküste auf der Insel Andøya gelegen, stammt angeblich vom samischen »suejnie«, was »hohes Gras« bedeutet. Aber viel schöner ist die Sage, die entlang der gesamten West- und Nordküste über die Entstehung der Schweinenamen erzählt wird. Nämlich, dass die Bauern der Umgebung jeden Sommer staunten, wenn die damals noch freilaufenden Schweine jedes Jahr in der Johannisnacht verschwanden. Nach einigen Wochen tauchten sie dann aber wieder auf, viel zufriedener und fetter als vor ihrem Verschwinden. Natürlich zerbrachen sich die Bauern schrecklich die Köpfe, wo ihre Schweine sich wohl herumgetrieben hatten. Und immer kommt dann eine weise alte Frau auf die kluge Idee, dem Schwein einen eisernen Schlüssel um den Hals oder an den Schwanz zu binden. Es muss nicht unbedingt ein Schlüssel sein, aber was immer man nimmt, es funktioniert nur mit Eisen. Die Schweine begeben sich nämlich in der magiefreundlichen Johannisnacht in ein verwunschenes Tal oder auf eine verzauberte Insel, wo das Gras viel höher wächst und alles überhaupt viel fruchtbarer und schweinefreundlicher ist als dort, wo sie eigentlich beheimatet sind. Das Eisen löst den Zauber, die Insel oder das Tal müssen in der diesseitigen Welt bleiben, die Bauern der Umgebung haben ihre Schweine wieder und können die entzauberten fruchtbaren Gefilde in Besitz nehmen. Und da ist es doch kein Wunder, wenn sie diese Gefilde auch nach den Schweinen nannten? Im inzwischen zur Ruine zerfallenen Marienkloster auf der Insel Tautra im Trondheimsfjord gab es alten Berichten nach ein großes Wandgemälde, auf dem eine Sau mit einem Schlüssel um den Hals an Land geht – die eigentliche Entdeckerin dieser fruchtbaren Insel, in der sich im früheren 13. Jahrhundert dann Zisterziensermönche niederließen. Leider ist das Bild irgendwann mitsamt der Mauer, die es zierte, zerfallen, aber wegen seiner Bekanntheit noch immer eine Sehenswürdigkeit auf der Insel, obwohl es also gar nicht vorhanden ist – wie die Picasso-Skulptur in Larvik (Grund 48)

35. GRUND

Weil nirgendwo auf der Welt so viel über Mao Tse-Tung gesprochen wird wie in Norwegen

Das ist jetzt sicher übertrieben, bestimmt wird in China noch mehr über Mao gesprochen als in Norwegen. Aber in Norwegen ist er sozusagen immer präsent. Das hat seine Gründe. In Norwegen hatte um 1970 die maoistische Partei AKP einen Riesenzulauf. Diese Partei, die Kommunistische Arbeiterpartei, wie der Name lautet, berief sich auf Mao. Arbeiter waren eher nicht begeistert, und um sie zu aktivieren, wurde zur Selbstproletarisierung aufgerufen. Die erste Generation von jungen Leuten, die studieren konnte, egal, ob sie aus reichem, armem oder »bildungsfernem« Elternhaus kam, zog also in die Fabriken. Aber die Arbeiter waren noch immer nicht begeistert. Das ist eine sehr kurze und furchtbar oberflächliche Darstellung, aber jedenfalls zog die AKP eine Menge intellektueller

Menschen an, viele der danach tonangebenden Autoren Norwegens waren dort aktiv. Die meisten wollen das heute nicht mehr wahrhaben, was ein wenig peinlich ist, weil in ihren frühen Romanen ja die entscheidende Rolle der Partei immer wieder betont wird. Sie schrieben Krimis, in denen der Held von streikenden Arbeitern gerettet wird, oder Reiseberichte zum Lobe Albaniens, dem »Leuchtturm des Sozialismus in Europa« (ohne dieses Land jemals besucht zu haben). Dag Solstad, der schreiben kann, was er will, und die norwegischen Kritiker liegen ihm zu Füßen, behauptet zum Beispiel, sozusagen bei der AKP nur vorbeigeschaut zu haben, aber seine frühen Werke, die es leider nicht auf Deutsch gibt, sind genau auf Parteilinie. Jon Michelet, Norwegens bedeutendster Krimiautor, hat seinen Roman *Der Gürtel des Orion* – den gibt es auf Deutsch, vielleicht haben Sie ja auch den Film gesehen? – später gekürzt und die Rolle der Partei herausgenommen. Die AKP war nie so erfolgreich, wie man meinen könnte, bei Wahlen kam sie nie über Promille hinaus, aber sie erfüllte perfekt die Rolle des Bürgerschrecks, sie wurden von der Polizei überwacht und die Staatsorgane entfachten eine Hysterie, als sei der Umsturz schon für den nächsten Morgen geplant. Im neuen Jahrtausend hatten sich die Befürchtungen der Obrigkeit so einigermaßen gelegt, und auf Geheiß des Obersten Gerichtes durften die ehemals Überwachten sehen, was denn in den Archiven der norwegischen Geheimdienste über sie gespeichert war. Und stellten fest, dass die Überwacher wenig Interesse an politischen Aktivitäten oder gar Überzeugungen ihrer Objekte gehabt haben. Viel lieber hatten sie Buch über deren sexuelle Aktivitäten geführt, und viele staunten, als sie ihre längst vergangenen Rendezvous haarklein mit Ort, Zeit und Dauer beschrieben fanden. Andere Länder hatten die K-Gruppen, die einander spinnefeind waren. Norwegen hatte nur die AKP, die deshalb diese unbegreifliche Bedeutung erlangen konnte. Ihre Positionen waren eigentlich ganz schrecklich. Haschraucher sollten auf die Insel Bjørnøya verbannt werden, Homosexuelle dagegen wollten sie gewähren lassen, denn Homosexualität konnte – dazu behaupteten sie, wissenschaftliche Untersuchungen angestellt zu haben – nur im Kapitalismus entstehen, in einer freien sozialistischen Gesellschaft würden solche Irrungen nicht mehr vorkommen, die unrettbar vom Kapitalismus verdorbenen jetzt existierenden Homosexuellen galten also als Auslaufmodell. Feminismus fanden sie unnötig, denn Frauen würden in besagter Gesellschaft automatisch gleichberechtigt sein, und von Umweltpolitik wollten sie gar nichts wissen.

Das ist zwar alles lange her, aber es gerät nicht in Vergessenheit, und im Sommer, zur Sauregurkenzeit, wird es immer wieder aufgekocht. Es ist nur nötig, dass jemand sagt, die medizinische Versorgen der armen Landbevölkerung in China sei unter Mao doch etwas besser gewesen als vorher, schon bricht ein Sturm der Entrüstung los, und alle Schandtaten Maos und seiner norwegischen Jünger werden ausführlich aufgezählt. Wenn niemand sagt, unter Mao sei nicht alles ganz furchtbar gewesen, findet irgendwer trotzdem einen Grund, die AKP an den Pranger zu stellen. Jeden Sommer wird in Norwegen wochenlang energisch und leidenschaftliche über den Vorsitzenden Mao diskutiert, und während die alten AKPler so langsam das Pensionsalter erreichen, geht die Diskussion – die ja eigentlich keine ist, sondern nur eine Wiederholung von Dingen, die schon tausendmal gesagt worden sind – munter weiter. Für Außenstehende jedes Jahr von Neuem ein faszinierendes und unbegreifliches Schauspiel. Und sogar Elling, Norwegens fiktiver Lieblingsblogger, findet es wichtig, ab und zu auf den Vorsitzenden Mao zu verweisen (wie in Grund 73). Den Deutschen wird nachgesagt, sie kauften sich erst Bahnsteigkarten, ehe sie einen Bahnhof besetzen – aber die norwegischen Revolutionäre sind nicht weniger gesetzestreu. Bei einer Demo Ende 2008 (zu der die noch vorhandenen Überreste der AKP aufgerufen hatten) wurden etliche Geschäfte auf Karl Johan verwüstet. Vorher aber stürmte eine Gruppe von Demonstranten einen dort gelegenen Kleiderladen, kaufte PLO-Tücher, bezahlte, vermummte sich und stürmte aus dem Laden, um in den Nachbarläden die Fensterscheiben einzuschmeißen. Und das alles zu Ehren Maos!

36. GRUND

Weil nirgendwo auf der Welt Kaiser Wilhelm so verehrt wird wie in Norwegen

Kaiser Wilhelm II. war ein großer Norwegenfan, regelmäßig begab er sich mit seiner Jacht Hohenzollern auf Nordlandreise (wie er das nannte), die norwegische Königin Maud war seine Lieblingskusine, bei seinen Reisen lief er regelmäßig den Hafen von Bergen an und lud die von ihm verehrte Sängerin Nina Grieg zum Essen an Bord ein, und am Sognefjord, wo er dann gern länger blieb, sind erstaunliche Erinnerungen an ihn zu sehen. Im alten Holzhotel Kviknes im romantischen Balestrand gibt es einen hölzernen Sessel, in dem der Hotelgast Wilhelm Hohenzollern am 24. Juni 1914 gerade gemütlich saß, als eine unheilvolle Depesche eintraf. Serbien hatte das österreichische Ultimatum abgelehnt, nun war der Krieg nicht mehr zu vermeiden. Der Hoteldirektor zeigt den Sessel nur flüsternd vor, er möchte nicht, dass sich herumspricht, welcher von allen Sesseln im Salon der richtige ist – denn dann würde jede deutsche Reisegesellschaft nacheinander darin sitzen wollen, und bald wäre vom Sessel nichts mehr übrig. Es ist also ein ganz besonderes Gefühl, in des Kaisers Sessel Platz zu nehmen. Ich habe versucht, mir vorzustellen, was Wilhelm wohl gedacht hat, als er die Depesche gelesen hatte. Vermutlich so ungefähr (er liebte ja klare Worte): »Scheiße, Schluss mit der schönen Reise.« Was für ein jahrelanges Gemetzel nun folgen würde, konnte er sich schließlich nicht vorstellen. Viel leichter zu finden als der Sessel ist eine riesige Statue, die Wilhelm der Balestrand gegenüberliegenden Gemeinde Vangsnes geschenkt hat. Sie stellt den mittelalterlichen Helden

Fridtjof den Frøkne dar. Je nachdem, welchen Mittelalterforscher man befragt, bekommt man folgende Übersetzungen für diesen Namen: Fridtjof der Kühne, Fridtjof der Sommersprossige und Fridtjof der Damenhafte. Ich wollte danach nicht weiterforschen, Fridtjof der Damenhafte ist einfach zu schön. Was mag er getan haben, um sich diesen wundervollen Beinamen zu verdienen? Hat er häufiger als zweimal im Jahr gebadet, ob es nun nötig war oder nicht? Ritt er vielleicht im Damensattel zum Tjost? Wir wissen es nicht. Die Statue ist jedenfalls umwerfend, 22 Meter hoch, man darf nach Herzenslust darauf herumklettern, geschaffen wurde sie von dem deutschen Bildhauer Max Unger (1854–1918), aufgestellt 1913. Wilhelm hatte also nicht lange etwas von seinem Geschenk, denn nach 1914 war er nie wieder in Norwegen.

Die Erinnerung an ihn aber lebt noch immer. Zum Beispiel am Sognefjord. Zeitzeugen, die sich an Wilhelms Besuche erinnern können, gibt es natürlich nicht mehr. Aber es gibt alte Leute, die von ihren Eltern davon gehört haben, und auch sehr viel jüngere bringen die Geschichten weiter. Wie Wilhelm mit seiner Jacht angefahren kam, wie Leute aus den Dörfern an Bord geladen wurden, wie es immer neue Feste gab, und wie die Matrosen an Land kamen, um mit den Jungen der Umgebung Wettbewerbe im Sackhüpfen zu veranstalten. Und dass Wilhelm immer großzügig war, wenn irgendwo eine Familie in Not geraten war. Und das haben die Urgroßmütter mit noch nach Jahrzehnten leuchtenden Augen erzählt: dass die deutschen Matrosen immer so höflich und galant waren, ganz anders als die norwegischen … Diese Sätze wurden offenbar nie beendet, welches unschmeichelhafte Wort für ihre Landsmänner den alten Damen auf der Zunge lag, wird also ewig ein Geheimnis bleiben. Und über das schöne Fridtjof-Denkmal freuen sich natürlich auch noch alle.

Großzügig zeigte sich der Kaiser dann auch, als 1904 ein verheerender Brand die Innenstadt von Ålesund verwüstete. Nun richtete natürlich jedes Feuer in den alten norwegischen Städten mit ihren engen Gassen und den Häusern aus Holz furchtbare Schäden an, dass der Brand von Ålesund als besonders schrecklich gilt, zeigt also, wie schlimm es gewesen sein muss. Wilhelm half, er schickte Geld, Medikamente, Baumaterialien, und er schickte deutsche Baumeister.

Die bauten die Innenstadt wieder auf, diesmal aus Stein und so, wie es gerade in Deutschland Mode war. Und deshalb hat Ålesund eine vollständig erhaltene Innenstadt im Jugendstil, was natürlich Reisende und Geld in die Stadt bringt. Zum Dank wurde eine der Hauptstraßen nach Kaiser Wilhelm benannt. Zudem gibt es ein Denkmal (allerdings mit seinen schnöden sieben Metern Höhe durchaus nicht zu vergleichen mit Fridtjof dem Damenhaften, und darauf herumklettern darf man auch nicht), ein Ausflugsdampfer heißt »Kaiser Wilhelm« und in der 1909 errichteten Ålesund-Kirke (das ist die lutherische Hauptkirche der Stadt, die alte Hauptkirche war 1904 ebenfalls abgebrannt) zeigt ein Fenster das preußische Wappen, und das führen sie bei Kirchenführungen ganz stolz vor und können es gar nicht fassen, dass nicht ganz Deutschland genau weiß, wie das preußische Wappen ausgesehen hat. In Ålesund wissen das offenbar alle.

KAPITEL 6
EIN GRUSS AUS DER KÜCHE

37. GRUND

Weil die norwegische Küche voller Überraschungen steckt

Die Überschrift ist natürlich blöd, norwegische Küche gibt's nicht. In einem so großen Land, in dem die Kommunikation zwischen den einzelnen Landesteilen jahrhundertelang so schwierig war, haben sich viele regionale Unterschiede entwickelt, und klar wird an der Küste mehr Fisch gegessen als im Binnenland. Manche Gerichte sich sehr gewöhnungsbedürftig, ich will hier nur mal kurz Smalahove erwähnen, den Schafskopf. Es ist wirklich ein ganzer Schafskopf, natürlich vom Fell befreit, meistens geräuchert (auch da gibt es von Tal zu Tal Unterschiede), gekocht oder gebraten, da liegt er dann auf dem Tisch, streckt die Zunge raus und sieht ungeheuer ekelhaft aus. Man braucht ihn nicht zu essen, Norweger, die nicht von klein auf daran gewöhnt sind, essen ihn meistens auch nicht. Es ist nicht ganz einfach, ein Smalahove zu bekommen. Es gibt zwar Norweger, die mit diebischem Vergnügen den Gästen eins auftischen, um deren Reaktion zu beobachten, die meisten aber finden eher Ausflüchte, um den Gästen diese Scheußlichkeit ja nicht zumuten zu müssen. Ich habe, ehrlich gesagt, keine Ahnung, ob es scheußlich schmeckt, mir ist es nie gelungen, einem nahezukommen. Ich weiß aber von zuverlässigen Zeugen, dass die Augen am besten schmecken, man kratzt sie mit dem Löffel aus den Augenhöhlen. Solche Beschreibungen haben mich in der Überzeugung bestärkt, nicht gezielt nach einem Lokal zu suchen, das Smalahove serviert. Aber die grünlich angelaufenen Leute aus Oslo, die mir auf den Lofoten über den Weg liefen, hatten kein Smalahove gekostet, sondern in einer Trankocherei lauwarmen Lebertran frisch aus dem Kessel probiert.

Das sind aber Extreme, das meiste schmeckt einfach gut, man muss oft nach lokalen Spezialitäten suchen, doch die Situation ändert sich zusehends, und gerade in kleinen Orten steht in den Gasthäusern (die heißen auf Norwegisch *gjestgiveri*, also Gastgeberei) immer häufiger Kost wie aus Omas Küche auf der Speisekarte. Man muss einfach fragen und probieren, eigentlich freuen sich immer alle, wenn es dem Gast schmeckt. Und wenn nicht, ist es meistens auch nicht schlimm. Zumal, wenn es sich um Dinge handelt, bei denen sich auch in Norwegen die Gemüter entzweien. Wie den berühmt-berüchtigten Lutefisk.

38. GRUND

Weil es nur in Norwegen glibberigen Fisch gibt, der nach gar nichts schmeckt

Der Lutefisk ist eine hierzulande noch ziemlich unbekannte norwegische Spezialität. Ihn kennen oft nicht mal hartgesottene Norwegenreisende. Das liegt sicher daran, dass er nicht zu den üblichen Reisezeiten aufgetischt wird, nicht zur Skisaison und auch nicht in der sommerlichen Bergwanderungszeit. Und auch aus den goldenen Jahren um 1900, als so ungefähr jedes norwegische Buch ins Deutsche übersetzt wurde und hier begeisterte Leser fand, ist keine vage Erinnerung an dieses Gericht im kollektiven Bewusstsein zurückgeblieben: Weder in Hamsuns Romanen noch in Ibsens Stücken wird Lutefisk verzehrt. Eigentlich war er auch in Norwegen so mehr oder weniger aus der öffentlichen Wahrnehmung verschwunden, galt als hoffnungslos altmodisch, spießig und, schlimmer noch, kalorienreich!

Doch dieses vernichtende Urteil konnte es dann doch nicht verhindern, dass der Lutefisk ein phänomenales Comeback hinlegte. Ohne Lutefisk ist eine norwegische Weihnachtszeit so undenkbar wie eine deutsche ohne Glühwein. Im Wort Lutefisk steckt etymologisch das Wort »läutern«, und in der Tat macht der arme Fisch einen Läuterungsprozess durch, dass man sich fragen kann, ob er auf dem Meeresgrund wohl wirklich so furchtbare Sünden begangen hat, dass er das verdient. Allerdings kann sich das mit der Läuterung auch auf die fischessenden Menschen bezogen haben. Nachweislich wurde er in Norwegen und Schweden bereits vor der Reformation verzehrt, als im katholischen Brauchtum im Advent, noch heute eben die Lutefisksaison, ebenso streng gefastet wurde wie in der Fastenzeit vor Ostern. Der Fisch, um den es hier geht, ist Kabeljau, in den Sommermonaten gefangen und gedörrt, bis er bleich und steif wie ein Brett ist, weshalb er dann Stockfisch genannt wird. Damit das mit dem Steifwerden und Austrocknen richtig gut klappt und das Tier auch noch haltbar wird, wird er ungeheuer stark gesalzen, und wenn Hans Christian Andersen in seiner *Schneekönigin* Briefe auf Stockfischen schreiben lässt, ist das nicht übertrieben. Weil die Fische oft zum Trocknen auf Felsen oder Klippen gelegt werden, werden sie auch Klippfisch genannt.

Das aber passiert dem stockstarren Tier: Es wird in Lauge eingelegt. Diese Lauge wird zumeist auf Basis von Birkenasche zusammengebraut, aber über die weiteren Zutaten schweigen die norwegischen Kochbücher. Die Lutefiskköche sowieso, die genauen Zutaten werden gehütet, als handelte es sich um uralten Sippengeheimnisse, seit Generationen vom siebten Sohn auf den siebten Sohn weitergegeben. Der Fisch liegt dann in der Lauge, Tage und Wochen, und irgendwann ist er dann ausgelaugt, wird noch einmal in Wasser eingelegt und dann gekocht. Zu diesem Zeitpunkt ist er geleeartig, glibberig, fast durchsichtig und sieht eigentlich vor allem aus wie ein großer Gummibär, nur eben fischförmig. Und mit Gräten, aber weil die Gräten genau die Farbe des sie umgebenden Glibberfisches haben, fallen sie gar nicht weiter auf – oder erst beim Essen, und dass man sie nicht sehen kann, gibt dem Lutefiskverzehr einen Hauch von Abenteuer. Das ist auch nötig, denn eigentlich schmeckt er nach nichts, höchstens ganz leicht fischig. Wenn man Glück hat.

Eine der Inseln, auf denen sich zu Mittsommer früher die Schweine amüsierten.

Immer wieder laufen den Reisenden solche wilden Rentiere über den Weg

Bisher den Walfängern entkommen, ein fröhlicher Wal bei den Lofoten

Aufgepasst! Rentiere unterwegs

Auch in Norwegen fast ausgestorben und unter Naturschutz gestellt: der Luchs

Norwegens einziger Buchenwald – Bøkeskogen in Larvik

Norwegen im Sommer

Ein romantisches Tal, wie es in Norwegen viele gibt

Das »Silber des Meeres«, so poetisch kann man das ausdrücken

Das alles wird dann im Winter als Lutefisk serviert

Den dicksten Fisch erwischt, vielleicht beim Heilbutfestival?

Kanu in norwegischer Fjord-Landschaft

Fischfang im Fjord

Gebackener Hering

Norwegenvergnügen im Sommer: ein Sprung ins kühle Nass

Bergen, die Schurkenstadt, hier von ihrer romantischsten Seite, die Bahn auf den Fløyen

In solchen Hütten wohnten früher die Saisonfischer auf den Lofoten, heute sind sie begehrte Ferienhäuser

Verlassener Rucksack – Thema für eine norwegische Krimiautorin?

Sogne-Fjord in Norwegen

Im Skigebiet Gautefall

Winterlandschaft in Norwegen

Skisprungschanze Holmenkollbakken

Die Altstadt von Bergen im Winter

Norwegens majestätische Natur – immer wieder beeindruckend

Am wilden Atlantik entlang, die Atlantikstraße ist eine Straße der Abenteuer

Der Vøringsfossen-Wasserfall

Wichtig sind deshalb die Zutaten: Der Lutefisk wird mit gekochten Kartoffeln serviert, so weit ist alles klar, dazu gibt es Erbsenpüree, und schon gehen die Fehden los. Soll das Püree von gelben oder grünen Erbsen stammen? Dazu zerlassene Butter und kross gebratener Speck, sodass das Gericht dann eben doch nach etwas schmeckt. Bier und Aquavit sind unverzichtbare Zugaben, doch auch Ziegenkäse, Backpflaumen und Preiselbeeren wurden in abenteuerlustiger Runde schon gesichtet. Noch eine Frage: Darf man Senf dazu reichen? Es gibt keine eindeutigen Antworten, nur, wie gesagt, einander heftig bekämpfende Fraktionen.

Als so gegen Ende des 20. Jahrhunderts auch in Norwegen die Lust an experimentierender Küche verging (Sie wissen schon, solche Gerichte, wie Loriot sie als »sehr übersichtlich« bezeichnet hat), begann der moderne Triumphzug des Lutefisk. Er war nie ganz weg, und in Restaurants in Oslo, wo »gutbürgerlich« gekocht wurde, gab es ihn immer. Nun aber war er plötzlich allgegenwärtig und ist es noch. Im November geht es los. Die Restaurants bieten Lutefisk an, veranstalten Lutefiskabende, es gibt Lutefiskvereine und auch lockere Gruppen von Freunden und Kollegen, die sich zum rituellen Lutefiskverzehr treffen. Zum Lutefiskgenuss gehört auch, dass man pointenlose Witze erzählt und gar zu lange Tischreden hält (aber darüber tröstet dann der immer in Strömen fließende Aquavit hinweg). Weil es gar nicht genug Restaurants gibt und viele Norweger gleich in mehreren Lutefiskgilden sind (so nennen sie sich wirklich) und vielleicht zudem noch die Weihnachtsfeier im Betrieb mit einer Lutefiskrunde verbunden ist, geht es im Januar munter weiter mit der Lutefiskessenrei. Das verstößt zwar gegen jegliche Tradition, aber was soll man machen?

Bis zur Wiederbelebung der Lutefisktraditionen war es oft schwer, Lutefisk aufzutreiben. Ich weiß nicht, wie oft ich Freunde gebeten habe, doch endlich mal dieses sagenumwitterte Gericht zuzubereiten. Immer sagten sie: »Ja, wenn du unbedingt willst«, aber am fraglichen Abend gab es dann Brathähnchen. Es war ihnen schlicht peinlich – oder vielleicht wollten sie ihren kostbaren Lutefisk für sich behalten?

Aber das gehört zum norwegischen Lutefiskmythos. Der Lutefisk, so wird dem Gast aus lutefisklosen Landen immer wieder versichert, sehe dermaßen widerlich aus, man könne ihn nur runterbringen, wenn man von Kind an daran gewöhnt sei. Das sagen sie und glauben es auch. Aber es stimmt nicht. Wie gesagt, der Lutefisk sieht aus wie ein großer Gummibär, und was könnte daran widerlich sein? Zumal er eben, wie gesagt, nach nichts schmeckt. Außer nach gebratenem Speck natürlich. Und manchmal nach Senf.

Das ist der eine norwegische Lutefiskmythos. Der zweite: Ja, es gibt auch in Schweden Lutefisk, aber dort heißt er eben nur Lutfisk. Das fehlende -e- gilt heimatstolzen Norwegern als unwiderlegbarer Beweis dafür, dass die schwedische Variante von minderer Qualität ist und weiter keine Erwähnung verdient.

Das Lutefiskkochen hat es übrigens in sich. Meine norwegische Lieblingsautorin Sigrid Boo beschreibt den Versuch einer ungeübten Köchin: »Als das Wasser anfing zu kochen, warf ich die Fischstücke hinein, dann ging ich auf den Balkon, um mich ein bisschen zu sonnen. Als ich wieder in die Küche kam – nach höchstens einer halben Stunde – war der Fisch einfach verschwunden. Weder im Topf noch sonst irgendwo auf dem Herd konnte ich auch nur eine Spur von ihm finden. Als ich dann mit einer Kelle in dem fahlen, trüben Wasser herumfischte, fand ich immerhin noch genug Fisch, um einen Fingerhut zu füllen. Ach, Mama, warum hast du mir nicht gesagt, dass Laugenfisch nicht lange kochen darf?«

39. GRUND

Weil Labskaus in Norwegen gar kein Labskaus ist

Das klingt jetzt wie eine Kritik am deutschen Labskaus, aber so ist das nicht gemeint. In Hamburg und Bremen esse ich sehr gern Labskaus, und mit großer Begeisterung gehe ich mit Besuch aus Norwegen in Lokale mit hanseatischer Küche und sage warnend: »Das ist aber etwas ganz anderes als norwegisches Labskaus!« Und beobachte dann, wie sie den kotzrosa Brei anstarren, dann tief Luft holen, die Gabel hineintunken und glücklich aufseufzen. Es schmeckt eben doch! Norwegisches Labskaus ist aber anders, und wenn man in aus dem Norwegischen übersetzten Büchern manchmal liest, dass irgendwo in Gudbrandsdalen Labskaus serviert wird, ist das immer ein beim Übersetzen entstandenes Missverständnis – das wird besonders deutlich, wenn die Romanpersonen im Labskaus dann auch noch Knochensplitter finden! In Norwegen gibt es zwei Labskäuse, oder Labskausvarianten: helles und dunkles Labskaus. Beide bestehen vor allem aus Kartoffeln. Das helle Labskaus, *lys labskaus*, enthält dann noch Schinken oder Corned Beef und Porree, das alles wird in einen Topf gegeben und ab und zu umgerührt, bis ein dicker Eintopf entstanden ist. Das dunkle Labskaus (*brun labskaus*, also eigentlich braunes) enthält meistens Rindfleisch, es gibt aber auch Varianten mit Rentierfleisch oder sogar Walfleisch. Es ist keine Logik vorhanden, es sei denn, wir gehen von der Farbe aus, helles Labskaus gibt es vor allem in Frühling und Sommer, dunkles in Herbst und Winter. Satt machen sie beide! Man bekommt Labskaus oft als Tagesgericht in Lokalen, die Hausmannskost auf dem Speisezettel haben. Hausmannskost heißt auf Norwegisch fast genauso, *husmannskost*. Wörterbücher erzählen, das Wort sei ganz einfach aus dem Deutschen übernommen worden. Aber *husmann* ist zugleich auch die Bezeichnung für einen Kleinbauern, der keinen eigenen Besitz hatte, sondern von einem Gutsherrn ein Stück Land pachtete und dafür mit Geld und mit Hand- und Spanndiensten bezahlen musste (ungefähr das, was auf Deutsch Instleute hieß). Den *husmenn* (wie der korrekte Plural lautet) ging es entsprechend dreckig, sie waren sehr arm und ungefähr rechtlos, und selbst helles Labskaus konnten sie sich nur selten leisten. Und wenn, dann nahmen sie keinen fetten dänischen Dosenschinken (wie er heute bei der norwegischen Labskauszubereitung als unerlässlich gilt), sondern eben die Fleischreste, die sie gerade auftreiben konnten. Aber zurück zum Labskaus – es ist zwar albern, aber es kann ungeheuer kommunikationsfördernd sein, ein Foto von deutschem Labskaus bei sich zu haben. Das norwegische wird serviert, man kostet, sagt, oh wie lecker, und zeigt dann das Foto: »So sieht Labskaus übrigens bei uns aus!« Der Wirt ist meistens hingerissen, oft kommen die Gäste von den anderen Tischen und wollen wissen, was da so bestaunt wird, und schon ist das Gespräch im Gang, und manchmal springt sogar ein selbst gebrannter Schnaps dabei heraus.

40. GRUND

Weil in Norwegen gutes Bier gebraut wird und Bier und Aquavit beim Lutefisk niemals fehlen dürfen

Norwegen ist ein Bierland, das leuchtet ja ein, das Klima ist für den Weinanbau eben nicht geschaffen. Schon in Berichten aus dem Mittelalter lesen wir erstaunt, welche Unmengen Bier getrunken wurden, und auch Kinder wurden mit Bier abgefüllt. Alte Namen für Feste enden auch meistens auf -bier, was andernorts der Leichenschmaus war, war dort das Begräbnisbier, und natürlich wurden Verlobungen beim Verspruchssbier besiegelt. Norwegen ist reich an Felsschluchten und Talmulden, die der Gott Thor mit seinem Hammer geschlagen hat, das behaupten jedenfalls zahllose Sagen.

Die Geschichte ist immer die gleiche: Auf einem Hof wird Hochzeit gefeiert, und dazu wird natürlich Bier getrunken. Dann kommt Thor, will mitfeiern und dem jungen Paar seinen göttlichen Segen erteilen. Der Bräutigam, beglückt über diesen hohen Besuch, eilt herbei, um dem Gast einen Becher Bier zu überreichen. Und das ist ein arger Fauxpas! Selbst der größte Becher ist zu klein für den göttlichen Durst, und in seiner Wut haut Thor mit seinem Hammer den Hof zu Klump, und so entstehen die Schluchten. Merke: Wenn Thor zu Gast kommt, muss man ihm das ganze Fass Bier in die Hände drücken. Bekannt und unbedingt sehenswert ist eine Geröllhalde am Ufer des Sees Totakvatnet in Vinje im westlichen Telemark. Wenn man sich mit dem Boot nähert, sieht es aus wie eine Sammlung von Häusern, es gibt sogar einen Glockenturm, woran wir sehen, dass es ein wohlhabender Hof gewesen sein muss. Der Sage nach schaute Thor auch hier bei einer Hochzeit vorbei und bekam einen besonders schäbigen kleinen Becher. Worauf er den Hof samt der danebenliegenden Kirche mit gezielten Hammerschlägen in Stein verwandelte (das hat er offenbar nur dort getan, meistens begnügte er sich damit, alles in Scherben zu hauen). Interessant ist an dieser Sage auch, dass Thor noch umging, als die Gegend schon zum Christentum bekehrt war. Vielleicht machte ihn ja der Anblick der Kirche besonders sauer! Der größte Felsbrocken trägt noch heute den Namen Kyrkjestein (Kirchenstein).

In Norwegen wird also seit Urzeiten Bier gebraut. Dass »bayer« im Norwegischen aber ein Synonym für ein helles, pilsenerähnliches Bier ist, zeigt, dass brautechnische Expertise aus dem Süden durchaus willkommen war. Allerdings – norwegische Bierfans finden deutsches und bayrisches Bier meistens eher schal. In Norwegen wird nicht in aller Ruhe gezapft, das Bierglas wird auf einen Rutsch gefüllt, es entwickelt sich kein Schaum, dafür ist das Bier quirliger, prickelt mehr. In Norwegen gab es, wie anderswo auch, viele lokale Biersorten, wie anderswo auch wurden die von großen Gesellschaften aufgekauft, und die Bierlandschaft verarmte.

Das ging so bis zum Jahr 2003. Damals wurde die 1855 gegründete Tou-Brauerei in Stavanger stillgelegt, die Belegschaft wurde entlassen, die Produktion nach Oslo verlagert. Im traditionsbewussten Stavanger kam das überhaupt nicht gut an, es bildete sich eine Initiative, um Stavangers Brauerei in Stavanger zu behalten. Alle in Stavanger (samt den Gästen, nur ist mein Exemplar inzwischen so verwaschen, dass man den Aufdruck nicht mehr lesen kann) trugen T-Shirts mit dieser Forderung. Was natürlich nichts half, und deswegen wurde eine neue Brauerei aufgemacht: Lervig Aktiebryggeri, die 2005 ihre Lokale aus Lervig in den Stadtteil Hillevåg verlagert hat. Das bescheidene Ziel dieser Brauerei: Das beste Bier der Welt zu entwickeln, und neben den üblichen Sorten bringen sie wirklich immer neue auf den Markt. Im Sommer 2016 weist die offizielle Liste der norwegischen Brauereien vierundneunzig Namen auf, darunter sind große Unternehmen wie das bekannte und marktbeherrschende Ringnes, aber auch ganz kleine wie Steinkjer Mikrobryggeri in Steinkjer. Mikrobryggeri ist die Bezeichnung für eine Brauerei, die zu einem Lokal gehört, das Bier wird nur im Lokal ausgeschenkt – aber meistens kann man, wenn das Bier also besonders gut schmeckt, im Lokal einige Flaschen kaufen und zu Hause weitergenießen.

Zum Bier beim Lutefisk gehört Aquavit, und eigentlich muss ich hier gleich passen. Es geht nämlich, sich dem Aquavitzwang zu entziehen, eine kleine Allergie wirkt Wunder, vor allem, wenn sie sich in pelzigem Ausschlag und Atemnot niederschlägt. Und das ist gut so, denn ohne Aquavit und folglich nüchtern lässt es sich besser beobachten. Es gibt bei allen Gelagen, zu denen fette Kost samt Aquavit serviert werden, irgendwelche Scherzkekse, die es wahnsinnig komisch finden, heimlich die Gläser der Gäste aufzufüllen und sich köstlich zu amüsieren. Es ist bestimmt ein Zufall, aber nach meiner Beobachtung sind es immer alte Herren, die sich diesen Spaß machen. Die Gäste sitzen also ins Gespräch vertieft und versuchen zugleich, die Gräten aus dem Fisch zu stochern. Hinter ihnen schleicht sich der tückische Greis an und schenkt nach, wenn der Gast also nicht hinschaut. Der Gast glaubt, weil das Glas ja voll ist und er das Manöver nicht gesehen hat, noch kaum etwas getrunken zu haben, trinkt einen Schluck, und wenn sich das oft genug wiederholt hat, kippt er vom Stuhl. Der tückische Greis lacht sich ins Fäustchen. Böse Zungen behaupten, manche machten sich für jede Schnapsleiche eine Kerbe in den Krückstock, aber das ist zweifellos üble Nachrede, und nein, ich glaub es nicht. Oder jedenfalls nur ein bisschen.

Als Gewährsfrau für Aquavit scheide ich also aus, aber dass Linie Aquavit (norwegisch Akevitt) in aller Welt sozusagen als *der* norwegische Aquavit bekannt ist, weiß sogar ich. Seit 1807 gibt es diese Marke, die Gründerin war eine Trondheimer Unternehmerin namens Catharina Lysholm. Auf einem Schiff, das sie nach Batavia schickte (heute Djakarta), befanden sich aus einige Fässer mit Trondheimer Aquavit, die aus Versehen nicht ausgeladen, sondern wieder zurück nach Trondheim geschifft wurden. Und offenbar viel besser schmeckten, weil die lange Lagerzeit und das Rollen der Wellen zu einem Reifeprozess geführt hatten. Spötter meinen allerdings, die Tatsache, dass ganze Schiffsmannschaften fässerweise Aquavit um die halbe Welt transportieren und wieder mit nach Hause bringen, ohne sie auszutrinken, sei der beste Beweis dafür, dass es sich eigentlich um miesen Fusel handele. Egal wie – das von Catharina Lysholm begründete Unternehmen wurde von ihrem Neffen Jørgen weitergeführt, die Firma existiert noch heute, ist allerdings kein kleiner Familienbetrieb mehr. Eine schöne Anekdote verdanken wir dem norwegischen Nationaldichter Bjørnstjerne Bjørnson, der nicht gerade wegen seiner Bescheidenheit bekannt war. Er war also irgendwo per Schiff auf Reisen und fand, vom Kapitän nicht mit dem ihm gebührenden Respekt behandelt zu werden. Und sprach: »Wissen Sie nicht, wer ich bin? Ich bin der berühmteste Norweger überhaupt!« Worauf der Kapitän erwiderte: »Ach, das wusste ich doch nicht. Ich bitte um Vergebung, Herr Lysholm!«

Norwegische Aquavitexperten schwören übrigens darauf, dass der ebenfalls bei Lysholm hergestellte Løitens Aquavit, der nicht über den Äquator geschickt wird, von allen Sorten der edelste und wohlschmeckendste sei. Løiten ist die alte Schreibweise für den Ort Løten im Bezirk Hedmark (wo auch am eifrigsten schwarzgebrannt wird) – und die Løiten-Brennerei dort kann besichtigt werden. Kostproben der Produkte werden auch gereicht!

41. GRUND

Weil Norwegen ein Schokoladenland ist

In Norwegen wird viel Schokolade gegessen, und es wird auch viel Schokolade hergestellt. Am bekanntesten ist die Firma Freia, eigentlich kennen sie alle, die je in Oslo gewesen sind, auch wenn sie kein einziges Stück Schokolade verzehrt haben. Auf dem Egertorg – also ganz dicht bei Karl Johan – gibt es oben an einer Hausfassade eine riesige Freia-Reklame, und der Freia-Namenszug ist wie die Krone über einer Uhr angebracht, die seit 1911 zuverlässig die Zeit mitteilt (und weil die Reklame einfach nicht zu übersehen ist, ist der Platz unter der Freia-Uhr ein beliebter Treffpunkt). Seit 1937 stellt Freia den Keksschokoriegel Kviklunsj her, ohne den als Proviant in Norwegen kein Skiausflug vorstellbar ist. Schwedische Marabouschokolade schließlich gibt es inzwischen so gut wie in jedem deutschen Supermarkt – doch kaum jemand weiß, dass die Schokoladenfabrik Marabou in Upplands Väsby in Stockholm eine Gründung von Freia war!

Die neuere Firmengeschichte von Freia ist schrecklich kompliziert, finde ich, ich habe jedenfalls irgendwann den Faden verloren, jede Menge Verkäufe und Ankäufe und Aktienmehrheiten und Übernahmen, aber das brauchen wir alles gar nicht zu wissen, solange die Freia-Produkte weiter Freia heißen und schmecken wie immer, und solange die Freia-Uhr über dem Egertorg weiterhin zuverlässig die Zeit anzeigt.

Aber auch wenn ganz Norwegen sich zeitweise von Kviklunsj ernährt, so gibt es doch noch andere Schokoladensorten. Vor allem in den Küstenstädten sind in den vergangenen Jahren neue kleine Schokoladenmanufakturen aus dem Boden geschossen. Das liegt daran, dass es dort – zumeist im 19. Jahrhundert – schon mal welche gab. Seeleute brachten Gewürze und eben auch Kakaobohnen aus fremden Ländern mit und konnten auch über die Verwendung dieser Schätze berichten – und das inspirierte geschäftstüchtige Landratten, und ernährte natürlich auch so manchen Seemann, wenn er endgültig an Land gegangen war. Ihre Produkte verkaufen diese Manufakturen meistens in den lokalen Bäckereien und Kaffeestuben – es lohnt sich immer, da mal nachzusehen und nach Produkten aus der Umgebung zu fragen. Eine besondere Erfolgsgeschichte ist die der Hvalsjokoladefabrikk in Sandefjord. 1996 wurde das Unternehmen mit fünf Angestellten und dreißig Teilhabern gegründet. Im ersten Jahr machten sie drei Millionen Kronen Umsatz – und seither geht die Erfolgskurve steil nach oben, 2005 waren sie bei dreißig Millionen angekommen, und so geht es weiter (meine Aufzeichnungen sind dermaßen von Schokolade verschmiert, dass ich nicht mehr daraus schlau werde). Es gibt eigene Verkaufsstätten mit dem Namen »Sjokolateriet« (gesetzlich geschützt), bisher in der Umgebung von Sandefjord, aber das Unternehmen weitet sich ständig aus.

Der Name – Walschokolade – lag in der alten Walfängerstadt Sandefjord auf der Hand. Der große Renner ist »Gullhval«, also Goldwal, das sind salzige Kekse, dick mit Schokolade überzogen. In Walform! Der Wal schlägt fröhlich mit dem Schwanz und schmeckt einfach köstlich. In Sandefjord ist es inzwischen üblich, Leuten, die sich aus irgendeinem Grund um die Stadt verdient gemacht haben, und sei es, dass sie dort nur einen Vortrag halten, zum Dank eine große Packung Walschokolade zu schenken. Die Beschenkten stehen seither geradezu Schlange, um abermals etwas für Sandefjord tun zu dürfen.

42. GRUND

Weil Norwegen das Weihnachtsland schlechthin ist – so kann es zumindest wirken

Von Deutschland aus wirkt Norwegen wie das absolute Weihnachtsland, sozusagen ewiger Schnee, endlose Tannenwälder und unerschöpfliche Reserven an Rentieren, die dem Weihnachtsmann den Schlitten ziehen können. Der Weihnachtsmann hat auch in Norwegen eine Postadresse und beantwortet die Briefe der Kinder, und neben dem Weihnachtsmann gibt es ja auch noch die vielen Weihnachtswichtel. Umgekehrt ist es übrigens auch so, in Norwegen gibt es die Vorstellung von Deutschland als einer Art immerwährendem Schwarzwald, und die Weihnachtsmärkte in Norddeutschland ziehen Busladungen von norwegischen Reisenden an, während der große Weihnachtsladen in Rothenburg ob der Tauber das ganze Jahr hindurch von Gästen aus Norwegen frequentiert wird. In Norwegen ist auch bekannt, dass sehr viel Weihnachtsbrauchtum aus Deutschland importiert worden ist, allen voran der Weihnachtsbaum, der Weihnachtsmann, die Weihnachtslieder, neuerdings sogar Adventskranz und der Adventskalender. Ab und zu geht etwas schief; dass in Norwegen ein Weihnachtslied zur Melodie von *Meine Oma fährt im Hühnerstall Motorrad* gesungen wird, ist so ein Missverständnis. *Stille Nacht, Heilige Nacht* (ist zwar aus Österreich, aber von Norwegen aus sind die Unterschiede zwischen den Ländern nicht so deutlich) ist in der norwegische Fassung genauso unbegreiflich, norwegische Kinder, die Krippenbilder zeichnen sollen, malen allerdings keinen lachenden Owie, sondern eine Bretterbude – sie verstehen die Zeile »Engler daler ned i skjul« – Engel gleiten heimlich auf die Erde hinab – als »Engel fallen in den Schuppen«. Was den Weihnachtsmann angeht – seit 2003 ist bewiesen, dass der erste »moderne« Nikolaus nicht aus den USA nach Norwegen kam, bis dahin wurde der Santa Claus der Colareklame von 1931 für den Ursprung gehalten. Aber schon fast hundert Jahre zuvor gab es Bilderbögen aus Deutschland, auf denen der gute Nikolaus zu sehen war, und auch der große Nikolas mit seinem großen Tintenfass hat über die norwegische Ausgabe des Struwwelpeter viel zur Entstehung dieses Weihnachtsmannsbildes beigetragen. Der Nikolaus heißt auf Norwegisch Julenisse (siehe Grund 2), und das Wort »nisse« ist wirklich vom Namen Nikolaus abgeleitet. Dass es aber daneben die vielen Weihnachtswichtel gibt, die auch »nisse« heißen, macht das norwegische Weihnachtsgewusel ganz schön unübersichtlich. Ansonsten ist alles wie hierzulande, vor Weihnachten verschickt man Weihnachtskarten (und es gilt als arger Fauxpas, irgendwen zu vergessen, selbst härtestgesottene maoistische Atheisten schreiben pflichtbewusst ihre Weihnachtskarten an alle, mit denen sie im vergangenen Jahr einen Kaffee getrunken haben, und reagieren zutiefst beleidigt, wenn man ihnen keine schickt). Vor der Bescherung und danach in allen Kaffeepausen bis nach Neujahr gibt es oft Gløgg, eine Art Glühwein, der durch Mandeln und Rosinen ungeheuer satt macht, und Unmengen von Weihnachtsplätzchen. Eigentlich muss man mindestens sieben verschiedene Sorten backen, aber heutzutage ist es durchaus gesellschaftlich akzeptabel, sich auf drei zu beschränken oder einige zu kaufen. Viele Familien brauen für das Festmahl am Heiligen Abend noch heute eigenes Weihnachtsbier, es schmeckt ein bisschen wie Malzbier, und es hat so gut wie keinen Alkohol. Geschenke werden am Heiligen Abend verteilt, und anschließend – das ist anders als anderswo – wandert man in einer Art Minipolonaise um den Weihnachtsbaum. Da in den modernen Wohnungen die Wohnzimmer nie so groß sind, dass der Weihnachtsbaum in der Mitte stehen kann, muss dafür dann alles beiseitegeräumt werden, damit der Baum von der Wand gezogen werden kann. Nach der Polonaise wird dann alles zurückgeräumt. Danach wird gegessen, und da gibt es auch in Norwegen unterschiedliche Traditionen. An der Küste oft Fisch, gern Kabeljau, aber auch Würste aller Art und geräuchertes Hammelfleisch sind beliebt, und natürlich der im Winter allgegenwärtige Lutefisk. Danach aber gibt es immer Reispudding mit Himbeersoße. Im Reispudding ist eine Mandel versteckt, und wer die erwischt, bekommt ein Marzipanschwein. Meistens ist man inzwischen so vollgefressen, dass man das Marzipanschwein erst mal nicht zu würdigen weiß, aber irgendwann im Januar ist man dann meistens froh über diese Möglichkeit zu einer süßen Zwischenmahlzeit.

43. GRUND

Weil Norwegen ganz eigene Weihnachtsmärkte hat

Wenn norwegische Reisende in Busladungen zu deutschen Weihnachtsmärkten kutschiert werden und sich dort über handgeschnitzten Christbaumschmuck und Glühwein freuen, dann heißt das noch lange nicht, dass es in Norwegen keine Weihnachtsmärkte gäbe. Aber die sind eben ganz anders. Weihnachtsmärkte, wie wir sie aus deutschen Städten kennen, wurden in den vergangenen Jahren nach Dänemark exportiert, in Kopenhagen gibt es jetzt einen sehr schönen, aber das hilft den Norwegern nichts, und der Glühwein ist in Deutschland eben viel billiger als in Dänemark. Der Glühwein ist auch das größte Hindernis bei der Einführung deutscher Weihnachtsmärkte in Norwegen – es steht ganz einfach die berüchtigte Alkoholgesetzgebung im Weg. Um sich für einen Stand auf dem Weihnachtsmarkt die Ausschankerlaubnis für Glühwein zu besorgen, müsste man einen Haufen Bürokratie überwinden, und natürlich hohe Gebühren zahlen, die vermutlich in keinem Verhältnis zum erwarteten Gewinn stehen. Und ob die Erlaubnis erteilt würde, ist auch immer noch die Frage. Schließlich finden Weihnachtsmärkte unter freiem Himmel statt, und Alkoholtrinken in aller Öffentlichkeit ist in Norwegen ja eigentlich verboten … Aber auch norwegische Weihnachtsmärkte sind schön. Sie sind meistens kleiner, und oft finden sie dort statt, wo es ohnehin schon einen Hofladen gibt. Von Anfang November bis zum 23. Dezember (der in Norwegen »Lille Julaften« heißt, also »Kleiner Heiliger Abend«) sind diese Weihnachtsmärkte geöffnet, aber meistens nur am Wochenende. Der Hofladen verkauft die eigenen Produkte, die ohnehin im Jahreslauf angeboten werden, Maler, Töpferinnen, Holzschnitzer aus der Umgebung schließen sich an, und so gibt es ein buntes Sortiment von lokalen Produkten zu kaufen. Einen wunderschönen und zugleich sehr norwegischen Weihnachtsmarkt gibt es auf dem Hof Toen in Numedal im Bezirk Buskerud. Am Eröffnungstag, immer der 1. Samstag im November, gibt es zuerst ein Konzert mit vorweihnachtlicher Musik. Die Hofbetreiber, das Ehepaar Kari Anne Kvålen Løvstad und Asbjørn Løvstad, haben eigentlich klein angefangen, viele Jahre lang haben sie nur Weihnachtsbäume verkauft. Aber immer waren ihre Kinder beim Weihnachtsbaumverkauf dabei, fanden Geschmack an der Sache und regten schließlich eine Erweiterung des Angebots an. Inzwischen gibt es auf dem Hof einen sagenumwobenen Schokoladenkuchen mit Whisky (der sich angeblich sogar mit dem Schokoladenkuchen des Café Sting in Stavanger messen kann). Auf dem Hofplatz zwischen Wärmepfannen, die selbst dann, wenn der Schnee noch nicht so richtig losgelegt hat, schon heftige Weihnachtsstimmung verbreiten, sind die Verkaufsstände aufgestellt. Es gibt Glasgegenstände aller Art, Gemälde, Christbaumkugeln, Strickereien, Textilkunst und Lebensmittel aus der Region. So ein Weihnachtsmarkt ist immer einen Besuch wert und eben sehr norwegisch. Wo gerade einer stattfindet, erfahren Sie, natürlich!, aus der Lokalpresse. Und wenn der Hof ohnehin ein Café betreibt, gibt es meistens sogar einen Gløgg – und sei es ein alkoholfreier.

KAPITEL 7

LAND UND VIELE GANZ BESONDERE LEUTE

44. GRUND

Weil norwegische Krimiautorinnen etwas ganz Besonderes sind

In Norwegen wimmelt es von Krimiautoren, und wenn auch die meisten nicht den internationalen Erfolg ihres Kollegen Jo Nesbø aufweisen können, wirkt das Leben als Kriminalschriftsteller doch so verlockend, dass jedes Jahr mehr als ein Dutzend neue auf den Markt drängen und die Verlage schon klagen, weil sie in Manuskripten der hoffnungsvollen Autoren zu ertrinken drohen. Der Autoren, wohlgemerkt. Denn während aus dem Nachbarland Schweden pro Jahr mindestens zwei neue »Krimiköniginnen« in viele Sprachen übersetzt werden – Krimikönige gibt es seltsamerweise nie! –, ist in Norwegen die Lage seltsam statisch, seit über zwei Jahrzehnten gibt es vier große Krimiautorinnen, an deren Position nicht zu rütteln ist. Darin ist Norwegen einfach einzigartig, Grund genug, die Damen kurz vorzustellen. Die erste ist Kim Småge, Norwegens erste »moderne« Krimiautorin, die Serienheldinnen auftreten ließ, die von Band zu Band älter werden, neue Beziehungen eingehen, aus Fehlern lernen, oder auch nicht. Ehe sie mit Krimischreiben anfing, war Kim Småge Norwegens erste staatlich geprüfte Tauchlehrerin. Ihre erste Romanheldin war deshalb auch Taucherin, Hilke in *Nachttauchen*. Später kam dann Anne-kin Halvorsen hinzu, Kommissarin aus Trondheim, die sich mit sexistischen Kollegen und Chauvisprüchen herumschlagen muss. Mit so was kennt Kim Småge sich aus – aus ihrer Zeit als Tauchlehrerin, und später als einzige Krimiautorin weit und breit. Sie bekam von der eigentlich wohlwollenden Presse sofort den Spitznamen »der weibliche Jon Michelet« verpasst. Kein neuer Krimiautor wurde bisher in Norwegen als »die männliche Kim Småge« bezeichnet, aber sie trägt das alles mit Fassung. Was ihr weniger gefällt, ist die zunehmende Brutalität in den neuen Krimis; weil sie diese endlosen Beschreibungen so nerven, hat sie angekündigt, erst mal keine Krimis mehr schreiben zu wollen, sondern »normale« Romane.

Anne Holt ist Juristin und war lange bei der Polizei in Oslo; als sie 1996 zur Justizministerin ernannt wurde, war sie aber bereits eine erfolgreiche Krimiautorin. Ihre Karriere als Justizministerin war nicht von Dauer, als sie aus Gesundheitsgründen ihren Rücktritt bekannt gab, hieß es in der norwegischen Klatschpresse, sie traue sich den Job wohl nicht zu. Diese Hetze nahm solche Ausmaße an, dass sie ihren Arzt von der Schweigepflicht entband und die Krankenberichte an die Presse weiterreichen ließ. Dass die Presse in Anne Holts Romanen nie sehr gut wegkommt, kann da nicht mehr verwundern. Sie hat mehrere Romanheldinnen, die wichtigste und beliebteste ist Kommissarin Hanne Wilhelmsen, die bei der Osloer Polizei ermittelt. Dass Hanne Wilhelmsen so beliebt ist, verwundert vor allem die Autorin selbst, die glaubt, ihre Person als ziemliches Biest angelegt zu haben. Hanne Wilhelmsen verbringt in den ersten Bänden der Serie endlos viel Zeit damit, ihre Lebensgefährtin Cecilie vor ihren Kollegen zu verstecken. Später geht die Energie dann ins Übelnehmen. Einmal hat sie eine Nacht mit ihrem Kollegen Billy T. verbracht, der sie von Band zu Band unerfüllt liebt. Und diese eine Nacht kann sie Billy T. nicht verzeihen, und dass sie nebenbei einen überaus komplizierten Fall nach dem anderen löst, ist fast ein Wunder. Aber sie schafft es, und die Fälle sind fast immer aus der aktuellen norwegischen Gesellschaft genommen, oder fußen auf tatsächlichen Kriminalfällen, denen Anne Holt einen etwas anderen Dreh gibt.

Ganz kurz, nachdem Anne Holt ihren ersten Kriminalroman veröffentlicht hatte, debütierte auch Karin Fossum. Die studierte Psychologin wollte eigentlich lieber Lyrik schreiben, aber davon kann ja keine leben, und so erblickte Konrad Sejer das Licht der Welt. Sejer ist ein Witwer mittleren Alters, dessen Fälle meistens irgendwo im Osloer Umland angesiedelt sind. Er ist in jeder Hinsicht der Mäßigkeit verpflichtet, trinkt abends einen Whisky, hört ein wenig Musik (immer nur von Sängerinnen) und besucht ab und zu das Grab seiner an Krebs verstorbenen Frau Elise. In den ersten Bänden macht er einen Versuch, eine neue Beziehung einzugehen, gibt dann aber auf und tröstet sich mit seiner Mäßigkeit. Sejers Fälle wirken oft unlösbar, und auch, wenn er am Ende einen Täter findet, ist er nicht immer sicher, dass dadurch irgendein Problem wirklich gelöst wird. Immer spielen bei Karin Fossum Außenseiter mit, Personen, die aus irgendeinem Grund von ihrem Umfeld ausgesondert werden, und in denen dasselbe Umfeld dann mit großer Begeisterung den perfekten Sündenbock findet, wenn in der Nähe irgendein Verbrechen geschehen ist.

Während Kim Småge, Anne Holt und Karin Fossum auch in Deutschland einen festen Fankreis haben, ist die norwegische Krimikönigin (um mal diesen schwedischen Ausdruck zu benutzen) hier noch nicht richtig entdeckt. Und das ist seltsam. Keine verkauft in Norwegen so viele Krimis wie Unni Lindell, und in allen anderen Ländern, wo ihre Bücher in Übersetzung zu haben sind, kommt sie zu Bestsellerehren. Sie veröffentlichte ihren ersten Kriminalroman erst spät, 1997, vorher war sie vor allem als Kinderbuchautorin erfolgreich. Was kommen würde, zeigte sich aber bereits in den Kriminalgeschichten, die sie mit großem Erfolg in allerlei norwegischen Zeitschriften veröffentlichte (und viele davon gibt es in Anthologien in deutscher Übersetzung). Ihr Romanheld, auch er in Oslo tätig, heißt Cato Isaksen, und ist eigentlich ziemlich nervig. Er schafft es nicht, seiner Frau Bente treu zu bleiben, richtet mit seinen Seitensprüngen einen Haufen Ärger an, unter dem oft auch die Zusammenarbeit mit seinen Kolleginnen und Kollegen leidet (vor allem, wenn er eine Liebschaft mit einer Kollegin vom Zaun bricht) und nimmt es als persönliche Beleidigung, wenn er sehen muss, dass andere in harmonischen Beziehungen leben. Cato Isaksens Kapriolen sorgen natürlich auch bei den Ermittlungen für wilden Wirbel, und das gibt den Romanen einen besonderen Pfiff. Wobei Unni Lindell selbst zugibt, ihren Cato langsam satzzuhaben, und so hat sie ihm eine Kollegin zur Seite gestellt, Marian Dahle, die sich von ihm nichts gefallen lässt und die ab 2016 die eigentliche Hauptperson in ihren Romanen sein wird.

Das sind die vier norwegischen Krimiköniginnen. Ab und zu kommt eine neue dazu, eine Kronprinzessin sozusagen. Unbedingt lesenswert sind die Romane von Jorun Thørring, deren Kommissar in Tromsø ermittelt, er ist zudem Same und stößt bei den Kollegen wie bei den Leuten, denen er während seiner Ermittlungen begegnet, auf Vorurteile – ein Same soll gefälligst bei seinen Rentieren auf der Hochebene bleiben. In seiner Freizeit schnitzt er samische Messer – was so manchem Verbrecher zum Verhängnis werden kann. Es kommen also ab und zu neue Krimiautorinnen dazu, aber kaum eine bleibt länger als für zwei Bücher, kaum eine hat einen den vier Großen vergleichbaren dauerhaften Erfolg, und auf die Frage, warum sie so wenig neue Krimiautorinnen veröffentlichen, sagen alle norwegischen Verlage dasselbe: Sie bekommen keine Anfragen von jungen Krimiautorinnen, nicht einmal zehn Prozent der in den vergangenen Jahren eingereichten Manuskripte stammten von Frauen. Nicht einmal ein nur für Autorinnen ausgeschriebener Wettbewerb konnte Abhilfe schaffen. Wo die neuen norwegischen Krimiköniginnen sich verstecken, wäre ein Fall, den wohl nur Anne-kin Halvorsen, Hanne Wilhelmsen und Marian Dahle gemeinsam klären könnten.

45. GRUND

Weil es in Norwegen geheimnisvolle Museen gibt

Es gibt natürlich die großen und berühmten, das Munchmuseum in Oslo, die Nationalgalerie mit den Greifen … aber daneben finden wir in Norwegen eine Menge oft winziger, versteckter Museen, die irgendetwas mit der Lokalgeschichte ihres Standortes zu tun haben. Weil sie so klein sind, werden diese Museen oft nicht von festangestellten Museumsleuten betreut, sondern von ehrenamtlichen Mitarbeitern aus der Gegend, die manchmal nicht so ganz einzusehen vermögen, warum sie das Museum öffnen sollen, bloß weil auf einem Schild bestimmte Öffnungszeiten vorgesehen sind. Es ist mir zum Beispiel trotz aller Versuche noch nie gelungen, das Haus des legendären Spielmannes Myllarguten in Rauland in Telemark zu besuchen. Aber manchmal ist der Weg ja so wichtig wie das Ziel, und ein Blick durch das Fenster, bei dem man immerhin die Geige des großen Mannes sehen kann, ist doch auch ein Erlebnis.

Ähnlich aufregend war der Blick durch das Fenster der Autorin Åsta Holth (1904–1999). Sie kam aus dem sagenumwobenen Waldgebiet Finnskogen, das sich an der norwegisch-schwedischen Grenze entlangzieht und so heißt, weil es im 18. Jahrhundert von Finnen besiedelt wurde. Åsta Holth schrieb als Erste über ihre Heimatregion, und ihre Romane, vor allem ihre *Finnskogtrilogie* seien sensationell gut und viel zu wenig bekannt. Sagen Leute, auf deren Urteil ich viel gebe, zum Beispiel der Autor Levi Henriksen (der ebenfalls über diese Gegend schreibt) oder der Mathematiker Harald Karlsen. Leider sind Åsta Holths Bücher auch in Norwegen zu wenig bekannt und deshalb offiziell vergriffen. Aber zu kaufen seien sie, heißt es, in Svullrya in Finnskogen. Im Dorfladen dort werden Postkarten verkauft, auf denen Åstas Bekannter-Gehilfe-Sonstwas Jussi mit ihrem Pferd Pinocchio einen Acker pflügt. Aber sie hat nicht nur Ackerbau betrieben, sondern auch eine Tracht für Finnskogen entworfen, die auch vom norwegischen Trachteninstitut gebilligt wird, sie hat Dialektwörter gesammelt, alte Kochrezepte aktiviert und eben geschrieben. Ja, und die Bücher gebe es nicht hier, sondern im Åsta-Holth-Museum, heißt es in der Hauptabteilung des Museums von Finnskogen, am einen Ende von Svullrya gelegen.

Das am anderen Ende des Dorfes gelegene Åsta-Holth-Museum ist nicht leicht zu finden, es sieht aus wie eine heruntergekommene Scheune, aber durch das Fenster erblicken wir den Tisch mit ihrer

Schreibmaschine – ein großer Augenblick, wie gesagt. Das Museum hat geöffnet, das verkündet das Schild am Eingang. Es ist aber zu, und Klopfen an Tür und Fenster hilft auch nichts. Irgendwann geben wir also auf und machen kehrt, und da schaut aus einem Fenster eine alte Dame. Wir winken, laufen zur Tür, klopfen abermals – nichts. Als wir dann endgültig aufgeben und zur Straße zurückgehen, steht die alte Dame wieder am Fenster. Und am zweiten Fenster steht ein nicht ganz so alter Herr. Eigentlich gibt es doch nur drei Erklärungen: 1. Die haben uns gesehen und wollen solche Leute nicht in ihr schönes Museum lassen. 2. Die sind gerade dabei, die Besucher, die vor uns gekommen sind, auszurauben, und wollen nicht gestört werden. Gut, dass wir nicht arglos in diese Falle getappt sind. 3. Sex, dazu lieber keine weiteren Erklärungen. (Levi Henriksen, der sich doch dort auskennen muss, tippte sofort auf Erklärung 3).

Im Hauptmuseum ist das Erstaunen groß – da MUSS jetzt geöffnet sein, wir sollten es noch mal versuchen. Ob sie nicht anrufen könnten, fragen wir. Anrufen? »Nein, Annelise ist über achtzig, die hat kein Telefon.« – »Aber vielleicht der Mann? Der wirkte doch um einiges jünger?«, schlage ich hoffnungsvoll vor. »Der Mann?« Sämtliche Museumsleute stoßen schrille Schreie aus. »Da darf doch gar kein Mann sein!« Also, die Museumswärterin hat kein Telefon, und Männer sind im Museum nicht erlaubt. Und Åsta Holths Schreibmaschine haben wir also nur durch ein Fenster gesehen, und Bücher konnten wir auch nicht kaufen. Natürlich könnten die so wunderbar organisierten norwegischen Buchantiquariate helfen. Aber ich will eigentlich gar nichts von Åsta Holth lesen. Ich bin sicher, nichts, was sie geschrieben hat, kann auch nur halb so schön sein wie der Versuch, in ihr Museum zu gelangen, und bei diesem Versuch soll es deshalb bleiben. Jedenfalls bis zum nächsten Besuch in Finnskogen.

46. GRUND

Weil Frau Amtsrichter Delphin in Norwegen wohnte

Ich weiß furchtbar wenig über Frau Amtsrichter Delphin, und dabei ist mir ihr Gesicht so vertraut. Sie trägt eine Spitzenhaube und einen Spitzenkragen, dazu ein blaues Kleid, und sie sieht aus wie die typische Biedermeierfrau. Sie lächelt, ach, wie sie lächelt, ich werde immer richtig froh, wenn ich sie sehe. Sie hat sich für den Maler oder die Nachwelt besonders schön gemacht und dabei ein bisschen zu tief ins Rougedöschen gegriffen. Oder vielleicht hatte sie einfach so schöne rote Apfelbäckchen? Der Maler Mathias Stoltenberg hat sie 1844 gemalt. Mathias Stoltenberg gilt als einer der bedeutendsten norwegischen Maler des 19. Jahrhunderts, ist bei uns aber fast unbekannt, weil der übergroße Munch den Blick auf alle anderen norwegischen Kollegen verdeckt. Für den Moment ist das egal, hier geht es ja um Frau Delphin. Über sie habe ich nur in Erfahrung bringen können, dass sie mit Vornamen Engel Marie hieß, und das passt doch zu einem so gut gelaunten Wesen! Und dass sie mit ihrem Amtsrichter in Molde lebte. Rouge konnte sie da sicher nicht im Laden kaufen, ich finde die Vorstellung so schön, dass sie von Besuchen in Oslo einen großen Vorrat mitbringt, und weil sie so viel hat, nimmt sie auch so viel. Aber ich finde auch die Vorstellung wunderbar, dass sie sich immer so freut, wenn der Herr Amtsrichter Delphin aus dem Amtsgericht nach Hause kommt, dass sie sich für ihn besonders hübsch machen will. Ich weiß sonst gar nichts über sie, wie gesagt. Ist auch egal, ich bekomme jedenfalls immer gute Laune, wenn ich ihr Bildnis sehe. Es hängt in Oslo in der Nationalgalerie, und so ungefähr mein erster Weg bei jedem Oslobesuch führt mich zu ihr. Ich kann nur empfehlen: Gehen Sie hin, solange es die Nationalgalerie noch gibt! (mehr darüber bei Grund 47)

47. GRUND

Weil in Norwegen Museen von Greifen bewacht werden

Norwegens Nationalgalerie, einen Steinwurf vom Schloss entfernt in einer Seitenstraße von Karl Johan gelegen, wurde mit anderen umliegenden Museen zum Nationalmuseum zusammengefasst, aber das interessiert eigentlich niemanden und ist nur eine bürokratische Benennung. Wir sprechen weiter von der Nationalgalerie und meinen das große Gebäude aus rötlichen Steinen, wo Löwen vor der Tür sitzen. Die Löwen sieht man sofort, die Greifen, die eigentlich das Museum bewachen, halten sich bedeckt. Sie sitzen nämlich auf dem Dach. Und dort haben sie die Nationalgalerie in ihrer wechselvollen Geschichte begleitet. 1871 wurde beschlossen, dass Oslo ein Museum für die nationale Kunst brauche, und eine Bank stellte Gelder für ein Skulpturenmuseum bereit. Damals wurden große Bauprojekte offenbar schneller realisiert als heute, schon 1881 wurde das Museum geöffnet. Nur gab es in Norwegen gar nicht genug Bildhauer, deren Werke ein Museum füllen könnten, und deshalb wurde der ursprüngliche Bau erweitert, um den Bildern der norwegischen Nationalromantik Platz zu bieten, und das Ganze wurde zur Nationalgalerie ernannt. Worauf sofort geklagt wurde, es sei nicht genug Platz für die jeweilige zeitgenössische Kunst. Geklagt wurde bis 1970, dann beschloss das Parlament, für die moderne Kunst einen Anbau errichten zu lassen. Schließlich befindet sich hinter der Nationalgalerie ein großes unbebautes Gebäude, ein Parkplatz mitten in der ewig vom Verkehrsinfarkt bedrohten Osloer Innenstadt. Die Osloer Autofahrer waren entsetzt, aber fast fünfzig Jahre später haben sie ihren Parkplatz noch immer. Inzwischen wurde ein neues Museum für Zeitgenössische Kunst errichtet, aber die Kritiker sind nicht zufrieden. Eine Nationalgalerie soll doch nationale Kunst aller Epochen ausstellen?

Den nächsten Protest gab es, als zur Eröffnung des 21. Jahrhunderts ein Schwede an die Spitze der Nationalgalerie berufen wurde. Sune Nordgren aber wollte den Diskussionen ein Ende machen. Er ließ in aller Eile einen Anbau errichten, eine Art knallgrünen Bungalow auf Stelzen. Das hatte immerhin den Vorteil, dass ein Großteil des Parkplatzes erhalten blieb. Das Gebäude wurde sofort »Frosch« genannt und wurde diesen Spitznamen während seiner kurzen und dramatischen Karriere auch nicht wieder los. Am dritten Tag nach der Eröffnung knickten einige Stelzen ein, und Frosch war unrettbar verloren.

Auch Sune Nordgrens andere Neuerungen waren nicht gerade von Erfolg gekrönt. Seine Entscheidung, die meisten Vertreter der norwegischen Nationalromantik ins Magazin zu verbannen und die restlichen Bilder nicht wie bisher chronologisch zu ordnen, sondern nach irgendeinem rätselhaften Prinzip, erregte nur Befremden. Die Osloer Zeitungen schrieben, auf so eine Idee könne ja wohl nur ein Schwede kommen! Und so kam es, wie es kommen musste, der Vertrag des Schweden wurde aufgelöst. Dass seine Nachfolgerin aus Dänemark geholt wurde, führte aber in Oslo wieder zu Stirnrunzeln. Dass Allis Helleland ihre letzte Stelle in Dänemark »freiwillig« verlassen hatte, um einer Kündigung vorzukommen (sämtliche Mitarbeiter hatten sich über ihren autoritären Führungsstil beklagt), kam erst an den Tag, als sie diesen Stil auch in Oslo weiterverfolgt hatte. Sie verbrauchte fast den gesamten Jahresetat für den Ankauf eines einzigen Werkes, ohne die zuständigen Gremien um ihr Einverständnis zu bitten. Danach wurde der Posten wieder mit Norwegern besetzt, der derzeitige Direktor heißt Audun Eckhoff und hat ganz andere Probleme als den Ankauf von Werken.

Die Nationalgalerie soll nämlich umziehen, am ehemaligen Westbahnhof soll ein großer neuer Museumsbau errichtet werden, in den alles, was verwaltungsmäßig als »Nationalmuseum« zusammengefasst worden ist, hineingesteckt werden soll. 2020 soll das neue Museum seine Pforten eröffnen, vermutlich ohne Nationalgalerie. Das Geld, das für den Umzug zur Verfügung steht, reicht vorn und hinten nicht, sagt Audun Eckhoff, es kann nur ein kleiner Teil der Bilder mit umziehen, und alles wird viel länger dauern, weil er immer wieder Pausen einlegen muss, um neue Gelder aufzutun. Dazu kommt, dass eigentlich niemand weiß, wie viele Kunstwerke umziehen müssen. Das alte Gebäude war schon lange nicht mehr gut in Schuss, die Magazine feucht, und weil niemals konsequent katalogisiert worden ist, ist unklar, was dort unten alles lagert und was zu retten ist.

Wenn Sie also klassische norwegische Malerei sehen sollen, dann tun Sie es jetzt! Niemand kann sagen, wann es wieder eine Möglichkeit geben wird.

Die Geschichte der Nationalgalerie ist so interessant und so blödsinnig, dass es leicht ist, darüber die Greifen zu vergessen. Aber also. Die stehen auf dem Dach, und wenn man es weiß und von Karl Johan kommend den Kopf ganz weit in den Nacken legt, kann man sie auch sehen. Sie sind so alt wie die Nationalgalerie selbst. Als die Christiania Sparebank 1871 die Gelder für den Bau des Skulpturenmuseums bereitstellte, wurden in einem Aufwasch bei dem Bildhauer Søren Lexow Hansen »vier Greifen nach antikem Vorbild« in Auftrag gegeben. Die Greifen sollten zudem »natürliche Größe« haben, aber über die Frage, wie man bei Fabeltieren die »natürliche Größe« ermittelt, schweigen die erhaltenen Unterlagen.

Die Greifen wurden in Drammen gegossen, und zwar nicht aus Eisen oder Bronze, diese Materialien galten als vergänglich. Und da die Greifen in alle Ewigkeit die norwegische Kunst bewachen sollten, wurden sie aus Zink angefertigt. Sie wurden mit der Eisenbahn nach Oslo gebracht und dort mühsam auf das Museumsdach gehievt. Jeder Greif wog nämlich eine halbe Tonne. Und dann gerieten sie sehr schnell wieder in Vergessenheit, weil sie mit bloßem Auge zwar zu erkennen sind, aber nur, wenn man weiß, wohin man blicken muss.

Der Krimiautor Jon Michelet – heißer Tipp: Sein Roman *Weiß wie Schnee* ist eine wahre Fundgrube für Osloer Baugeschichte! – erzählt, wie es weiterging. Der Hausmeister des Museums entdeckte eines Tages eine feuchte Stelle, eine undichte Dachluke war schuld. Also kletterte er aufs Dach, um die Luke abzudichten, und kam schreckensbleich wieder herunter. Um 1870 hatte Zink wohl als haltbares Material gegolten, aber die hatten ja noch keine Ahnung von modernen Abgasen gehabt. Die armen Greifen waren total zerfressen und konnten jederzeit auf den beliebten Parkplatz fallen. Also wurden vier Ersatzgreifen gegossen, diesmal aus mit Glasfasern armiertem Plastikbeton. Der Austausch fand dann ohne großes Aufsehen statt; dass es nicht mehr die echten Greifen sind, ist selbst denen, die wissen, dass überhaupt Greifen auf dem Dach der Nationalgalerie stehen, kaum bekannt.

Deshalb wirkt es auch nicht überraschend, dass die Greifen nicht auf das Dach des neuen Nationalmuseums übersiedeln sollen. Sie sind bei der Planung einfach vergessen worden. Aber da nicht geplant ist, das alte Museumsgebäude abzureißen, können sie bleiben, wo sie sind. Die Frage, was aus der alten Nationalgalerie werden soll, ist bisher keineswegs geklärt. Abgerissen werden soll der zumindest von außen immer noch prachtvolle Bau keineswegs. Aber zu irgendwas muss man ihn ja verwenden, und darüber wird heiß diskutiert. Im Mai 2016 kam vom norwegischen Kulturministerium der geniale Vorschlag: Man könne den Bau als Museum nutzen! Die Greifen können also weiterhin ein Museum bewachen, und wer weiß, vielleicht werden in dem Museum dann irgendwann auch wieder Bilder zu sehen sein …

48. GRUND

Weil in Norwegen eine Picasso-Skulptur, die es gar nicht gibt, zur Touristenattraktion geworden ist

Die Picasso-Skulptur ist eine der Sehenswürdigkeiten der Stadt Larvik, denn sie ist nicht nur ein Werk von Picasso, was ja schon sensationell genug wäre. Nein, sie ist noch dazu seine größte Skulptur überhaupt. Die Skulptur ist 15 Meter hoch und wird gekrönt von einem Frauenkopf, für den Picassos Frau Jacqueline Modell gestanden hat. Sie steht in der Nähe der schwedischen Stadt Kristinehamn am Vänernsee. Und nicht in Larvik. Aber »Manche Menschen bemerkt man vor allem, wenn sie sich davonschleichen«, schreibt die aus Larvik stammende norwegische Bestsellerautorin Sigrid Boo, und ähnlich verhält es sich offenbar mit Kunstwerken. Pablo Picasso war befreundet mit dem ebenfalls aus Larvik stammenden Künstler Carl Nesjar (1920–2015), gemeinsam gestalteten sie unter anderem in den Fünfzigerjahren ein Betonrelief am sogenannten Y-Block im Osloer Regierungsviertel. Picasso besuchte seinen Freund in dessen Heimatstadt, und es gefiel ihm in Larvik so gut, dass er beschloss, dieser Stadt eine Sehenswürdigkeit zu schenken. Die hatte Larvik auch nötig, denn es ist zwar schön gelegen, hat ansonsten aber nur zwei Dinge zu bieten. Das eine ist Norwegens größter Buchenwald, der ist wirklich schön und grün, aber in Norwegen gibt es nur wenige Buchenwälder, während Reisende aus buchenwaldreichen Ländern eben doch lieber zu Fjorden und schroffen Bergmassiven weitereilen. Und es gibt die Farrisquelle. Farris ist Norwegens meistgetrunkenes Mineralwasser, eigentlich ist der Name Farris synonym mit »kohlensäurehaltigem Quellwasser«, man bestellt irgendwo in Norwegen ein Farris und bekommt dann das ortsübliche Mineralwasser, egal welchen Namens. Die Farrisquelle kann man aber nicht besichtigen, man kann auch nicht – wie in anderen Orten mit Mineralquellen – an der Quelle ein frisch gezapftes Glas trinken. Als

Touristenattraktionen sind also Buchenwald und Farrisquelle nicht die großen Renner – aber die größte Picasso-Skulptur überhaupt könnte doch für Zustrom sorgen?

Also war zuerst die Begeisterung in Larvik groß, jedenfalls in der Lokalpresse. Dann aber kamen die Leserbriefe, und die besorgten Bürger, die sich mittlerweile über Picasso informiert hatten, meldeten sich zu Wort. Das soll Kunst sein, fragten sie erbost, noch dazu weltberühmt? »Meine Enkelin im Kindergarten kann schönere Menschen malen!«, so oder ähnlich lauteten die Argumente. Und das schöne Ufer wolle man sich mit solchem Schund schon gar nicht versauen lassen. Die Proteste wurden immer lauter, Picasso hatte die Faxen dann bald dicke und schenkte seine Skulptur der schwedischen Stadt Kristinehamn, wo sie 1965 aufgestellt wurde (um genau zu sein, Picasso hatte ein dreidimensionales Modell erstellt, das Nesjar dann in voller Größe nachbildete).

In Larvik kehrte Ruhe ein, aber es kamen auch immer wieder Kunstinteressierte, die wissen wollten, wo die Skulptur dann hätte stehen sollen. Im Laufe der Jahre kam es dann auch zu einem Umdenken, Nesjar wurde die Ehrenbürgerwürde von Larvik verliehen (davon hatte er allerdings nicht viel: am Geburtstag der Ehrenbürger wird vor Larviks öffentlichen Gebäuden geflaggt, das ist so ungefähr alles, und sie dürfen bei Besuchen in ihrer Heimatstadt in Thor Heyerdahls Haus übernachten, aber da Nesjar schon im Rollstuhl saß, hatte er kein Interesse an solchen Unternehmungen). Und die Stelle, wo die Skulptur hätte stehen sollen, ist zur größten Sehenswürdigkeit Larviks geworden. Derzeit wird diskutiert, ob nicht eine Kopie der Skulptur von Kristinehamn aufgestellt werden könnte, aber so schnell werden in Larvik keine Entschlüsse gefasst, und das ist doch wirklich ein Grund, diese Stadt zu mögen!

49. GRUND

Weil es in Norwegen wunderbare Statuen gibt, die wirklich aufgestellt worden sind

Es ist natürlich so gut wie unmöglich, die schöne Geschichte von der Picasso-Statue in Larvik zu übertreffen, aber ich will das auch gar nicht versuchen. Wichtig ist, dass Norwegen sozusagen ein Skulpturenland ist, überall, vor allem und gerade in Neubaugebieten, stoßen wir auf interessante Statuen. Bekannt ist natürlich die Wigelandsanlage in Oslo, aber die ist nun wirklich kein Grund, Norwegen zu mögen. Falls Sie noch nie dort waren: Es ist der in Granit erstarrte Albtraum vom arischen Idealmenschen. Doch Gustav Wigeland (1869–1943) schuf auch ganz andere Skulpturen, die erste von drei meiner Lieblingsstatuen, die ich hier vorstellen möchte, stammt von ihm. Im Osloer Schlosspark steht sein Denkmal für die Schriftstellerin Camilla Collett (1813–1895), das 1911 enthüllt würde. Camilla Collett schrieb mit *Die Amtmannstöchter,* (deutsch dann um 1860) den ersten Roman in der damals brandneuen Schriftsprache Bokmål und den ersten norwegischen Roman überhaupt, der die damaligen Geschlechterverhältnisse kritisierte. Henrik Ibsen behauptete, viel von ihr gelernt zu haben. Camilla Collett sah das anders. Ibsen gilt in Deutschland als emanzipationsfreudiger Frauenversteher, Camilla Collett fand, er habe das Frauenbild eines Höhlenmenschen. Lange Jahre zierte ihr Porträt den norwegischen Hundertkronenschein, bekannt ist sie deshalb als junge Ballschönheit, und man wundert sich gar nicht, wenn man liest, dass zu ihren Verlobten unter anderem Johan Sebastian Welhaven (1807–1873), einer der bedeutendsten norwegischen Dichter des 19. Jahrhunderts, und ein schwedischer Graf gehörten. Der Name des Grafen ist nicht überliefert, wir wissen nur, dass Camilla ihn bei einem Ferienaufenthalt in Hamburg kennenlernte. Egal, Camilla Collett steht im Osloer Schlosspark, von Wigeland dargestellt als zarte alte Dame, die Arme verschränkt, den Kopf nachdenklich gesenkt – und doch strahlt sie eine ungeheure Kraft aus, und ich stelle mir immer vor, dass sie in den Falten ihres langen Rockes doch irgendwo einen Regenschirm versteckt hat, den sie im Notfall jedem sexistischen Schnösel energisch um die Ohren hauen würde.

Auch mein zweites Lieblingsdenkmal soll an eine starke Frau erinnern. Es steht in Bergen in einer kleinen Grünanlage im Haugevei im Stadtteil Nordnes. Amalie Skram (1846–1905) gilt als wichtigste naturalistische Autorin Skandinaviens, von den Literaturrezensenten ihrer Zeit wurde sie die »norwegische Zolaide« genannt, in Anlehnung an den französischen Autor Émile Zola, der als Begründer dieser Literaturrichtung gilt. Ihre heftige Kritik an bürgerlicher Doppelmoral und den gesellschaftlichen Zuständen allgemein führte in Norwegen zu heftigen Anfeindungen – und das, obwohl Norwegens Nationaldichter Bjørnstjerne Bjørnson zu ihren treuen und leidenschaftlichen Verteidigern gehört. Sie siedelte dann nach Kopenhagen über und schrieb in ihrem Testament, auf ihrem Grabstein solle stehen: »Amalie Skram, dänische Schriftstellerin.« Aber in ihrer Geburtsstadt Bergen hat sie immerhin ein Denkmal. Es wurde 1949 aufgestellt und stammt von der Bildhauerin Eivor Refsum (1863–1944), die vor allem Kirchen ausschmückte und in Weimar Kunst studiert hatte. Sie stellt Amalie Skram als über zwei Meter große stattliche und schöne Frau dar – hochaufgerichtet, energisch, mutig wirkt die bronzene Amalie, wenn wir vor ihr stehen, und man versteht sofort, warum diese Bronzeskulptur als Hauptwerk von Eivor Refsum gilt.

Meine dritte Lieblingsskulptur steht in Tønsberg und stellt den Schlagersänger Jahn Teigen dar (* 1947). Er war der Erste überhaupt, der beim Eurovision Song Contest null Punkte holte. Das war 1975, als der Wettbewerb noch »Grand Prix« hieß und alle in ihren Landessprachen sangen. Sein Lied hatte den schönen Titel *Kjærlighetens under* (»Das Wunder der Liebe«) und wurde in

Norwegen zu einem Riesenhit. Wie fast alle seine Titel. Außerdem ist – oder war, aus gesundheitlichen Gründen kann er seit einigen Jahren kaum noch auftreten – Jahn Teigen in Norwegen bekannt als ein Künstler, der nie Nein sagt, ob es um Gratiskonzerte für kranke Kinder geht oder sonst einen guten Zweck, Jahn Teigen lässt sich nicht lange bitten. Ganz klammheimlich hatte er immer noch andere Ideen. Als er einmal erfuhr, dass Karl Marx in seiner Jugend kitschige Liebeslieder verfasst hatte, ließ er sich sofort eins übersetzen, ging ins Studio und nahm es auf. Aus der damals – das war in den frühen Neunzigerjahren – geplanten CD *Teigen singt Marx* wurde dann leider nichts, aber das eine Lied war auch schon ein Riesengenuss. Seit dem Herbst 2012 hat er nun ein Denkmal in seiner Heimatstadt Tønsberg. Da sitzt er, gestaltet von der Bildhauerin Nina Nesje, die auf der gleich neben Tønsberg gelegenen Insel Nøtterøy lebt, gestaltet aus blauem Larvikit (einer Gesteinsart, die vor allem in Larvik vorkommt und deshalb diesen Namen hat). Er sieht zart und fein aus, sitzt lächelnd an einem Tischchen, das einen Cafétisch darstellen soll, und schaut auf den Hafen und die Wikingerschiffe. Zur offiziellen Einweihung trat er dann in seiner Heimatstadt noch einmal auf.

Schlagersänger, Frauenrechtlerinnen, Varietékünstlerinnen, Geigenvirtuosen und Choleraopfer, die norwegische Skulpturenwelt bietet immer neue Überraschungen. Man kann eigentlich an jedem Ort auf die Suche gehen und fündig werden. Und bei neueren Werken leben die Künstler oft in der Nähe und freuen sich über einen Besuch in ihrer Werkstatt. Ein Problem ist nur, dass die lokalen Tourismusinformationen oft keine Ahnung von solchen Schätzen haben und nichts über die dargestellte Person erzählen können. Aber es gibt ja das Internet …

50. GRUND

Weil der Ibsenpark in Løren etwas ganz Besonderes ist

Wenn man sich absolut nicht für Wigelands Monumentalfiguren erwärmen kann und trotzdem gern durch einen Skulpturenpark spaziert, ist man im Osloer Stadtteil Løren an der richtigen Adresse. Løren ist nicht gerade ein besonders schöner Stadtteil, Neubaugegend voller viereckiger Blocks jeder Größe. Aber es gibt den Ibsenpark. Sein offizieller Name ist Peer-Gynt-Park. Er wurde 2006 eingeweiht, seither sind aber immer neue Skulpturen dazugekommen. Das Ganze ist ein Geschenk der Baufirma Selvaag, die in ganz Norwegen baut, und die gern mal Geld für Kunst und Wohltätigkeit zur Verfügung stellt. Der Peer-Gynt-Park, der Name sagt es, wird mit Skulpturen bestückt, die irgendetwas mit Henrik Ibsens dramatischem Gedicht *Peer Gynt* zu tun haben. Es begann mit einer internationalen Ausschreibung, die Kunstwerke, die wir heute im Park bewundern können, stammen deshalb nicht nur von norwegischen Künstlern, wir finden unter anderem auch etliche Polen, zwei Deutsche und einen Iren. Wenn Sie je in Irland waren, haben Sie Werke von Eamonn O'Doherty (1939–2011) gesehen, die gewaltigen rostroten Segel auf dem Eyre Square in Galway stammen ebenso von ihm wie die James-Connolly-Statue in Dublin beim gleichnamigen Bahnhof. Das hat natürlich nichts mit Ibsen oder Norwegen zu tun, zeigt aber, dass im Park wirklich internationale Größen vertreten sind. Es gibt zudem eine wunderschöne Geschichte über die Entstehung des Peer-Gynt-Parks. Eamonn O'Doherty also wollte bei der Ausschreibung einen Entwurf einreichen und entschied sich für »Eine magere Person in hoch aufgeschürztem Priesterrock und mit einem Vogelstellernetz auf der Schulter«, das zitiere ich aus einer Personenliste in einer deutschen Peer-Gynt-Ausgabe. Es ist also wirklich keine bekannte Person im Stück, und selbst ausgewiesene Ibsenkenner reagieren meistens auf die Frage, ob sie etwas über diese »magere Person« erzählen können, mit einem verständnislosen »hä?«

Der Künstler also hatte sich für diese Figur aus dem Stück entschieden, dann stellte er fest, dass er ein Problem hatte. Alle Bekannten, die sich in Norwegen auskannten, wurden aktiviert: Wie sah denn so ein Vogelstellernetz zu der Zeit aus, in der *Peer Gynt* spielt? Ibsen-Fachleute, denen ja zumeist nicht einmal der magere Kerl ein Begriff war, zu fragen, hatte keinen Zweck. Rat wusste schließlich Erik H. Edvardsen, der Leiter des Ibsen-Museums in Oslo. Der ist nämlich ein studierter Volkskundler und eben nicht von Haus aus Ibsen-Forscher, und deshalb konnte er Abbildungen von Vogelstellernetzen liefern, wie sie an der norwegischen Küste zu Beginn des 19. Jahrhunderts üblich waren. Die wurden nach Dublin geschickt, Eamonn O'Doherty schuf seine Skulptur, die er auf Englisch »The thin priest with a fowling net« nannte, und sein Entwurf gefiel der von Selvaag beauftragten Jury so gut, dass die Skulptur in Auftrag gegeben wurde und nun im Skulpturenpark in Løren steht, zusammen mit bisher neunzehn anderen Gestalten aus *Peer Gynt*. Peer Gynt ist natürlich auch dargestellt, und es gibt Trolle mit Schweinegesicht, den Knopfgießer, die ewig treue Solveig und noch viele andere. Der magere Mann im Priesterrock aber ist etwas ganz Besonderes, ganz zart und luftig läuft er hinter seinem Vogelstellernetz her und scheint jederzeit mit den Vögeln losfliegen zu können, statt sie zu fangen. Es ist unmöglich, nicht in gute Laune zu geraten und zu Abenteuern irgendwo in Norwegen aufbrechen zu wollen, nachdem man in Løren den mageren Vogelsteller gesehen hat! Und wenn man gerade nicht auf Abenteuer ausziehen kann, dann liest man eben *Peer Gynt* oder wandelt in Oslo auf Ibsens Spuren.

51. GRUND

Weil man in Oslo auf Ibsens Spuren wandeln kann

Auf Ibsens Spuren wandeln kann man auch in Skien, wo er geboren ist, oder in Grimstad, wo er eine Apothekerlehre absolvierte. Aber die richtige Ibsen-Wanderung ist in Oslo möglich, wo er die letzten Jahre seines Lebens verbracht hat. Es ist schwer, Ibsen sympathisch zu finden, aber er war nun mal ein Genie und ist noch immer einer der meistaufgeführten Dramatiker der Welt, und in Norwegen stößt man dauernd auf ihn, selbst der Kronprinz gibt sich als Ibsen-Fan aus! Und gerade in Oslo wird also sein Andenken sorgfältig gepflegt. Gleich vor dem Nationaltheater steht Henrik Ibsen auf einem hohen Sockel, und auch sonst begegnet man ihm also überall in der Stadt. Wie aber war sein Verhältnis zu Kristiania (denn als er dort lebte, hieß Norwegens Hauptstadt noch nicht Oslo) wirklich?

Dreiundzwanzig Jahre seines Lebens verbrachte Ibsen insgesamt dort. Sein erster Aufenthalt begann im Jahre 1850, schon vorher hatte er die Stadt jedoch zum Schauplatz eines Kriminalromans gemacht (das Manuskript ist leider nicht auffindbar), der auf der Festung Akershus spielen sollte. Hauptperson in diesem Roman war der 1799 in Kerkerhaft verstorbene Christian Lofthuus, Anführer eines Bauernaufstandes und Großvater der von Ibsen in Grimstad geschwängerten Magd (von der später noch die Rede sein wird).

Auch Ibsens erstes Drama gilt als verschollen. Es trug den Titel *Der Riesenhügel* und handelte von dem jungen Wikinger Gandalf, der nach England segelte, um dort den Tod seines Vaters Bernhard zu rächen. Nur war Bernhard gar nicht tot, sondern zum Christentum übergetreten. Alle Irrtümer wurden beseitigt und Gandalf mit Bernhards französischer Pflegetochter Blanka verheiratet. Dieser Stoff reichte allerdings nur für einen Akt, weshalb es nur zweimal aufgeführt wurde.. Um das erfolglose Stück wenigstens in Druck geben zu können, versprach Ibsen dem Verleger P. F. Steenballe als Gratiszugabe ein episches Gedicht mit dem Titel *Die goldene Harfe* – doch das Buch ist niemals erschienen, und niemand weiß, ob Ibsen das verheißungsvolle Gedicht jemals zu Papier gebracht hat. Immerhin bekam er – der immer sehr genau darauf achtete, auch ja keinen Öre zu wenig zu erhalten – zehn Speziesthaler Vorschuss. Die konnte er auch sehr gut brauchen, denn der Erfolg ließ ja auf sich warten. Schließlich mochte er nicht mehr warten, verließ Kristiania und kehrte erst viele Jahrzehnte später zurück, als er schon längst zu Weltruhm gelangt war.

Als Ibsen, nach siebenundzwanzig vor allem in Italien und München verbrachten Jahren, 1891 in die Hauptstadt zurückkehrte, ließen er und seine Frau Suzannah sich zunächst in der Straße Victoria terrassen nieder, wo Ibsen von seinem Schreibtisch aus einen wunderbaren Blick auf den Kristianiafjord hatte – das fand er beim Schreiben inspirierend. Doch die Wohnung war feucht und kalt und tat der gichtkranken Suzannah überhaupt nicht gut, weshalb sie darauf bestand, die nächsten Winter in milderem Klima zu verbringen. Dabei hatte die Wohnung in Victoria terrassen als besondere Attraktion Wasser aus drei verschiedenen Hähnen zu bieten: kalt, warm und Salzwasser! Und das zu einer Zeit, wo fließend Wasser in den meisten Wohnungen in Kristiania noch ein unerschwinglicher Luxus war. Ob Henrik Ibsen das Salzwasser je genutzt hat, wissen wir nicht.

In den Häusern in Victoria terrassen befanden sich bis zum Abriss um 1960 in allen Untergeschossen Markthallen. Durch den Zufluss von Meerwasser konnten dort lebende Fische verkauft werden (was Ibsen jedoch vermutlich wenig interessiert hat).

Bis Suzannahs Gatte eine neue Wohnung suchte und schließlich in der Arbinsgate fand, verging eine ganze Weile. Überhaupt hatte es eine besondere Bewandtnis mit dieser Wohnungssuche: Henrik Ibsen hatte es gar nicht so eilig mit Suzannahs Einzug in die eheliche Wohnung. Regelmäßig hinterging er sie mit jungen Verehrerinnen, denen er einredete, es sei ihre Pflicht im Namen der Kunst, mit ihm in ein anderes Land zu gehen und ihn hinfort zu noch bedeutenderen Werken zu inspirieren. Sowie die jeweilige junge Muse dann überzeugt war und seine Bitten erhören wollte, war alles nicht so gemeint, und er zeigte sich ganz schnell mit der leidgeprüften Suzannah in aller Öffentlichkeit. Die Muse und die Klatschpresse wussten dann also, dass die Scheidungsgerüchte abermals gewaltig übertrieben gewesen waren.

Diesmal aber hatte Suzannah das Treiben ihres Mannes offenbar so satt, dass sie ihm in einem wutschnaubenden Brief ihrerseits mit Scheidung drohte. Die aktuelle Muse unterschrieb – das behaupten wenigstens einige Biografen – ihre Briefe bereits mit »Hildur Ibsen«, worauf Henrik sich auf die Wohnungssuche machte, um Suzannah schnell umzustimmen. Und so kamen Ibsens zu einer prachtvollen Wohnung von fast 350 Quadratmetern in der Arbinsgate 1, mit Blick aufs Schloss, in der seit 1993 ein Museum untergebracht ist. Dort schrieb Ibsen seine beiden letzten Stücke, *Johan Gabriel Borkman* und *Wenn wir Toten erwachen*. Neben der Schreibweise »Arbinsgate« stößt man übrigens auch häufig auf »Arbiensgate«. Amtlich korrekt ist seit 1990 »Arbins«; was allerdings historisch korrekt ist, ist umstritten. Die Straße wurde nach dem vormaligen Besitzer der später bebauten Grundstücke benannt, und dieser Herr schrieb sich mal Arbien, mal Arbin, ohne dass je ein System zu erkennen gewesen wäre. Ausgesprochen aber wird es immer gleich: Ar-bihn.

Das in der Arbinsgate beheimatete Ibsen-Museum hat energisch versucht, die Schreibweise Arbien durchzusetzen (die Henrik Ibsen bevorzugte), doch die Osloer Bürokratie wollte es anders.

Henrik Ibsen starb 1906, Suzannah Ibsen 1916. Dass die Wohnung, in der auch beide gestorben sind, erst so viele Jahre später zum Museum wurde, mag verwundern. Die Ibsen-Familie wollte die Wohnung samt Inventar gleich nach Suzannahs Tod der Stadt als Museum überlassen, aber die Stadtväter winkten ab, viel zu teuer. Und so wurde die Wohnung ausgeräumt, diente zuerst als Zahnarztpraxis, dann als Büroräume einer Versicherungsgesellschaft, bis das Engagement von Ibsen-Fans und (legitimen) Nachkommen aus der Urenkelgeneration 1993 endlich Erfolg hatte. Die Versicherungsgesellschaft wollte umziehen, Sponsoren wurden gefunden, die Stadt Oslo erkannte, dass ein Ibsen-Museum gar nicht schlecht für das Image der Stadt wäre, die hart daran arbeitete, sich einen Ruf als kulturelle Metropole zu verdienen.

Nach all den Jahren aber war die Wohnung innerlich gewaltig verändert und oftmals umgebaut worden, und die ursprünglichen Einrichtungsgegenstände in alle Winde zerstreut. Alte Grundrisse waren noch vorhanden, also konnte rückgebaut werden. Viele Möbel und Bilder befanden sich im Familienbesitz, Ibsens Schreibtisch und sein schwarzer Gehrock waren im norwegischen Volkskundemuseum auf Bygdøy zu sehen und kehrten nun an ihren angestammten Platz zurück. Von den meisten Dingen, vor allem seiner Gemäldesammlung, war bekannt, wo sie sich befanden, in einigen Fällen aber waren und sind die heutigen Besitzer nicht bereit, sich von den Gegenständen zu trennen. In der Hoffnung auf Meinungsumschwung werden dafür im Museum Plätze frei gehalten.

Ein Prunkstück des Museums ist zweifellos Ibsens Badewanne. Die steht, natürlich, in Ibsens Badezimmer, weiß emailliert von innen, mit prachtvollem braunen Holzrahmen, auf dem er Pfeife, Cognac und ein Buch ablegen konnte, ein Wunderwerk moderner Restaurierungstechnik. Denn weder Zahnarzt noch Versicherung hatten in ihren Diensträumen eine Badewanne gebrauchen können. Und nachdem das sperrige Ding eine Weile herumgestanden hatte, wurde es auf den Schrotthaufen der Geschichte geworfen und als Sperrmüll abgeschleppt. Aber weil die Wanne ja doch ein solides, dichtes Teil war, übernahm ein Bauer das inzwischen von seinem schönen Holzrahmen befreite zukünftige Prunkstück und stellte es auf seine Weide. Da stand die Badewanne dann, jahraus, jahrein, und es gibt etliche Fotos, auf denen immer neue Generationen von Kühen daraus ihren Durst löschen.

Zum Glück für die Museumsleitung erzählte man in der Bauernfamilie gern über Ibsens Badewanne, die jetzt als Viehtränke diente, weshalb (anders als beim Kachelofen, einem weiteren Prunkstück von Ibsens rekonstruierter Wohnung) keine jahrelange detektivische Suche nötig war, um sie aufzutreiben. Zudem ist die Badewanne schön schwer – es besteht also keine Gefahr, dass ein raffgieriger Museumsbesucher sie mitgehen lässt, wie es einigen Figuren von Ibsens Teufelsorchester widerfuhr. Das Teufelsorchester war eine Sammlung von kleinen Figuren, musizierenden Teufelchen, Fröschen und Elefanten, die Ibsen auf dem Schreibtisch stehen hatte, um durch ihren Anblick an die Vergänglichkeit jeglichen irdischen Prunks erinnert zu werden. Heute sind nur noch ein Mandoline spielender Frosch und zwei Teufel mit einem Tintenfass vorhanden.

Aber zurück zur Wanne. Im Laufe der Jahrzehnte hatte die schöne Badewanne auf der Weide sehr glitten. Auf den während der Restaurierungsarbeiten gemachten Filmaufnahmen ist sie durchaus nicht wiederzuerkennen, ist zerkratzt, zerschunden, zersprungen. (Der große Sprung unweit des Abflusses ist allerdings nicht dem Temperament der norwegischen Kühe zu verdanken, sondern den strengen norwegischen Wintern). Aber nun steht sie endlich wieder in Ibsens Badezimmer, wie gesagt, ein Prunkstück. Man könnte darin baden, wenn man dürfte, und wüsste gern, ob Ibsen das je getan hat.

Henrik Ibsen zeigte sich gern in der Hauptstadt. Täglich zur selben Zeit machte er seinen Spaziergang von der Arbinsgate vorbei am Königsschloss zum Grand Hotell auf Oslos Prachtstraße Karl Johans gate. Vor der Universität blieb er um Punkt ein Uhr mittags stehen und stellte seine Uhr. Danach begab er sich, immer mit genau 287 Schritten, ins Café des Grand Hotell, wo er seinen festen Platz hatte, sogar sein festes Besteck lag dort.

Schon 1899 ließ die Hotelleitung dort ein Bronzeschild anbringen: »Reserviert für Dr. Henrik Ibsen.« Der Doktortitel, auf den er nicht wenig stolz war, war ein Ehrendoktor der schwedischen

Universität Uppsala. Bei der Verleihung hatte Ibsen auch ein Ordensband erhalten, das er zu gern um den Hals trug. Sein Erzrivale und größter Konkurrent Bjørnstjerne Bjørnson erklärte, nachdem er Ibsen zum ersten Mal mit Ordensband gesehen hatte: »Ibsen läuft neuerdings mit einem Hundehalsband durch die Gegend.«

Die anwesenden Café-Gäste erhoben sich und applaudierten, wenn das Genie den Saal betrat. Doch Ibsen ignorierte den Applaus, setzte sich und ließ sich jeden Tag dasselbe servieren: ein großes Bier und einen kleinen Schnaps. Es gibt eine Menge Fotos, die ihn auf dem Gang ins Grand Café zeigen, gewandet in Zylinder und schwarzen Gehrock, mit wehendem schlohweißen Backenbart, dazu mit einer Leibesfülle, die den durchaus voluminösen Gehrock fast zu sprengen droht. Und er schaut stolz in die Kamera, mit einer Miene, als wolle er fragen: »Na, habt ihr jemals so etwas Wohlgenährtes wie mich gesehen?« (Was die Frage aufkommen lässt, ob er wirklich in der Lage war, sich in seine schöne Badewanne zu zwängen, besonders breit ist die, trotz aller sonstigen Pracht, nämlich nicht.)

Diese feste Gewohnheit wollte sich das »Komitee zur Beseitigung von Henrik Ibsen« zunutze machen. Es gab nämlich neben Bjørnson noch andere, die mit Ibsens Person nicht einverstanden waren. Gegründet hatten das eigentümliche Komitee Angehörige der Kristiania-Boheme, die sich um die Galionsfiguren Christian Krohg (einer von Norwegens bedeutendsten Malern) und Hans Jæger (dessen »Bibel der Anarchie« in fast ganz Europa eine Art Samisdat-Bestseller war. In den meisten Ländern durfte dieses gefährliche Buch nämlich nicht offen verkauft werden, eine vollständige deutsche Übersetzung erschien erst 1997) scharte. Für sie verkörperte Ibsen wie kein anderer das verhasste Bürgertum mit seiner doppelten Moral, und in ihrer Wut entschlossen sie sich zu einer ganz besonderen Form von Attentat.

Als junger Apotheker in Grimstad hatte der spätere Dichterfürst nämlich das Dienstmädchen seines Prinzipals geschwängert. Die junge Frau, Else Sophie Jensdatter Birkedalen, gab ihn als Kindsvater an, und eines Tages bekam Ibsen einen Brief der zuständigen städtischen Behörden. Ob er die Vaterschaft zugebe und vorschriftsgemäß für seinen Sohn zahlen wolle. Ibsen, der sich schon damals nur ungern festlegte, antwortete, er nehme die Vaterschaft auf sich und werde auch seine finanziellen Pflichten erfüllen, wolle aber auch darauf hinweisen, dass die junge Frau zweifellos auch andere Liebhaber gehabt habe. Dieser kleine Versuch, den Ruf der armen Frau vollends zu ruinieren, half ihm aber nichts. Bis der Sohn, der 1846 geboren wurde und in der Taufe den Namen Hans Jacob Hendrichsen Birkedalen erhielt, mit fünfzehn Jahren konfirmiert wurde, musste Ibsen insgesamt 105 Speziesthaler für ihn herausrücken (zum Vergleich: Jemand, der sich als Fischer auf die Lofoten verdingte, konnte zu dieser Zeit in einer Saison 40 Speziesthaler verdienen). Irgendein Interesse am Wohlergehen des Knaben hat Henrik Ibsen nie gezeigt. Er hatte ihn auch nie gesehen – bis das Komitee zur Beseitigung Henrik Ibsens tätig wurde. Der Sohn muss seinem Vater ungeheuer ähnlich gesehen haben. Da sein Leben ungleich härter verlief als das des Vaters, war er im selben Tempo wie dieser gealtert; wäre nicht des Seniors ungeheure Leibesfülle gewesen, man hätte die beiden miteinander verwechseln können. Das Komitee machte Hans Jacob Hendrichsen Birkedalen, der sein Leben lang als Knecht und Tagelöhner gearbeitet hatte, im Arbeitshaus von Drøbak ausfindig, kleidete ihn wie den Alten ein, mit Zylinder und Gehrock eben, kämmte ihm den Backenbart und paradierte mit ihm auf Karl Johan entlang, in der festen Überzeugung, Ibsen, mit seinem Spiegelbild konfrontiert, werde vor Schreck vom Schlag getroffen werden und entseelt zu Boden sinken – und das beim Uhrenstellen vor der Universität!

Mit dem, was dann passierte, hatte niemand rechnen können: Zum ersten Mal, seit er in die Arbinsgate gezogen war, ließ Ibsen nämlich seinen mittäglichen Spaziergang ausfallen. Aber die Anarchisten wollten sich ihr schönes Attentat nicht verderben lassen und gingen kurzerhand mit dem Doppelgänger in die Arbinsgate. Sie klingelten an der Tür, und wie durch ein Wunder öffnete Ibsen persönlich. Doch er fiel durchaus nicht vor Schreck tot um. Er musterte sein Gegenüber mit fürchterlich gerunzelter Stirn und knurrte: »Ich weiß genau, wer Sie sind. Hier haben Sie zehn Kronen, und lassen Sie sich ja nie wieder bei mir blicken.«

Wenn weiter oben von Ibsens »legitimen« Urenkeln die Rede ist, die sich sehr für die Einrichtung des Museums engagiert haben und weiterhin durch ganz Europa reisen, um die Originaleinrichtung wieder zusammenzubringen, dann sollte vielleicht noch hinzugefügt werden, dass auch der arme Hans Jacob Nachkommen hinterließ. Dass die illegitimen Nachkommen aber niemals irgendein Interesse an irgendeiner Form von Ibsen-Kult gezeigt haben, ist sicher keine große Überraschung.

Als Ibsen in späteren Jahren nach einem Schlaganfall seinen täglichen Spaziergang aufgeben musste, ließ er sich um die Mittagszeit jeden Tag ans Fenster seines Arbeitszimmers bringen und schaute dort in den Tag hinaus. Er war inzwischen fast erblindet und wusste nicht, dass sich auf der Straße immer eine Menschenmenge aus neugierigen Touristen einfand, die ein Blick auf den großen Dichter werfen wollte. Ohne es zu wissen, war er zu Norwegens größter Touristenattraktion geworden, begehrter noch als Wikingerschiffe, Fjorde und das Nordkap.

Und auch heute ist er noch eine Attraktion! Die Übersetzerin Christel Hildebrandt, die schon etliche Ibsen-Stücke neu ins Deutsche übertragen hat und eine Neuübersetzung von *Peer Gynt* (samt magerer Gestalt) vorbereitet, sagt darüber, was an dieser Arbeit so reizvoll sei: »Wenn NorwegerInnen hören, dass ich Stücke von Ibsen übersetze, bekommen sie oft einen ehrfürchtigen Blick und fragen mich, ob es nicht unglaublich schwierig sei, den Meister zu übersetzen. Aber nein, ist dann meine Antwort, Ibsen benutzt so eine wundervolle mündliche Sprache, in der ich mich zu Hause fühle. Der größte Fehler, den man in Bezug auf seine Texte machen kann, wäre, sie auf einen Sockel zu stellen und sprachlos zu bewundern. Nein, Ibsen mit seinen Diskussionen, seinen Schicksalen und seinem Humor gehört ins Leben, auch heute noch.«

Im Ibsen-Museum finden sich neben der Badewanne noch viele andere Erinnerungsstücke, die unser Bild von diesem großen Dichter ergänzen. Ein gerahmter kurzer, handschriftlicher Brief zum Beispiel, von Ibsen geschrieben an »Herrn Theaterdirektor Lavik«. Darin schreibt er kurz und schroff, dass er ja ein berühmter Dichter sei und Anspruch auf viel höhere Tantiemen habe, als Lavik sie zahlen könne, weshalb Herr Lavik in seinem Theater kein Stück von Ibsen aufführen dürfe. Vor diesem unscheinbaren Brief habe ich nun wirklich immer das Gefühl, vom Wind der Weltliteratur umweht zu werden, oder so. Der Theatermann Dore Lavik (1863–1908) lebte zusammen mit der Schauspielerin Marie Andersen (1881–1969). Doch während Ibsen den geizigen Brief schrieb, wurde Marie Andersen für ein Stück von Knut Hamsun engagiert, reiste zu den Proben nach Kristiania, lernte Hamsun kennen und kehrte nie wieder zu Lavik zurück.

52. GRUND

Weil Knut Hamsun Norweger war

Auf Hamsuns Spuren durch Oslo wandern, kann man leider nicht. Und dabei hat er den Satz geschrieben, der in jedem Porträt dieser Stadt unweigerlich auftaucht, die »merkwürdige Stadt, die niemand verlässt, ohne von ihr geprägt worden zu sein«. Damit beginnt Hamsuns erster internationaler Erfolg, der Roman *Hunger* (1890). Aber die Stadtviertel von Kristiania, in der sich der junge Hungerleider Hamsun herumgetrieben hat, wurden in den Jahren nach 1960 plattgemacht, als Kahlschlagsanierung in vielen europäischen Großstädten ganze Innenstadtviertel verwüstete.

Und dann gibt es noch das Problem, dass Hamsun zwar unbestreitbar einer der meistgelesenen und einflussreichsten Autoren der Welt ist, doch leider hat er sich reichlich danebenbenommen. Und das wird ihm in Oslo nicht verziehen, und er wird nicht so geehrt wie Ibsen, den Hamsun übrigens zutiefst verachtete und über den er in seinen Romanen immer wieder mit bissigem Spott herzog. Das »kleine Wesen« (wie Hamsun ihn nannte), auch wenn er laut Augenzeugenberichten ein absolut mieser Charakter war, erscheint seinen Landsleuten heute mehr denn je als heilige Lichtgestalt. Ibsens Widersacher Hamsun dagegen hat in seinen späten Jahren die Nazis unterstützt und gilt deshalb in der guten Gesellschaft bis heute eher nicht als salonfähig. Als genialer Autor aber hat er seine treue Fangemeinde. Man solle die Vergangenheit ruhen lassen und nach dem größten Romancier, den das Land jemals hervorgebracht hat, endlich in der Hauptstadt Oslo eine Straße benennen, sagen die einen, und sie verweisen darauf, dass nicht einmal der böswilligste Hamsunverächter in dessen Werk irgendwelche Hinweise auf die Nazisympathien finden kann. Man solle also Werk und Autor trennen und die Straße sozusagen dem Werk widmen. Nichts da, widerspricht die andere Seite, er hat die Nazis unterstützt und schreckliche Dinge gesagt und getan, nie und nimmer darf so einer eine Straße kriegen. (Dass in anderen norwegischen Orten, die irgendeinen Bezug zu Hamsun haben, wie Narvik, Mo i Rana oder Stokmarknes, durchaus Hamsun-Straßen existieren, wird dabei nicht weiter erwähnt, von Oslo aus gesehen ist alles andere öde Provinz und eben nicht der Rede wert).

Unmittelbar vor Beginn des Jahres 2009, in dem Hamsuns 150. Geburtstag zu feiern war, wurde abermals energisch diskutiert, vielmehr es wurde nicht diskutiert, denn eigentlich sagen alle dasselbe wie eh und je. Und der Kompromissvorschlag, einen Platz in der Nähe des Osloer Hauptbahnhofs nach Hamsun zu benennen, hat die Befürworter nur verdrossen. Dabei spräche einiges für diese Lösung: Just dort spielen große Passagen von Hamsuns erstem großen

Romanerfolg *Hunger* mit seinem so oft zitierten Anfang: Als Oslo noch Kristiania hieß, verortete der junge Hamsun sich politisch auf der extremen Linken und bezeichnete sich als Anarchist, heute ist die Gegend um den Hauptbahnhof sozialer Brennpunkt und immer wieder in der Diskussion. Geht also nicht, findet die Hamsunfraktion, entweder er kriegt eine richtig noble Straße oder man lässt es. Dabei hätte der Hamsun der *Hunger*-Periode mit seinem Hang zu Randgruppen und Rauschmitteln aller Art bestimmt nichts gegen eine solche Benennung gehabt. (Die Sache mit der Anarchie ist übrigens noch nicht erforscht, wieso Hamsun sich dazu bekannte, hat er selbst nie begründet. Immerhin trug er, damals Straßenbahnfahrer in Chicago, als einer der wenigen seiner Kollegen trotz der Drohungen der Bosse nach Hinrichtung der Haymarket-Märtyrer 1886 ein schwarzes Band am Revers.)

An dieser Stelle scheint es nun angebracht, nachzusehen, was Hamsun eigentlich getan, gesagt und geschrieben hat, denn darüber wird interessanterweise längst nicht mehr gesprochen. Die Anti-Hamsunstraßenpartei erklärt nach wie vor, der Mann sei ein schrecklicher Nazi gewesen, nach so einem dürfe man keine Straße benennen, die Pro-Fraktion sagt, im Gegenteil, eigentlich war er gar keiner, und wenn doch, so hat ihn seine Frau dazu verleitet. Die Behauptung, Frau Hamsun sei an allem schuld gewesen, ist allerdings nicht mehr zu halten, seit der Historiker Ingar Sletten Kolloen seine Hamsunbiografie vorgelegt hat, für die er erstmals Einblick in Familienpapiere und bisher gesperrte Gerichtsprotokolle nehmen durfte. Marie Hamsun schwärmte zwar für Hitler und das Dritte Reich, reiste immer wieder auf Vortragstournee dorthin und ließ sich von Goebbels und Göring gleichermaßen hofieren, aber dass Hamsun sich von ihr (oder von irgendeinem anderen Menschen) zu irgendeiner Ansicht hätte verführen lassen, muss einwandfrei ins Reich der Sage verwiesen werden. Ansonsten hat die Diskussion sich verselbstständigt. Der Autor Sverre Henmo, dem es nach eigener Aussage egal ist, ob es in Oslo irgendwann eine Hamsunstraße geben wird oder nicht, sagte bei einer Diskussion auf der Osloer Buchmesse im November 2008, dass offenbar niemandem an Informationen zum Thema gelegen sei. Alle hätten ihre feste Meinung, die sie nicht durch Recherchen ins Wanken bringen wollten. Und immerhin, so denken viele, die sonst nichts weiter über die Angelegenheit wissen, wurde Knut Hamsun nicht wegen Landesverrats verurteilt und verlor sein ganzes Vermögen? Das kann doch nicht ohne Grund geschehen sein.

Nur ist die Sache mit dem Landesverrat und dem Prozess auch so ein Thema, das lieber unter den Tisch gekehrt wird. Denn eigentlich hätte die Sache ganz einfach sein könnten: Die Norwegische Exilregierung in London erließ Ende 1944 etliche Gesetze, nach denen nach der Befreiung Norwegens von der deutschen Besatzung Kollaborateure bestraft werden sollten. Rückwirkend für die ganze Besatzungszeit. Dass es keine Möglichkeit gab, diese Gesetze in Norwegen bekannt zu machen, spielte dabei keine Rolle. Wichtigstes Kriterium für die Bestrafung als Landesverräter war die Mitgliedschaft in der norwegischen Nazipartei. Mit diesem Gesetz hätte die Sache ein Ende haben können, denn Knut Hamsun war nachweislich niemals Mitglied der norwegischen Nazipartei. Nur war er eben der prominenteste Norweger überhaupt, eventuell neben Vidkun Quisling, dem norwegischen Naziführer, der gleich 1945 hingerichtet wurde, als das Bedürfnis nach Rache noch ganz besonders heiß loderte. Doch die wieder eingesetzte norwegische Regierung schien sich nicht ganz wohl dabei zu fühlen, einen in aller Welt bekannten, fast tauben Greis (Hamsun war 1945 immerhin bereits 86) vor Gericht zu stellen, weshalb er erst einmal in die Psychiatrie eingewiesen wurde, wo Hamsun deutlich das Gefühl hatte, er sollte hier auf höchsten Regierungsbefehl für senil und unzurechnungsfähig erklärt werden. Ob er mit diesem Gefühl richtig lag, ist bisher nicht zu beweisen, die entsprechenden Unterlagen sind nämlich noch immer gesperrt. Dass die Psychiater sich alle Mühe gaben, ist jedoch unübersehbar. Was immer Hamsun sagte, wurde gegen ihn verwandt. Auf die Frage, was einen Zwerg und ein Kind unterscheide, antwortete er: »Das Alter«, was als Zeichen für mangelnde Urteilskraft verbucht wurde. Warum ein Mann seine Frau nicht hintergehen solle, fragte der Psychiater. Weil sie dann auf die Idee kommen könnte, nun ihrerseits Seitensprünge zu machen, sagte Hamsun, und schon war er als moralisch verkommen eingestuft. Am Ende befanden die Psychiater auf »dauerhaft geschwächte seelische Fähigkeiten« (was genau das sein mochte wurde nie aufgeklärt). Aufgrund seiner dauerhaft geschwächten seelischen Fähigkeiten wurde er nicht zu einer Gefängnisstrafe verurteilt, sein Vermögen wurde allerdings konfisziert, und Hamsun verbrachte seine letzten Jahre in bitterer Armut. Obwohl seine Anwältin, Sigrid Stray, Antifaschistin mit tadellosem Leumund aus dem norwegischen Widerstandskampf gegen die deutschen Besatzer, beweisen konnte, dass ihr Mandant kein Parteimitglied gewesen war und folglich auch nicht gegen das Gesetz von 1944 verstoßen haben konnte.

Dabei war er ein in aller Welt viel gelesener Autor, dessen Werke immer wieder neu aufgelegt wurden, nur Norwegen bildete von 1945 bis 1950 die große Ausnahme. »Wir waren hamsunsüchtig, so wie man rauschgiftsüchtig sein kann«, das schrieb rückblickend 1956 die deutsche Literaturhistorikerin Friederike Manner. Der Erfolg allerdings hatte sich für Hamsun erst relativ spät eingestellt. Seine ersten, auf eigene Kosten gedruckten Veröffentlichungen, Alm- und Fjorddramen, entstanden unter dem Einfluss der »Bauernerzählungen« des von ihm so verehrten Bjørnstjerne Bjørnson, fanden so gut wie keine Abnehmer. Seinen künstlerischen Durchbruch errang er 1890 mit dem Roman *Hunger*. Zuvor hatte er seinen Stil radikal verändert. *Hunger* weist keine Spuren mehr auf von Alm- und Fjordidylle, der Roman spielt in der Großstadt unter verkrachten Künstlern, die Kritiker sahen darin den »neuen Menschen«, Opfer seiner dekadenten Nerven und des Tempos der modernen Zeit, riefen den Autor zum Genie aus und stellten ihn auf eine Stufe mit Dostojewski. Ein höheres Lob war damals kaum denkbar.

Das Publikum blieb überaus gelassen, verkaufsmäßig war *Hunger* ein Fiasko. Das galt auch für die anderen Romane dieser Periode, von denen neben *Hunger* der bekannteste *Mysterien* ist (in diesem Roman gönnt Hamsun sich übrigens das Vergnügen, auf vielen Seiten Ibsen auf wunderbar formulierte Weise mit Hohn und Spott zu überschütten). Der große Erfolg setzte erst ein, als er, des bohemienhaften Lebens in den großen Städten müde, wie er behauptete, seine Romane abermals auf dem Land ansiedelte und seiner nordnorwegischen Heimat, vor allem seinem Heimatbezirk Nordland, ein literarisches Denkmal setzte. In Nordland spielen Romane wie *Pan, Benoni, Rosa* und *Segen der Erde*, der Roman, der ihm den Nobelpreis einbrachte.

Vor allem der alte Hamsun suchte sich für seine Romane bisweilen andere Schauplätze, (*Die Stadt Segelfoss, Die Weiber am Brunnen* und die *Landstreicher*-Trilogie spielen an der norwegischen Südküste, *Das letzte Kapitel* im Gebirge in der Nähe der ostnorwegischen Stadt Lillehammer), aber das in den Büchern gezeichnete Bild der Welt ändert sich nicht mehr: Die Welt ist schlecht und ungerecht, die Reichen und Mächtigen nutzen ihre Macht und ihren Reichtum gewissenlos aus, und wenn die Armen überleben wollen, müssen sie zu allen Mitteln greifen, die sie überhaupt nur finden können. Die Wahl dieser Mittel wird mit Sympathie beschrieben, zugleich kann das Armeleutekind Hamsun sich zeitlebens bei der Schilderung der Reichen und Mächtigen nicht von Bewunderung und leisem Neid befreien – weshalb die Reichen und Mächtigen eben nicht als negative Karikaturen erscheinen.

Bleibt die Frage, ob man Hamsun als Nazi bezeichnen kann oder nicht. Ein Sympathisant war er jedenfalls. Als Kind hatte er immer wieder schreckliche Geschichten über die Hungersnöte gehört, die während der Napoleonischen Kriege durch die von Großbritannien verhängte Seeblockade in Norwegen wüteten. Später konnte er beobachteten, wie britische Industriemagnaten in Norwegen Fabriken gründeten und Land und Leute rücksichtslos ausbeuteten. Der Kontakt mit irischen Auswanderern in den USA konnte seine Sympathien für das britische Empire dann auch nicht vergrößern. In den USA gelangte er zudem zu der Überzeugung, dass dieses Land sich zu einer imperialistischen, kapitalistischen und militaristischen Hölle entwickeln würde, wenn ihm nicht jemand ordentlich auf die Finger haute. Deutschland dagegen war für Norwegen schon immer das Tor zur Welt. Norwegische Künstler gelangten über Deutschland zu internationalem Ruhm. Deutschland als Land der Dichter und Denker erschien Hamsun (der in seinem Leben keine 300 Tage die Schule besucht hatte) als positiver Gegenentwurf zu allem, was er an den USA verachtete, und fortan hieß er einfach alles gut, was in Deutschland geschah. Ein Land, das gegen Großbritannien und die USA Kriege führt, muss man einfach unterstützen, so – vereinfacht formuliert – war Hamsuns simple Überzeugung. Er hat schreckliche Dinge geschrieben, am schrecklichsten seine Polemiken gegen den im KZ gefolterten Ossietzky. 1934 wurde er gebeten, eine Solidaritätsadresse für Carl von Ossietzky zu unterschreiben. Hamsun weigerte sich, verwies darauf, dass Konzentrationslager schließlich eine britische Erfindung seien, und »wenn die (deutsche) Regierung sich veranlasst gesehen hat, Konzentrationslager einzurichten, dann sollten Sie und alle Welt begreifen, dass das seine guten Gründe hat.«

Wobei zugegeben werden muss, dass die maßgeblichen norwegischen Zeitungen eher Hamsuns Ansicht teilten, wie sie überhaupt bis Kriegsbeginn erschreckend deutschland- bzw. hitlerfreundliche Standpunkte vertraten. Hamsun erklärte schon früh seine Unterstützung für Quisling; 1936 veröffentlichte er in der Zeitung *Fritt Folk* (»Freies Volk«), dem Zentralorgan der norwegischen Nazipartei, einen Wahlaufruf, in dem es über Quisling hieß: »Wenn ich zehn Stimmen hätte, dann würde er sie alle bekommen. Sein fester Charakter und sein unbeugsamer Wille tun uns gut in diesen Zeiten.«

Er rief nach der Besetzung seine Landsleute auf, den deutschen Besatzern keinen Widerstand zu leisten, die Deutschen seien ja doch unbesiegbar, und Widerstand werde nur zu schrecklichen Strafaktionen führen. Er fand es lobenswert, dass seine Söhne sich freiwillig an die Ostfront meldeten, und er scheint keinerlei Versuch unternommen zu haben, seine Frau Marie von ihren Propagandareisen ins Reich abzuhalten (wobei man allerdings zugeben muss, dass die Ehe inzwischen zu einem solchen Fiasko geworden war, dass er erleichtert aufatmete, wann immer Marie das Haus verließ). Und er hat Hitler, der Hamsuns Werke sehr schätzte, persönlich besucht! Der Besuch endet allerdings katastrophal. Hamsun wollte die Gelegenheit nutzen, um sich über das Vorgehen der Besatzungsbehörden in Norwegen zu beschweren und die Ablösung des allgemein verhassten Reichskommissars Terboven zu verlangen. Was Hitler so verärgerte, dass er den Besuch vorzeitig abbrach.

Hamsun hat sich zudem immer wieder für norwegische Widerständler eingesetzt, denen Verhaftung oder sogar Hinrichtung drohten. Er hat dem deutschen Verlagsmann Max Tau die lebensrettende Einreiseerlaubnis nach Norwegen besorgt. Auch für seine Anwältin, die wegen ihrer Aktivitäten im norwegischen Widerstand inhaftiert worden war, setzte er sich ein und konnte ihre Freilassung erwirken. Weshalb es für die Anwältin Sigrid Stray gleich nach ihrer Rückkehr aus dem schwedischen Exil im Sommer 1945 ganz selbstverständlich war, ihren alten Mandanten aufzusuchen und seine Verteidigung zu übernehmen.

Seine Schandtaten wiegen noch heute so schwer, dass in Norwegens Hauptstadt, die er beschrieben hat wie kein Zweiter, keine Straße nach ihm benannt werden darf. Ob man dazu nun eine Meinung hat oder nicht – eins steht fest und lässt sich aus seinen Schriften problemlos belegen: Knut Hamsun, der sich nicht einmal von seinem Nobelpreis übermäßig beeindrucken ließ, sondern gereizt reagierte, als Frau Marie ihn mit der freudigen Nachricht beim Frühstück störte, hätte über diese ganze Debatte vermutlich mit den Schultern gezuckt. Um dann in einem wunderbaren Roman die Leute, die sich über Dichternamen für Straßen gegenseitig zumindest verbal die Köpfe einschlagen, so lächerlich zu machen, wie er das so gern mit Dichtern von der Art des kleinen Wesens Ibsen machte.

Und wenn man auch in Oslo nicht auf seinen Spuren wandeln kann, so hat er doch an vielen anderen Orten seine Spuren hinterlassen. Geboren wurde er in Lom in Gudbrandsdalen, wo das Haus seiner Familie noch heute zu sehen ist. Er war aber erst drei Jahre alt, als seine Eltern den Hof Hamsund auf Hamarøy im Bezirk Nordland übernahmen. Nach diesem Hof nannte er sich dann später, im Taufregister von Lom steht er noch als Knut Pedersen (nach der alten Sitte, Kindern einfach den Vornamen des Vaters als Nachnamen zu geben), er kehrte zurück nach Gudbrandsdalen, lebte in Kristiania und Kopenhagen, verbrachte einige Jahre in den USA, kaufte dann einen Hof auf Hamarøy und ließ sich endlich in Grimstad an der Südküste nieder. Der Hof Nørholm in Grimstad, der auf vielen Hamsunfotos den prachtvollen Hintergrund bildet, ist von der Straße her gut zu sehen, kann aber nicht besichtigt werden, dort lebt ein Hamsunenkel mit seiner Familie. Ein Hamsunsmuseum gibt es auf Hamarøy, dort findet jedes Jahr ein Hamsunfestival statt, und ganz in der Nähe, auf Kjerringøy, gibt es eine komplett erhaltene Handelsniederlassung aus dem 19. Jahrhundert. Dort verbrachte der junge Knut einige trostlose Lehrjahre und stellte fest, dass er zum Kaufmann nicht geeignet sei. Unsterblich gemacht hat er den Handelsposten samt dem allmächtigen Kaufherrn Zahle dann als Sirilund, wo in seinen Romanen wie *Benoni* oder *Pan* der allmächtige Kaufmann Mack die Geschicke aller lenkt.

53. GRUND

Weil es in Norwegen ganz besondere Hotels gibt

Das mit den Hotels ist nicht ganz leicht in Norwegen. Es gibt eigentlich erstaunlich wenige privat geführte Hotels, kleine, urige Übernachtungshäuser, wo man abends etwas zu essen bekommt und mit den Wirtsleuten ins Gespräch kommt. Und wenn man eins gefunden hat und möchte im nächsten Jahr wieder hin, oder es reisenden Freunden erzählen, dann ist oft das Hotel verschwunden, steht leer oder zum Verkauf oder wurde von einer Hotelkette übernommen. Es ist sehr schwer, in Norwegen ein Hotel zu betreiben, zu Preisen, die auch für Reisende aus dem Ausland bezahlbar sind. Und die braucht man. Norweger reisen nicht so viel im eigenen Land, so viele Familien haben ihr Ferienhaus (die berühmte »Hütte«) am Meer oder in den Bergen, wohlhabende haben oft zwei, was sollen sie da im Hotel? Besser Hotelkette als gar kein Hotel, denken die Reisenden, aber individuell ist es dann ja nicht mehr. Einen guten Rat weiß ich auch nicht, leider. Entdeckungen weiterempfehlen, in der Hoffnung, dass sie sich halten können. Aber zum Trost, hier kommt ein Hotel, das schon fünfundzwanzig Jahre überlebt und sicher auch weiter überleben wird, sozusagen im Windschatten von Knut Hamsun. Edvardas Hus steht im Norden der Insel Hamarøy im Dorf Tranøy. Das malerische Holzhaus ist über hundertfünfzig Jahre alt und war ursprünglich der Dorfladen – und hier arbeitete der junge Knut Hamsun und fand alles ganz schrecklich. Den heutigen Gästen geht es ganz anders. Alle Zimmer sind gemütlich und sehr individuell eingerichtet, es gibt eine Bibliothek und einen Aufenthaltsraum, und sogar ein Arbeitszimmer, falls jemand länger bleiben und vielleicht ein Buch verfassen möchte, sozusagen auf den Spuren von Knut Hamsun. Die Betreiber sagen ganz deutlich, dass sie am liebsten solche Gäste haben, und wenn jemand länger bleibt, lassen sie gern über den Zimmerpreis mit sich reden. (Sie möchten aber nicht verraten, wie viele Schriftsteller schon bei ihnen logiert haben, um ein Buch zu schreiben. Das ist eigentlich beruhigend. Ich träume immer von einem längeren Aufenthalt dort, und wenn mein Buchprojekt im Fiasko endet, brauche ich mir wenigstens keine Sorge zu machen, dass diese Blamage sich herumspricht.) Wer nicht übernachten will oder es sich einfach nicht leisten kann, sollte trotzdem vorbeischauen. Das Wissen, dass Knut Hamsun hier bitter sich und seinen Prinzipal verflucht hat, gibt dem Haus eine ganz besondere Atmosphäre, und ein Stück Kuchen oder eine Fischsuppe kann man sich eigentlich meistens doch leisten.

Das Besondere an Edvardas Haus ist, dass es keine feste Speisekarte gibt, das Menü wird jeden Tag neu zusammengestellt, davon abhängig, was gerade zu haben ist und was zur jeweiligen Saison richtig gut schmeckt. Fisch, natürlich, spielt dabei die Hauptrolle. Das ist gar nicht selbstverständlich da oben in Nordland, oft ist man unterwegs furchtbar enttäuscht, wenn es in den Gaststätten am Wegesrand wieder nur Pizza oder Schnitzel mit Pommes gibt. Die Einheimischen finden das aber gut. Frische Fische aller Art können sie sich schließlich aus dem Meer holen, wann immer sie wollen. Ein Wort noch zum Namen: Edvarda ist die Femme fatale in mehreren Romanen von Hamsun (in *Pan* zum Beispiel), die die Männer reihenweise ins Verderben stürzt und bei der um die Ecke immer schon der nächste Liebhaber steht. Ein schöner Name für ein schönes Haus also. Es ist wunderbar ruhig, das ist auch wichtig, es gibt in den allgemeinen Räumen keine Hintergrundmusik, es gibt nirgendwo einen Fernseher – wohl aber Internetzugang, dem Arbeiten steht also nichts im Wege, außer dem guten Essen und den feinen Weinen und – möglicherweise – einer Liebesaffäre von Hamsunscher Dramatik.

54. GRUND

Weil es in Norwegen das einzige Hotel mit eigener Hotelkapelle gibt

Und zwar auf der Insel Tysnes, die vor Bergen gelegen ist und zum Fylke Hordaland gehört. Dort steht der Hof Haaheim, der heute als Hotel betrieben wird – aber es kommen nicht nur Gäste zum Wohnen hin, der riesige Garten mit mehr als fünfzehnhundert Rosen lockt allerlei Blumenfreunde. Torstein Hatlevik, der Hotelier (der sich aber lieber »Hausvater« nennt, das Wort »Hoteldirektor« klingt ihm zu bürokratisch, wie er sagt), wollte »einen Ort schaffen, der die Gäste aus dem Alltag in eine Welt hebt, von der sie vorher nichts gewusst haben«. Er hat den alten Hof im Jahre 2000 übernommen und hält also schon sehr lange durch. Nicht nur die Rosen und die Speisekarte – die aus Produkten aus der Umgebung zusammengestellt und täglich neu gestaltet wird – ziehen die Gäste an. Es kommen viele, die einfach ihre Ruhe möchten – und zum Ruhe finden ist der Rosengarten mit seinen vielen Winkeln und Nischen doch wie geschaffen. Man kann sich sogar darin verirren, das ist dann eher beunruhigend, aber als guter Hausvater macht sich Torstein Hatlevik dann doch irgendwann auf die Suche nach den verschwundenen Schutzbefohlenen. Außer dem Rosengarten gibt es einen Küchengarten, dessen Produkte dann auf der Speisekarte landen – es wird natürlich nicht so gern gesehen, dass sich die Gäste auch hier verirren und am Ende ein seltenes Gewürz zertrampeln, aber der Duft der Kräuter begleitet uns auf allen Spaziergängen auf dem Hotelgelände, sowie wir uns aus der unmittelbaren Nähe der Rosen entfernen. Wenn die Gäste noch mehr Ruhe wünschen, dann hat Haaheim eine einzigartige Attraktion zu bieten: eine Hotelkapelle, die der Hausvater 2012 erbauen ließ. Er will noch daran arbeiten, zum Beispiel die Decke mit Fresken versehen lassen. Dort gibt es manchmal auch Musik, ebenfalls vom Hausvater beigesteuert. Torstein Hatlevik hat nämlich sechs Jahre am Royal Northern College of Music in Manchester studiert, ist ausgebildeter Messingbläser und legt seinen Schwerpunkt auf frühe Musik. In der Kapelle singt er für die Gäste, alte religiöse Volkslieder, Kirchenlieder und gregorianische Choräle. Die Frage liegt nahe, ob zu der hoteleigenen Kapelle auch ein hoteleigener Pastor gehört – so weit sind wir aber doch noch nicht, sagt der Hausvater. Die Kapelle ist auch gar nicht geweiht und besondere Pläne dazu bestehen auch nicht, sie soll ein Ort für alle sein, die Ruhe suchen, egal, wie sie's mit der Religion halten. In dringenden seelsorgerischen Fällen helfen natürlich gern die Pastoren der lutherischen Inselkirchen aus – und das ist schließlich beruhigend zu wissen. Tysnes ist übrigens geradezu prädestiniert für eine Hotelkapelle oder andere Heiligtümer. Kaum eine Gegend in Norwegen weist so viele Ortsnamen auf, die mit den alten Göttern zu tun haben, der Name Tysnes erinnert an den Kriegsgott Tyr. Und mehr noch – auch die Sonne, egal, welche Gottheiten in der Steinzeit dafür zuständig waren – muss Tysnes besonders geliebt haben. Viermal im Jahr fallen Sonnenstrahlen direkt auf einen großen Felshaufen mitten auf der Insel. Zur Wintersonnenwende kommt die Sonne zwanzig Minuten nach Sonnenuntergang noch einmal zurück und scheint für sieben Minuten durch einen schmalen Felsspalt direkt auf den Felshaufen, während die gesamte Umgebung im tiefen Schatten liegt. Dasselbe wiederholt sich bei der Sommersonnenwende und bei den Tag-und-Nacht-Gleichen im Frühjahr und Herbst. Bei Ausgrabungen in der Geröllhalde wurden Kohlen und verbrannte Knochen gefunden. Sofort denken die Forscher natürlich an Menschenopfer, aber das wird dann doch zu gruselig. Lieber genießen wir die sieben Minuten Sondersonne und suchen dann Zuflucht in der Kapelle, wo der Hausvater uns ein tröstliches Lied vorsingt!

55. GRUND

Weil in Norwegen Dinge erfunden worden sind, die wir jeden Tag benutzen

Norwegische Erfindungen? Klar, sagen alle, Skier. Und das ist sicher richtig so, denn zumindest archäologische Untersuchungen weisen darauf hin, dass die Skier tatsächlich erstmals vor Jahrtausenden auf dem Gebiet des heutigen Norwegen verwendet worden sind. Aber damals gab es keinen norwegischen Staat und kein Patentamt, juristischen Anspruch auf Erfindung und Urheberschaft kann Norwegen also nicht erheben. In Norwegen wird offenbar nicht schrecklich viel erfunden. Daniel Düsentrieb ist einwandfrei kein Norweger! Tatsächlich gibt es zwei Patente, die an norwegische Erfindungen vergeben worden sind. Aber was für Erfindungen! Der eine ist der Käsehobel, Sie wissen schon, so ein kleines Dings mit einem Schlitz in der Mitte, mit dem man noch den klebrigsten Ziegenkäse in hauchdünne Scheibchen schneiden kann. Zuerst habe ich so einen Käsehobel in Island gesehen und hielt ihn voller Bewunderung für ein uraltes wikingisches Gerät. Aber nix, das Teil ist noch keine hundert Jahre alt. Den ersten Käsehobel konstruierte der Schreinermeister Thor Bjørklund aus Lillehammer. Er ließ seine Erfindung am 27. Februar 1925 patentieren. Seine Firma Thor Bjørklund og Sønner AS hat nach eigener Auskunft seit 1927 (als die erste Käsehobelfabrik in Lillehammer die Produktion aufnahm) über fünfzig Millionen Käsehobel hergestellt! Der derzeit wohl prominenteste Besitzer eines norwegischen Käsehobels ist Neil Young! Nach einem Auftritt in Larvik im Juli 2016 bat der Sänger um ein Andenken an diese Stadt, aber nicht einmal in der Touristinfo gab es welche. Aus einem Haushaltswarenladen wurde schließlich ein Käsehobel geholt, in den der Namenszug »Larvik« eingraviert ist. Der Lokalzeitung *Østlandsposten* zufolge ist Neil Young überaus zufrieden mit diesem schönen und nützlichen Souvenir!

Die andere norwegische Erfindung ist die Büroklammer. Wobei sich die Gelehrten streiten, wer sie denn nun erfunden hat. Fest steht aber, dass Johan Vaaler (der sich später nach seinem Geburtsort Aurskog nannte) aus Kristiania am 12. November 1899 ein Patent auf eine Büroklammer beantragte und auch erhielt. Im Zweiten Weltkrieg wurde die Büroklammer in Norwegen zu einer Art politischem Manifest, wer eine am Revers trug, zeigte damit seinen Widerstand gegen die Besatzung durch die deutsche Wehrmacht. Zum hundertsten Jahrestag des Patentantrags 1999 ehrte die norwegische Post den Erfinder mit einer Sondermarke, auf der natürlich eine Büroklammer abgebildet ist. Im Osloer Stadtteil Nydalen steht auf dem Gelände der Handelshochschule ein Denkmal in Form einer riesigen Büroklammer. Das soll aber nicht so sehr an den Erfinder Johan Vaaler erinnern, sondern norwegischen Geschäftsgeist so ganz allgemein preisen. Ein Käsehobeldenkmal gibt es leider in ganz Norwegen nicht.

56. GRUND

**Weil kleine Gemeinden in Norwegen
ihren ganz besonderen Charme haben**

Natürlich haben kleine Gemeinden überall ihren ganz besonderen Charme, aber in Norwegen gibt es eben so viele davon. Im Frühjahr 2016 haben norwegische Gemeinderäte diese Liste aufgestellt und fröhlich im Internet verbreitet. Sie sagen allerdings nichts von Charme, sondern drücken sich sehr bürokratisch und nüchtern aus, realistisch eben. Woran erkennt man also, dass Sie aus einem norwegischen Dorf kommen? Auf diese Frage werden zehn Antworten geliefert. Und zwar: 1. Alle im Dorf haben Sie schon mal nackt gesehen. 2. Der Busfahrer klingelt an der Tür und fragt, ob Sie bald kommen. 3. Wenn Ihnen neue Leute beggegnen, fragen Sie immer zuerst, wer deren Eltern sind. 4. Sie sind manchmal schon 300 Kilometer gefahren, nur um irgendwo einen zu trinken. 5. Die Polizei fischt Sie aus dem Straßengraben und ruft sofort Ihre Eltern an. 6. Sie wollen einmal um das Dorf joggen, und mindestens fünf Autos halten an und wollen Sie mitnehmen. 7. Wenn Sie nach Hause kommen, sitzt immer irgendein Besuch in der Küche und trinkt Kaffee. 8. Sie halten einen Traktor für das passende Konfirmationsgeschenk für Ihren Sohn. 9. Sie kaufen alles, was Sie brauchen, an der Tankstelle. 10. Wenn jemand mit einer weißen Plastikkanne gesehen wird, bedeutet das: Da steigt gleich eine Party.

Überzeugend, nicht? Und die Punkte 4 und 10 sind wirklich typisch norwegisch. In der weißen Plastikkanne ist heimgebrannter Schnaps, aber wenn Sie schon einmal in einem norwegischen Dorf Urlaub gemacht haben, wissen Sie das natürlich!

KAPITEL 8
EIN BLICK IN DIE LOKALPOLITIK

57. GRUND

Weil in Norwegen Gemeinderäte dichten

Das tun sie leider nicht jeden Tag, aber wenn, dann kommen sie in die Zeitung, und wer gern in norwegischen Lokalzeitungen stöbert, stößt auf poetische Perlen. Diese stammt von der Gemeinderätin Sig Tove Aasen aus Iveland. Dieser Ort liegt 40 Kilometer von Kristiansand entfernt, hat 1.320 Einwohner, und der größte Arbeitgeber am Ort ist der Mineralwasserkonzern Voss. Aus Iveland stammte der Ingenieur Olaus Thortveit, der 1911 das seltene und nach ihm benannte Mineral Thortveitit entdeckte. Hier also das Gedicht, wobei Sig Tove Aasen versichert, dass leider nicht auf jeder Gemeinderatssitzung gedichtet wird.

Jetzt wollen wir es wirklich wagen,
wir Menschen hier in Indre Agder,
von der Hochebene bis zum Otre-Strand
sind wir Menschen aus einem Land.
Kultur ist Schaffen, und schaffen können wir,
so viele harte Schlachten haben wir gewonnen,
in Wort und Rede eine Geschwisterschar,
in Stimmung und Wesen einander nah.
Was durch Jahrhunderte geschmiedet wurde,
was geklungen und verkündet und weitergetragen wurde,
hier bei uns seit der Zeit unserer Ahnen,
das wollen wir veredeln in neuen Bahnen.
Es sind die kostbaren alten Werke:
Zusammenhalt bringt uns allen Stärke.
Ein einiger Teil im Vaterland
schenkt Kraft dem Wort und der lenkenden Hand.
Wir besitzen ihn alle, diesen Heimatsinn,
und jetzt ist der Tag und der Stunde Beginn,

um Grenzen zu sprengen und breit zu bauen,
um mit ganz Indre Agder in die Zukunft zu schauen.

(Die Nachdichtung wird der poetischen Wucht des Originals natürlich gar nicht gerecht, aber wir verstehen schon, warum Gemeinderatssitzungen in Norwegen eine besondere Inspiration sind).

58. GRUND

Weil Bergen eine Schurkenstadt ist

Um das mal ganz klarzustellen: Bergen ist eine wunderschöne Stadt, ich bin sehr gern in Bergen! Bergen liegt an der norwegischen Westküste und ist umgeben von sieben Bergen. Der Ulriken und der Fløyen sind mit einer Art Straßenbahn (Standseilbahn, um den korrekten Ausdruck zu benutzen) zu erreichen – und oben kann man ein Bier trinken und den atemberaubenden Ausblick genießen. Aus Bergen stammen unter anderem die grandiose Autorin Amalie Skram und der auch in Deutschland viel gelesene Krimiautor Gunnar Staalesen. Und der schildert in seinen Romanen um den Privatdetektiv Varg Veum die kriminelle Energie in der Stadt aufs Überzeugendste. Bergen ist ungefähr tausend Jahre alt, noch im 19. Jahrhundert war es so groß wie Christiania. Die Reise von einer Stadt in die andere dauerte ewig, entweder um die ganze endlos lange norwegische Küste, oder in mühseligen Tagesetappen über das Gebirge. Folglich war der Kontakt nicht immer sonderlich eng, und Bergen orientierte sich eher nach England, Island, Deutschland, übers Meer eben. Noch heute kommt es vor, dass Leute aus Bergen voller Überzeugung erklären: »Ich bin kein Norweger, ich bin Bergenser.«

Bergen macht in seiner Tourismuswerbung viel Gewese darum, dass sie eine Hansestadt waren. Aber nix da! Die historischen

Unterlagen belegen ganz klar, dass Bergen – also die Stadtväter von Bergen – immer wieder versuchten, in die Hanse aufgenommen zu werden. Bergen war ein wichtiger Handelsstützpunkt, hanseatische Kaufleute richteten dort Kontore ein (noch heute zu besichtigen die »Deutsche Brücke« – Tyske Bryggen – im alten Teil des Hafens). Bergen bekam eine Art Bewerberstatus, so ungefähr wie die Hangarounds bei den Hell's Angels. Aber jedesmal, wenn über neue Aufnahmen in den hanseatischen Städtebund entschieden werden sollte, wurde beschlossen, Bergen erfülle noch nicht alle Bedingungen. So vergingen die Jahrhunderte, und die Hanse verlor ihre Bedeutung, und das war's. Die Historiker sind wie üblich uneins, was der Grund für die immer neue Ablehnung war – aber da die Hanse von ihren Kaufleuten Ordnung in der Buchführung und finanzielle Redlichkeit verlangte, liegt die Antwort doch auf der Hand. Bei allen Besuchen in Bergen stelle ich fest, dass die Bergenser vielleicht ein bisschen zu geschäftstüchtig sind. Dies ist eine wahre Geschichte. Erlebt bei den Festspielen, die es jeden Frühling in Bergen gibt, Theater, Literatur, Musik.

Alle Beteiligten wurden in einem Hotel untergebracht, und in den Pausen trafen wir uns im Hotelcafé, und um nicht jeden Kaffee einzeln zu bezahlen, wurde alles aufs Zimmer gesetzt. Jedes Mal musste man eine Quittung unterschreiben. Am Abreisetag war dann ein ziemlicher Stapel zusammengekommen. Die Frau an der Hotelrezeption ging die Quittungen durch, zählte alles zusammen und verlangte eine überraschend hohe Summe. Aber wir waren ja in Norwegen, da kostet eben alles ein bisschen mehr.

Nur fiel mein Blick dann auf die eine Quittung, und die Unterschrift kam mir sehr fremd vor. Soooo betrunken waren wir doch nicht, dass wir nicht mal mehr leserlich schreiben konnten? Ich schnappte mir die Quittung. Es handelte sich um ein Essen mit viel Wein, für über 2.000 Kronen (selbst in Norwegen ganz schön viel Geld), ausgestellt einen Tag, ehe wir in Bergen angekommen waren.

In jedem anderen Hotel an jedem anderen Ort der Welt wäre die Rezeptionistin jetzt leichenblass geworden, hätte beteuert, wie peinlich ihr das doch sei, und gefragt, was wir auf den Schock hin denn auf Kosten des Hauses trinken wollten. In Bergen zuckte sie mit den Schultern, sagte, »na gut« und legte die Quittung wieder in die Schublade (in der Hoffnung auf weniger aufmerksame Gäste?).

Das mit den über 2.000 Kronen ist schon extrem, aber Erlebnisse, bei denen es um kleinere Beträge geht, hat man in Bergen dauernd. Das ändert nichts an den Schönheiten dieser an Sehenswürdigkeiten so reichen Stadt – aber eben, aufgepasst. Bergen ist Norwegens Schurkenstadt, und das ist ja auch schon wieder wunderbar. 1392 segelte Klaus Störtebeker mit seinen Likedeelern in den Hafen von Bergen. Sie blieben nicht lange, sondern legten kurz die halbe Stadt in Schutt und Asche und steckten alles ein, was ihnen als wertvoll erschien. Die Historiker suchen die Erklärung für diesen Überfall in Rivalitäten zwischen einzelnen Hansestädten und ihren kaufmännischen Interessen und den Fürsten, die lieber Krieg führen wollten als zu handeln. Aber der kurze Verbleib der Vitalienbrüder in Bergen legt eine andere Deutung nahe: Sie wollten vermutlich einfach in Ruhe einen Becher Met trinken, aber dann wurde die Rechnung vorgelegt!

59. GRUND

Weil es bei Bergen einen Trollhügel gibt

Der Trollhügel, norwegisch Troldhaugen (das ist die alte, noch dänisch inspirierte Schreibweise! Im heutigen Norwegen wäre es Trollhaugen), befindet sich in der Nähe von Bergen, in Fantoft. Da gibt es auch eine sehenswerte Stabkirche, ein Beweis dafür, dass nicht nur Trolle hier in der Gegend eine besondere Atmosphäre gespürt haben. Der Hügel hatte lange keinen Namen, es gab nur das Trolltal, Trolldalen. Dort baute sich also 1885 ein Ehepaar aus Bergen ein Haus, das heute ein berühmtes Museum ist. Der Hausherr schlug prosaische Namen vor, »Felskuppe« oder »Klub«, die Hausherrin verwies auf das Trolltal und war für Trollhügel. Und so kam es, und dabei blieb es. Heute ist es schwer, sich vorzustellen, wie verwunschen und zaubrisch das Trolltal damals gewesen sein muss, die Umgebung ist zugebaut, und die Schnellstraße zu Bergens Flughafen Flesland führt hier vorbei. Doch sowie man Nina Griegs Haus betritt, fühlt man sich in der Zeit zurückversetzt, und wenn man dann ihre vielen Bilder mit den berühmten Lachgrübchen sieht, könnte sie jeden Moment eintreten und die Besucherin zu einem Glas Wein einladen. Am Eingang steht übrigens, das hier sei das Haus des Komponisten Edvard Grieg, so, als sei Nina nur ein Anhängsel des heute berühmteren Gatten gewesen, aber so war das nicht. Es ist einwandfrei ihr Haus, und in den ersten Jahrzehnten stand auf dem Schild zumindest: »Das Haus von Nina und Edvard Grieg.« Und eigentlich sollten alle, die das Haus besuchen, danach mit einer Eintragung im Gästebuch fordern, Nina wieder aufs Schild zu setzen.

Nina Hagerup wurde 1845 in Bergen geboren, ihr Vater war Kaufmann, die Mutter eine dänische Theaterdirektorin. Die Hagerups sind ein alteingesessenes Bergenser Kaufmannsgeschlecht, aber der Name Hagerup ist auch der vieler künstlerischer Genies, wie Inger Hagerup, die als eine der größten norwegischen Lyrikerinnen des 20. Jahrhunderts gilt, oder ihr Sohn Klaus, der auch in deutscher Übersetzung viel gelesene Jugendbuchautor. Ninas Tante Gesine Hagerup hatte ebenfalls künstlerische Ambitionen, sie wurde Klavierlehrerin, und zwar auf so hohem Niveau, dass sie sich »Musikpädagogin« nennen durfte. Sie heiratete den Bergenser Kaufmann Alexander Grieg – und deren Sohn Edvard verliebte sich dann in seine zwei Jahre jüngere Kusine Nina. Die Griegs waren entsetzt, die Tochter einer dänischen Theaterfrau sei ja wohl keine passende Partie für ihren kostbaren Edvard, und von diesem Urteil wichen sie dann auch nicht mehr ab. Die beiden heirateten trotzdem, und 1868, ein Jahr nach der Hochzeit, wurde die Tochter Alexandra geboren. 1869 starb Alexandra, aus einem Brief von Edvard wissen wir, dass Nina wieder schwanger war, dann wird diese Schwangerschaft nie wieder erwähnt, auch von Nina nicht, ihre Biografinnen vermuten, dass der Schock über Alexandras Tod zu einer Fehlgeburt führte, und weitere Kinder kamen nicht. Das kann an der engen Verwandtschaft von Nina und Edvard gelegen haben, oder daran, dass Edvard es als Student in Leipzig zu toll getrieben hatte und nun unter den Spätfolgen einer Geschlechtskrankheit litt, wir wissen es nicht. Jedenfalls konnte Nina, die offenbar eine hervorragende Pianistin war und noch dazu eine hinreißende Sängerin, sich nun ihrer Karriere widmen. Oder Edvards. Die beiden tourten durch ganz Europa, Nina trug die Lieder ihres Mannes vor, oft saß er dabei am Klavier, und so kam er dann langsam zu Ruhm. Der ewig übellaunige Dichter Ibsen, der Grieg als Person überhaupt nicht leiden konnte und der Griegs – heute berühmte – Musik zu *Peer Gynt* grottenschlecht fand, sagte, seit er Frau Griegs Gesang gehört habe, könne er Herrn Grieg ja doch vieles verzeihen. Die Presse sah das ähnlich, eine Londoner Konzertkritik schildert den Auftritt der genialen norwegischen Sängerin, dass ihre Lieder von ihrem Gatten stammten, wird nebenbei eingestreut, Grieg am Klavier wirkt wie eine Art Hutzelmännchen, das Nina aus purer Güte mit auftreten lässt. Grieg steht in der norwegischen Musikgeschichte allein da, er hat keine Nachfolger gefunden und keine Schule begründet. Ninas Einfluss ist, das behaupten Musikhistoriker, noch heute spürbar. Ihr Gesangsstil, beschrieben als »lebhaftes dramatisches Rezitativ«, wurde von ihren Gesangsschülerinnen und von deren Schülerinnen immer an die nächste Generation norwegischer Sängerinnen weitergereicht. Wir können das nur glauben und tun es gern. Nina hat im Alter zwei Lieder auf Wachszylinder gesungen, die Qualität ist aber so schlecht, dass wir nur vor Ehrfurcht eine Gänsehaut kriegen können, weil wir wirklich Nina Grieg hören, aber ein Kunstgenuss ist es nicht. Edvard nun wieder schätzte selbstständige Frauen so wenig wie sein Erzfeind Ibsen, deshalb war die Ehe nicht immer glücklich. Aber aus Ninas Briefen an ihre Freundinnen wissen wir, dass sie ihren Edvard sehr geliebt hat und furchtbar unglücklich war, als herauskam, dass er sie mit der Malerin Leis Schjelderup (1856–1933) betrog, er hatte offenbar kurzfristig sogar vor, Nina zu verlassen und zu Leis nach Paris zu ziehen. Aber ihm ist wohl aufgegangen, dass er sozusagen vom Regen in die Traufe kommen würde, Leis Schjelderup wäre durchaus nicht gewillt gewesen, künstlerisch kürzerzutreten, um das Heimchen am Herd zu werden, das Edvard sich offenbar wünschte. Sie hat in der Zeit ihrer Affäre ein berühmtes Porträt von Grieg gemalt, nach der Trennung wollte sie es nie mehr ausstellen, heute ist es im Kunstmuseum Bergen Billedgalleri zu sehen.

Also, Edvard kehrte zu Nina zurück, aber das ruhige Alter in Troldhaugen, das sie sich vorgestellt hatte, war ihnen nicht beschieden. Edvard, der sich aus Leipzig ein immer wieder aufflammendes Lungenleiden mitgebracht hatte, starb schon 1907. Bestimmt hat Nina ihren Edvard vermisst, aber auf den Fotos ist sie wie ausgewechselt. Auf den zur Zeit der Ehe entstandenen sieht sie ernst und oft ein wenig verängstigt aus, auf den späteren lacht sie, lächelt, ist immer umgeben von fröhlichen Freundinnen. Sie lebte zunächst weiter in Troldhaugen, ihre Schwester Tonny zog zu ihr, dann auch zwei Schwestern von Edvard, die blieben aber nur ein Jahr. Sie fanden offenbar noch immer, die Tochter der Theaterfrau sei keine passende Partie für den kostbaren Edvard gewesen, und nun konnte Nina als Hausherrin ja selbst bestimmen, wen sie bei sich halten wollte. Nach dem Ersten Weltkrieg musste sie ihr Haus dann allerdings verkaufen, Edvard hatte fast sein gesamtes Vermögen in deutschen Staatspapieren angelegt, die vor dem Krieg als absolut sicher galten und danach nichts mehr wert waren. Edvards Vetter Joachim Grieg kaufte Troldhaugen, sein Sohn wollte das nun altmodisch wirkende Haus abreißen lassen und den Boden dann verkaufen, aber die Stadt Bergen griff ein, kaufte Haus und Grundstück und richtete es als Museum für Nina und Edvard Grieg ein. Die Einrichtung, die Erinnerungsstücke, alles ist so, wie Nina es damals angeschafft hat. Neu sind nur die sanitären Anlagen – die hätte Nina im Alter gern modernisieren lassen, aber dazu fehlte ihr das Geld. Sie verbrachte ihre letzten Jahre in Kopenhagen, doch nach ihrem Tod am 9. Dezember 1935 kehrte sie dann doch heim nach Troldhaugen. Die Urne mit ihrer Asche wurde dort im Garten in einer Felsengrotte beigesetzt, neben der von Edvard. Troldhaugen ist ein Erlebnis, vor allem, weil Nina Grieg allgegenwärtig ist, überall lächelt sie uns von Altersbildern her mit ihren umwerfenden Grübchen an, es ist unmöglich, Troldhaugen nicht zu besuchen und nicht noch Tage später guter Laune zu sein. Und man hat Griegs Musik im Kopf, im Sommer gibt es jeden Mittag Konzerte dort, oft ist der Eintritt sogar gratis.

60. GRUND

Weil norwegische Trachten so schön bunt sind

Norwegen ist ein Trachtenland, das sehen wir an jedem Nationalfeiertag, oder überhaupt an Feiertagen und bei Abiturfeiern und bei allen möglichen Gelegenheiten. Dabei schien Norwegen bis vor Kurzem die Faustregel der Trachtenforschung zu widerlegen: dass es mit den Trachten bergab geht und die Trachtentradition bald verschwunden sein wird, wenn die Männer die Trachten aufgeben. Es waren wirklich fast nur Frauen, die Trachten trugen, die Männer trugen und tragen meistens noch immer ganz normale schwarze Anzüge. Männer in Tracht waren meistens echte Trachtentänzer oder Angehörige irgendeines Vereins, während es durchaus passieren konnte, dass auf dem obligatorischen Abiturfoto alle Mädchen einer Klasse Tracht trugen und alle Jungs zum letzten Mal ihren

Konfirmationsanzug. Aber es wurden immer mehr Trachten, und seit wenigen Jahren greifen auch immer mehr männliche Wesen zur Tracht.

Es gibt unendlich viele norwegische Trachten, sie unterscheiden sich an Verzierungen, Stickereien, Grundfarben, es gibt viele Variationen, aber das ist das Grundmodell: Für Frauen eine Art Trägerrock, darunter eine weite Bluse, dazu ein Mieder, das am besten mit reichlich Silberschmuck besteckt ist, das zeigt den Wohlstand der Familie, und in früheren Zeiten konnte eine Braut damit beweisen, dass sie nicht ohne eigenes Vermögen auf den Hof des Bräutigams übersiedelte. Männer tragen Kniehosen, eine kurze Jacke, eine Weste und ein möglichst buntes Halstuch. Böse Zungen behaupten, die Herren hätten deshalb die Trachten abgelegt, weil viele eben nicht die wohlgeformten Waden haben, ohne die die Kniehosen nicht so richtig zur Geltung kommen. In Modekatalogen aus dem frühen 19. Jahrhundert, also als die Herren in der Stadt auch noch keine langen Hosen trugen, finden wir Anzeigen für kleine Polster, die der Mann von Welt sich in die Strümpfe schob, und schon konnte er mit seinen Waden prunken, vielleicht ein Geschäftstipp jetzt, wo die Norweger also wieder zur Tracht greifen?

Kopfbedeckungen scheinen so gut wie nie unbedingt dazuzugehören. Ausnahme: die Brautkrone. Immer ein gewaltiges Teil, geflochten, aus Draht, Weidenruten, viel, viel Stoff, verziert mit Silberschmuck, jedes volkskundliche Museum in Norwegen zeigt die prachtvollsten Brautkronen aus der Umgebung, die oft einem Dorf gehörten, oder jedenfalls einer weitverzweigten Familie, wo dann jede Braut sie ausleihen konnte. Bräutigamskronen gab es nicht – was sicher manche Braut im Stillen für ungerecht befunden hat. Die Geigerin Alvhild Viken Øverbø, 1921 geboren, zeigt bei Interviews gern ihr Hochzeitsbild vor. Da steht sie in Tracht, mit jeder Menge Silber an der Brust und einer gewaltigen Krone auf dem Kopf, und sie klammert sich an den Arm des Bräutigams. Der trägt einen normalen schwarzen Anzug mit weißer Fliege und sieht völlig unbeschwert aus. Siebzig Jahre später erinnert sich die damalige Braut, wie heiß es unter der Krone war, und wie schwer die war, wie sie den Bräutigam beneidet hat, der das alles nicht ertragen musste, und welche Angst sie hatte, einfach ohnmächtig zu werden unter diesem Gewicht.

Die norwegischen Trachten, wie wir sie kennen, haben ihre heutige Gestalt im 18. Jahrhundert bekommen. Wohlhabende Bauern orientierten sich an der Mode in den Städten und bei Hofe, wo die Moden auch nicht so schnell wechselten wie heute. Außerdem dauerte es eine Weile, bis der jeweils neueste Schnitt auch auf dem Lande ankam. Es gab auch nicht alle Stoffe, die wandernden Schneider und Näherinnen, die die Höfe besuchten und Aufträge annahmen, beherrschten nicht alle Techniken, es entwickelte sich ein eigener bäuerlicher Stil. Was die reichen Bauern dann auch wieder gut fanden. Sie zeigten einerseits, dass sie auch nicht hinterm Mond lebten, was Mode und Neuerungen anging, andererseits wollten sie sich auch dem Adel gegenüber behaupten und zeigen, dass sie nicht einfach alles nachahmten. Um 1800 brachten Kriege und Missernten viel Elend ins Land, zeitweise gab es einfach nicht genug wohlhabende Bauern, um neue Moden auf dem Land zu verbreiten, die alten Festtagskleider wurden in Ehren gehalten und weiterverwendet. Als dann nach 1814 das norwegische Nationalbewusstsein wuchs und überall nach dem norwegischen »Volksgeist« gesucht wurde, standen die Trachten plötzlich hoch im Kurs.

Aber bis zur heutigen Beliebtheit dauerte es doch noch eine Weile. Vor hundert Jahren waren sie auch an hohen Feiertagen in der norwegischen Hauptstadt nicht zu sehen. Trachten trugen nur hoffnungslose Landeier, die der in der Hauptstadt gern verspotteten Heimatbewegung anhingen, Nynorskleute. Eine Dame mit dem bizarren Namen Mietze Mittun war die in Deutschland geborene Ehefrau des Journalisten Olav Mittun, ein prominenter Nynorsk-Vorkämpfer und Chefredakteur der noch heute erscheinenden Zeitschrift *Syn og Segn*. Sie überredete andere deutsche Damen ihrer Bekanntschaft, die mit ihren norwegischen Ehemännern (die Männer hatten allesamt in Deutschland studiert und dabei ihr Herz in Heidelberg verloren, viele zumindest, Heidelberg war eine der bei Norwegern beliebtesten Universitäten) in Kristiania lebten, zum Festzug am 17. Mai 1916 in norwegischer Tracht aufzutreten. Das sollte symbolisieren, dass sie norwegisch und deutsch zugleich fühlten und trotz ihrer deutschen Sympathien ihrem neuen Vaterland treu ergeben seien. Die norwegischen Damen der feineren Gesellschaftskreise hoben aber nur pikiert die Augenbrauen angesichts dieses Mangels an Eleganz und Modebewusstsein. Die arme Frau Mitthun berichtete später, sie sei mehrmals gefragt worden, wo sie denn »arbeiten« lasse, gleich mehrere andere Professorengattinnen hatten angeboten, sie an ihren eigenen Schneider zu vermitteln. Ein Bild von Nina Grieg aus dieser Zeit zeigt sie mit ihrer Schwester Tonny in der Sommerfrische in Ullensvang in Hardanger. Nina und Tonny tragen städtische Kostüme und elegante Hüte. Zwischen ihnen steht ihre Wirtin Brita Utne, in Tracht, aber für den Alltag zurechtgemacht, also ohne Silberschmuck, dafür aber mit einer gewaltigen weißen Haube, als ob sie gerade vom Kochtopf käme.

Wenn wir diese Entwicklung betrachten, dann kann es nicht mehr lange dauern, bis ganz Norwegen Tracht trägt. Was nun auch wieder nicht so einfach ist, denn die Trachtenschneiderinnen sterben aus. So eine Tracht zu nähen ist ein mühsames Geschäft, und es fehlt an Lehrlingen. Am Fließband hergestellte Billigtrachten (solche Versuche gibt es wirklich!) sehen aber eben »billig« aus und gar nicht echt und lösen das Problem also auch nicht. Sie können so billig sein, wie sie wollen, wenn niemand sich darin sehen lassen mag, was hilft das dann? Es gibt zudem ein Norwegisches Trachteninstitut (Norsk Institutt for Bunad og Folkedrakt), das streng darüber wacht, dass bei der Trachtenherstellung nicht von der Tradition abgewichen wird. Natürlich können sie niemandem verbieten, eine nachgeahmte Tracht zu tragen, wie sie in keiner norwegischen Gegend je vorgekommen ist, aber offenbar hat niemand in Norwegen

Lust, eine Tracht anzuziehen, die nicht vom Trachteninstitut gebilligt worden ist. Das Institut ist übrigens durchaus umgänglich. Dass es Gegenden gibt, wo sich, weil es keine wohlhabenden Bauern gab, keine Trachten entwickeln konnten, ist kein Grund, die heute dort lebenden Menschen zum Trachtenverzicht zu zwingen. Die Autorin Åsta Holth (Grund 44!) hat zum Beispiel für das Waldgebiet Finnskogen eine Tracht entwickelt, die vom Institut sofort akzeptiert wurde. Wenn Sie also nun auf Trachten sinnen möchten – Sie sehen, alles kein Problem. Im Zweifelsfall können Sie beim Trachteninstitut beraten werden.

61. GRUND

Weil Ulvik eine poetische Perle ist

Das Dorf Ulvik am Ende des Hardangerfjords liegt in gewisser Hinsicht wirklich »am Ende«, größere, prachtvollere Orte stehlen ihm ganz einfach die Show. Orte wie Rosendal, wo immer wieder darauf hingewiesen wird, sie seien die einzige Baronie in Norwegen, ohne dass irgendwer erklären könnte, was so toll daran ist, eine Baronie zu sein. Und Rosendal ist jeden Besuch wert, Ulvik dagegen ist ein wunderbares Beispiel für all die aufregenden Entdeckungen, die man in Norwegen machen kann, wenn man nicht die offensichtlichen Attraktionen besucht. Ulvik liegt tief unten zwischen den Bergen; wenn man mit dem Bus hinfährt, hat man vom höchsten Punkt aus (falls man nach den vielen Zickzackkurven vor Schwindelgefühlen überhaupt noch klar sehen kann) einen fantastischen Blick auf das Dorf im Talgrund. Langsam geht es dann abwärts, die schneebedeckten Berge scheinen immer höher aufzuragen, und im Frühling gibt es mehr Grüntöne, als man sich das überhaupt vorstellen kann. Hardanger ist Norwegens Obstgarten, und im Mai sorgen die vielen Apfelbäume an den steilen Hängen für eine unbeschreibliche Farbenpracht. In Ulvik befindet sich eine in ganz Norwegen angesehene Gärtnerschule; wenn Ihnen irgendwo in Norwegen ein Gärtner über den Weg läuft, ist die Möglichkeit sehr groß, dass er in Ulvik gelernt hat. Doch so schön es im hellen Sommer ist, im Winter ist es tief unten im Tal dafür sehr dunkel. In seinem Roman *Weiße Nigger* schildert Ingvar Ambjørnsen einen Winter in Ulvik, in dem die angehenden Gärtner dann doch lieber nach Bergen durchbrennen, auf der Suche nach einem Glas Bier und nach den Lichtern der Großstadt. Das mit dem Bier ist heute allerdings kein Problem mehr, inzwischen gibt es in Ulvik zwei Hotels mit Barbetrieb. Dazu gibt es einen Buchladen mit einer Dauerausstellung über den bekanntesten Sohn des Ortes. Olav H. Hauge, (1908–1994), der in Ulvik geboren wurde und auch gestorben ist. Er gilt als einer der bedeutendsten norwegischen Lyriker des 20. Jahrhunderts. Weil man aber von der Lyrik nicht leben kann, und weil er auch keine Lust hatte, sein Ulvik zu verlassen, arbeitete er hauptberuflich als Obstbauer auf dem von seinen Eltern geerbten Hof. Einmal im Jahr kurz nach Oslo, das war so seine Vorstellung von einer wirklich aktiven Reisetätigkeit. Zu weiteren Reisen musste er so ungefähr mit Drohungen gezwungen werden, erzählen seine Angehörigen. Aber in seinen Gedichten wirkt er weltläufig, kennt sich in der Literatur vieler Länder aus, dichtete japanische Haikus nach und kennt der Beschreibung nach jedes Haus, das Goethe in seiner »Italienreise« erwähnt. Aber er beschreibt in seinen Gedichten auch den jahreszeitlichen Rhythmus auf dem Hof, und sogar der Hofkater wird bedichtet, denn der weiß alles. »Sprecht mit dem Kater«, fordert Olav H. Hauge die Besucher auf. »Er ist der aufmerksamste Bursche auf dem ganzen Hof.« (Auf Norwegisch, noch dazu auf Nynorsk, klingt das natürlich viel besser.) Jeden Herbst gibt es zu Ehren des Dichters in Ulvik ein Poesiefestival, und Gäste aus aller Welt strömen zusammen, um seiner zu gedenken. Um im Buchladen zu stöbern und den neuerdings in der Gegend gebrannten Apfelschnaps zu kosten. Der schmeckt wie der feinste Calvados, darf sich aber aus namensrechtlichen Gründen eben nicht so nennen. Ulvik, das von oben aus so klein und abgeschieden wirkt, zeigt sich weltoffen und voller Überraschungen – auch wenn gerade keine Dichter ihre Werke vortragen.

Auf dem alten Friedhof von Ulvik im heutigen Ortsteil Hakestad liegt übrigens der Pastor Frederik Christian Wolff, der 1816 auf der Heimfahrt von einem seelsorgerischen Besuch von einem Schneesturm überrascht wurde. Er kam zwar noch nach Hause, starb aber wenige Tage danach an einer Lungenentzündung. Sein Sohn Simon Olaus Wolff (1796–1859), der später ebenfalls Pastor wurde, allerdings in Telemark, hatte dichterische Ambitionen. Zunächst schien alles gut zu gehen, er bekam sogar den Auftrag, für die Hochzeit des Kronprinzen Oscar 1823 (der Sohn von Désirée und Karl Johan) ein Huldigungsgedicht zu schreiben. Aber seine weiteren Werke fanden keinen Anklang, ein Literaturhistoriker bezeichnet ihn gar als unbegabtesten Dichter seiner Generation, »aus seiner ganzen Produktion sind nur zwei Verse erträglich, und zwar ›Wie herrlich ist mein Heimatland‹ und ›Das Meer ist schön‹, aber gut sind die wirklich auch nicht«.

Er wird derzeit wiederentdeckt, nicht als Poet, sondern als Zeichner und Sammler. Er kehrte später nie nach Ulvik zurück, seine neue Heimat Telemark hat er sich jedoch erwandert, wie Wilhelm Heinrich Riehl es damals allen volkskundlich Interessierten dringend riet, und seine Zeichnungen und vor allem die von ihm gesammelten Märchen und Sagen sind ein wahrer Schatz und eine große Hilfe bei dem Versuch, uns ein Bild vom Norwegen der frühen Jahre der Union mit Schweden zu machen. Wer weiß, wenn er in Ulvik geblieben wäre, wäre er auch noch zu einem großen Dichter geworden, wie hundert Jahre später Olav H. Hauge!

62. GRUND

Weil in Norwegen ein Geruch zur Tourismusattraktion werden kann

Der Geruch, von dem hier die Rede ist, hat sogar einen Namen: »Mosselukt«, der Geruch von Moss. Die Stadt Moss auf dem Ostufer des Oslofjordes ist nicht unbedingt ein Ort, den Reisende aus dem Ausland sofort ansteuern – jedenfalls nicht, wenn ihnen der Mosselukt kein Begriff ist. Von Moss aus geht die Bastøyfähre über den Oslofjord nach Horten, und das jede halbe Stunde. Auf diese Weise kann man sich den Umweg über Oslo sparen und außerdem westnorwegische Lefser essen. Lefser, Singular: Lefse, ist eine Art süßer Kuchenfladen, und seit eine westnorwegische Fährgesellschaft auch diese Linie übernommen hat, gibt es auch in Ostnorwegen westliche Leckereien. Aber hier soll ja die Rede von Moss sein. Moss sieht aus wie eine Bretterstadt in Hollywoodwestern – aber mitten im Ort, in der Fußgängerzone, gibt es einen Block, der 1964 bei einem Wettbewerb für viereckige Häuser aus Beton den ersten Preis gewonnen hat! Moss ist – oder war – eine richtige Industriestadt, die meisten Arbeitsplätze waren in den Zellulosefabriken zu finden. Na ja, und Zellulose duftet bei der Verarbeitung nicht gerade nach Rosen, und so wurde Moss wegen seines peinlichen Gestankes berühmt, und Reisende kamen her, um sich davon zu überzeugen, dass es wirklich so schlimm war. Also, es war so schlimm! Als ich das erste Mal in Moss war, sollte ich zu einer Lesung Käse mitbringen, eine ortsansässige Freundin wollte für Wein sorgen. Ich kam mit der Bahn von Oslo, es war Winter und draußen bitterkalt, in der Bahn war alles viel zu stark geheizt, und irgendwann roch es dann sehr seltsam. Der seltsame Geruch wurde immer stärker und schlimmer und furchtbarer und irgendwie klebrig, und mir war klar: Weil es so heiß ist, zerlaufen meine Käse, wie peinlich. Aber ein Blick in meine Käsetasche zeigte, dass die Käse absolut unschuldig waren. Wir näherten uns Moss. Es war meine erste Begegnung mit dem berühmten Gestank. Allerdings, mit dem Gestank ist es heute nicht mehr weither, Besucher, die sich nicht auf den neuesten Informationsstand gebracht haben, klagen heutzutage oft, weil es in Moss auch nicht schlimmer riecht als in anderen Städten mit hohem Verkehrsaufkommen. Das hat zwei Gründe. Zum einen ist die Zelluloseindustrie auch nicht mehr das, was sie einmal war, mehrere Fabriken wurden aus der Innenstadt von Moss verbannt oder gleich stillgelegt. Und dann kamen die Fabrikbesitzer auch noch auf die Idee, durch allerlei moderne Vorrichtungen die Geruchsentwicklung zu minimalisieren! Als diese Pläne bekannt wurden, erhob sich in Moss lautstarker Protest, denn ohne den Mosselukt, was haben wir denn dann noch? Wie soll man Touristen in eine Stadt locken, die außer einem preisgekrönten Betonklotz so gar keine Attraktionen hat? Es half aber nichts, der Mosselukt ist verschwunden, aber dennoch ist immer noch von ihm die Rede, und die Reisenden, die nach Moss kommen, fragen immer noch hoffnungsvoll, wo sie ihn denn besonders gut wahrnehmen können.

Für historisch Interessierte ist Moss aus einem anderen Grund interessant. Aus der Fleischersgate in Moss stammte ein gewisser Eyvind Adler Christensen, der zur See fuhr und in New York die Bekanntschaft des irischen Menschenrechtlers Roger Casement machte. Die beiden Herren reisten 1915 nach Christiania und logierten im dortigen Grandhotell; ob sie dann auch einen Abstecher nach Moss gemacht haben, ist bisher unklar. Casement, der in den Jahren vor Kriegsbeginn als heißer Kandidat für den Friedensnobelpreis galt, engagierte sich aber nicht nur für die geschundene Urbevölkerung in belgischen und britischen Kolonien, sondern fand auch, Irland sollte unabhängig werden. In Kristiania traf er sich auf neutralem Boden mit Abgesandten der deutschen Regierung und verhandelte über Waffenlieferungen für den für Ostern 1916 geplanten irischen Aufstand. Der treulose Liebhaber Adler

Christensen aber suchte die Britische Botschaft auf und verkaufte dort für eine runde Summe Casements Tagebuch, in dem der unvorsichtigerweise seine Pläne notiert hatte. Der Rest ist bekannt, der Osteraufstand wurde niedergeschlagen, Casement zusammen mit fünfzehn anderen Anführern hingerichtet. Was aus Adler Christensen wurde, ist nicht so klar – weshalb Casementforscher immer wieder gern nach Moss kommen, um auf den Spuren des kleinen Mistkerls zu wandeln und sich ein Bild von seiner Herkunft zu machen. In Moss ist diese Geschichte gar nicht richtig bekannt, es ist natürlich auch peinlich, neben einem berüchtigten Geruch und einem Betonhaus nur einen gemeinen Denunzianten als Touristenattraktion aufweisen zu können. Aber bei Gesprächen schimmert doch immer wieder auch ein gewisser Stolz durch – wenn Moss einen so fiesen Schurken hervorbringen konnte, ist noch nicht alles verloren. Und so oder so, Moss ist einen Besuch wert, es ist schön heruntergekommen, ein bisschen schäbig, einfach gemütlich, und man kommt leicht mit Leuten ins Gespräch!

63. GRUND

Weil es in Norwegen wunderbaren Kuchen gibt

In Norwegen gibt es viele Literaturfestivals, über das ganze Jahr verteilt, im ganzen Land. Aber die Lesungen dort sind nicht so wie Lesungen, die wir aus anderen Ländern kennen. Es ist also nicht so, dass die Autorin vorn sitzt, aus dem neuen Buch liest, dann stellt das Publikum Fragen dazu. Diese Form von Lesung gibt es in Norwegen eigentlich nie. Dort sitzt die Autorin vorn, irgendein wichtiger Mensch von der Lokalzeitung oder dem veranstaltenden Buchladen fragt sie zu ihrem Leben und Werk und vor allem zum neuen Buch aus, das Publikum darf keine Fragen stellen; wenn der wichtige Mensch fertig ist, werden Bücher verkauft und signiert. Warum sich diese besondere Form von »Buchbad«, wie es in Norwegen heißt, entwickelt hat, wird meistens so begründet: »Norweger sind zu ungeduldig. Die hören nicht zu, wenn vorgelesen wird.«

Aber beim schönsten Literaturfestival Norwegens tun sie es eben doch. Das findet jeden November in Stavanger statt, im Café Sting, das strategisch praktisch gegenüber dem Valbergturm gelegen ist. Dieser um 1850 errichtete Turm hat nicht nur eine fantastische Sicht auf ganz Stavanger, man sieht ihn auch von überallher, deshalb kann man den Weg zum Café Sting einfach nicht verfehlen. Die Literaturtage im Sting werden organisiert vom Sting-Chef Terje Vallestad, der eigentlich aus der Rockszene kommt, dann aber um 1990 beschloss, nun sei das Wort an der Reihe, und sein einzigartiges Festival vorstellte. Es geht fast eine Woche lang, von Montag bis Samstag. Jeder Abend hat ein anderes Thema, meistens geht es los mit Autoren aus Stavanger und Umgebung, es folgt ein Lyrikabend, und so geht es weiter, bis am Samstag dann die Bestseller des Jahres an die Reihe kommen. Und jeden Abend ist das Sting gerammelt voll, am Samstag ist schon zwei Stunden vor Lesungsbeginn jeder Platz besetzt. Das Konzept ist ganz einfach: Vorn steht ein Mikrofon, dahinter ein wackliger Stuhl, darauf nimmt man Platz und liest. Eine halbe Stunde lang, keine Sekunde länger, die anderen wollen auch noch an die Reihe kommen, und jeden Abend gibt es fünf Lesungen zu hören. Es wird nichts erklärt, es wird nur gelesen. Zwischendurch gibt es eine Pause, damit alle sich etwas zu trinken oder ein Stück Kuchen holen können. Und sich natürlich ein Buch kaufen und signieren lassen.

Das Café Sting ist nicht nur berühmt für das Literaturfestival, sondern auch für seinen Schokoladenkuchen, und welche Attraktion nun mehr Gäste anlockt, wollen wir gar nicht so genau untersuchen. Fest steht, dass es im Internet von Elogen auf den Schokoladenkuchen nur so wimmelt, Rezepte werden weitergeleitet und diskutiert, einige haben es inzwischen sogar in Kochbücher von großen Verlagen geschafft. Hier ist ein Rezept, nach Aussage von Sting-Leuten das absolut echte und authentische!

Man nehme:
Für den Kuchen:
- 125 Gramm Butter
- 0,2 Liter Wasser
- 1 Esslöffel Kakao
- 4 Eier
- 250 Gramm Zucker
- 150 Gramm Weizenmehl
- 3 Teelöffel Backpulver

Für die Schokoladencreme:
- 2 Eier
- 0, 1 Liter Sahne
- 125 Gramm Zucker
- 50 Gramm Blockschokolade
- 125 Gramm Butter
- 1 Teelöffel Vanillezucker

Zum Verzieren:
- Geriebene Bitterschokolade

Die Butter in einem Kochtopf zerlassen. Wasser, Kakao und Vanillezucker dazugeben. Den Topf von der Platte nehmen und mit dem Mixstab vier Eigelb in der Butter-Kakao-Masse verquirlen. Zucker, Mehl und Backpulver dazugeben. Den Teig glatt rühren. Die Eiweiß schaumig schlagen und ganz zum Schluss unter den Teig heben.

Den Teig in eine runde, mit Backpapier ausgelegte Form geben. Den Kuchen dann auf der untersten Schiene im Backofen etwa 45 Minuten bei 175 Grad backen. In der Form abkühlen lassen.

Aus der Form nehmen und vom Backpulver befreien. Den Kuchen in der Mitte quer halbieren.

Sahne, Eier und Zucker in einen Kochtopf geben. Einmal unter stetigem Umrühren aufkochen lassen. Den Topf von der Platte nehmen und die Blockschokolade darin verrühren, bis sie geschmolzen ist. Butter und Vanillezucker dazugeben. Umrühren, bis die Butter geschmolzen und ein glatter Teig entstanden ist. Den Topf mit der Schokocreme mindestens zwei Stunden in den Kühlschrank stellen. Den Teig dann mit dem Mixer verquirlen, bis er luftig wird und eine hellere Farbe annimmt.

Eine Schicht Schokocreme zwischen die Kuchenhälften geben. Sodann den Kuchen mit der Creme überziehen. Am Ende mit Schokostreuseln verzieren.

Beim Verzehr dann einen guten norwegischen Roman lesen. Und sich vorstellen, man säße im Sting und hörte den Autor vorlesen!

64. GRUND

Weil Norwegen Kaffeeland ist

Zu einem guten Stück Kuchen gehört natürlich auch eine gute Tasse Kaffee, und Norwegen ist einfach Kaffeeland. Das sieht man sofort, wenn man mit der Fähre aus Kiel in Oslo ankommt. So ungefähr als Erstes sieht man eine riesige Wandreklame für Ali Kaffe: Ali Kaffe kurert Gruff. »Ali-Kaffee kuriert Gruff.« Was Gruff ist, weiß niemand so genau. Dieses Wort wurde in den Siebzigerjahren für eine Werbekampagne erfunden und setzte sich sofort durch. Gruff, wir hören schon, es ist unangenehm und ein bisschen unappetitlich, das wollen wir nicht haben. Her mit dem Kaffee! Klar, es gibt auch Tee, aber der soll hier weiter nicht erwähnt werden. Ich habe ehrlich keine Ahnung, weil ich nie Tee trinke und mich nicht einmal zu Testzwecken dazu überwinden könnte, und mein Urteil wäre dann ja auch nicht von Wert! Also, Kaffeeland. Zu jeder Zeit und überall bekommt man in Norwegen Kaffee, richtig guten und starken. Herkömmlich gibt es zwei Sorten, aber in Cafés und überall unterwegs gibt es normalen schwarzen Filterkaffee, na ja, in neuerer Zeit oft durch Maschinenkaffee ersetzt, schmeckt aber trotzdem fast immer.

Und es gibt den Kochkaffee – »kokekaffe« – vor allem beim Wandern und auf der Hütte. Das ist sehr grob gemahlener Kaffee, der wird im Kessel zusammen mit dem Wasser aufgekocht; wenn es richtig schön blubbert, nimmt man den Kessel vom Feuer – auf Wanderungen wirklich im wahrsten Sinne des Wortes! –, lässt ihn fünf Minuten stehen, und der Kaffeesatz senkt sich zu Boden, ähnlich wie bei Mokka, während der Kaffee oben schwimmt und abgegossen werden kann. Ehe man das weiß, irrt man sich oft beim Kaffeekaufen. Wenn man dann zu Hause den Kaffee aufgießen will, aber aus dem Filter nur dünne hellbraune Plörre kommt, dann hat man schon wieder Kokekaffe erwischt, der eben nur auf die oben beschriebene Weise zubereitet werden kann.

In den letzten Jahren ändert sich auch in Norwegen die Kaffeekultur. Die bekannten Ketten sind auch dort vertreten, und es ist nicht mehr ganz so leicht, einfach einen schwarzen Kaffee zu bekommen. Der Schriftsteller Roy Jacobsen erzählt in seinem Roman *Die Farbe der Reue* von einem Mann, der aus dem Gefängnis entlassen wird und erst mal einen anständigen Kaffee trinken will. Er kriegt aber keinen, denn er weiß nicht, wie der die Frage: »Macchiato, Espresso, Cappuccino, Americano, Galão (und so weiter)« beantworten soll, er möchte doch nur einen normalen schwarzen Kaffee. Im Roman beschließt er in seiner Verzweiflung zunächst, den Laden zu Klump zu schlagen, verzichtet dann aber weise und geht lieber woandershin. Dazu rate ich auch. In norwegischen Bäckereien gibt es fast überall normalen Kaffee, und das Schöne ist, einmal Nachschenken ist im Preis inbegriffen!

Es gibt aber neuerdings auch neben den internationalen Ketten neue einheimische Kaffeebrennereien, die ihre eigenen Kaffeemischungen herstellen, den »Kaffee der Woche« anbieten und solchen Erfolg haben, dass manche schon Filialen eröffnet haben. Die erfolgreichste ist Kaffebrenneriet, 1994 gegründet, die inzwischen über zwanzig Kaffeebars in Oslo unterhält und sich neuerdings nach Trondheim du Fredrikstad ausgebreitet hat. Seit der Krimiautor Jo Nesbø unvorsichtigerweise erzählt hat, dass er sich zum Schreiben gern mit seinem Laptop in eine Filiale von Kaffebrenneriet setzt, ist der Zustrom natürlich noch größer geworden. Es stimmt übrigens, ich habe ihn selbst gesehen, in tiefer Konzentration über den Laptop gebeugt, ab und zu greift er zum Becher und nimmt einen Schluck, ohne den Bildschirm auch nur für eine Sekunde aus den Augen zu lassen. Man darf ihn nur bewundern, aber nicht ansprechen. Am besten, man genießt einfach den Kaffee.

65. GRUND

Weil Norwegen wunderbare Lokalzeitungen hat

Eine ganz besondere Freude beim Reisen in Norwegen ist die Lektüre von Lokalzeitungen. Damit sind nicht die Gratiszeitungen gemeint, die sehr viel Werbung bringen und nichts schreiben dürfen, was die Werbekunden stören könnte. Sondern Zeitungen, die eine richtige Redaktion haben und die man am Kiosk kauft (oder abonniert, aber auf Reisen in Norwegen hilft so ein Abo ja nicht weiter). Es gibt so viele davon, sie heißen zum Beispiel *Asker og Bærum Budstikke*, *Hallingdølen* oder *Lofotposten*. Wenn Sie ein bisschen Norwegisch lesen können, sehen Sie einfach um Supermarkt Ihres Urlaubsortes nach. Der Name der Zeitung hat immer irgendwas mit der Gegend oder dem nächsten größeren Ort zu tun, und der Inhalt ist immer aufregend. Allein die Kleinanzeigen, klar, auch hier werden Hunde und Katzen angeboten, aber es bieten auch Kartenlegerinnen ihre Dienste an, und wenn man Glück hat, findet man jemanden, der von Trollzaubern befreit. Man kann außerdem Alleinunterhalter mit Hammondorgel mieten und Poeten anheuern, die Ihnen ein Festgedicht schreiben, mit dem Sie beim nächsten Geburtstag in der Familie die Bewunderung aller erregen werden. Wenn jemand aus dem lokalen Kaninchenzüchterverein beim Jahrestreffen der norwegischen Kaninchenzüchtervereine in Bodø einen Vortrag gehalten hat – seine Lokalzeitung berichtet. Hat eine Abiturientin aus dem Ort die Möglichkeit, für ein Jahr in Göttingen zu studieren – die Lokalzeitung bringt ein Interview. Wenn sich jemand verlobt – die Lokalzeitung bringt sofort die Namen der beiden Glücklichen. Und in der nächsten Nummer dann das Dementi. Immer begleitet mit der Erklärung: Die Verlobung wurde telefonisch mitgeteilt, wir haben leider keine Möglichkeit, solche Mitteilungen zu überprüfen, aber Per Hanssen und Siri Lund erklären, dass sie nicht verlobt sind und auch keinerlei diesbezügliche Absichten haben. Wenn die Dementis in den norwegischen Lokalzeitungen als Maßstab dienen können – und warum sollten sie das nicht? –, dann hat das ländliche Norwegen offenbar ein ganz besonderes Hobby: falsche Verlobungsanzeigen in die Lokalzeitung zu setzen. Auch andere Dementis sorgen für gute Laune, jedenfalls wenn man nicht betroffen ist. »Es war nicht, wie am Freitag berichtet, der Tierarzt Dr. Svendsen, der im angetrunkenen Zustand in der falschen Richtung durch die Ibsensgate gefahren ist, sondern die Hebamme Frau Marstad.«

Aber man sollte über die Lokalzeitungen nicht nur lachen. Es stehen auch seriöse und wichtige Dinge in der Lokalpresse, die die Hauptstadtzeitungen nicht mitbekommen oder erst viel später aufgreifen. Es gibt einen Preis für die beste Lokalzeitung, der für 2015 ging an *Hallingdølen* (aus Hallingdal, wie der Name schon sagt), mit der Begründung: »Die Zeitung hat keine Angst davor, die Mächtigen in der Region herauszufordern, und teilt treffende Tritte in alle Richtungen aus.« Bjarne Tormodsgard, damals Chefredakteur von *Hallingdølen*, nutzte die Gelegenheit, um auch seinen Kollegen von der Osloer Presse eins vors Schienbein zu geben: Ein Elch, der sich in den Dorfkern verirrt, sei ja wohl tausendmal interessanter als Promis in Oslo und deren Caffè-latte-Trinkerei. Wie gesagt, die Lokalzeitungen in Norwegen sind einfach wunderbar!

66. GRUND

Weil in Norwegen eine lokale Nachricht das ganze Land in Erregung versetzen kann

Es fing in Lillehammer an. Da ärgerte sich ein Mann, der eigentlich sehr idyllisch am Waldrand wohnte, über einen Specht. Der Specht klopfte jeden Morgen um dieselbe Zeit am selben Baum herum, und das Geklopfe drohte den Mann in den Wahnsinn zu treiben. Sagte er jedenfalls. Er schrieb an die zuständige Behörde und stellte den ordnungsgemäßen Antrag, den störenden Specht abschießen zu dürfen. Diese Spechtart steht in Norwegen aber unter Naturschutz, weshalb die Behörde das nicht so einfach entscheiden mochte, sondern den Fall an die nächsthöhere Instanz weitergab. Weil er keine Antwort bekam, beklagte sich der Mann bei der Lokalzeitung über die Trägheit der Behörden. Eine der großen Osloer Tageszeitungen schnappte diese Nachricht auf, die anderen folgten, die Berichte wurden groß und größer, bald wusste das ganze Land Bescheid über den Fall. Während die Zeitungen vor allem über die juristischen Aspekte des Falles schrieben – was ist ein wichtigeres Gut, der Naturschutz oder die Morgenruhe des Bürgers –, tobte in Leserbriefspalten und im Internet der Meinungskrieg.

Es gab – die gibt es in Norwegen immer bei in den Medien ausgetragenen Meinungsverschiedenheiten, einen Mittelweg gibt es nie! – zwei Fronten, aber aufseiten des klagenden Mannes stand niemand. Er solle sich nicht so anstellen, meinten die einen. Wenn er an den Waldrand zieht, darf er nicht erwarten, dass die Tierwelt auf seine zarten Nerven Rücksicht nimmt. Wenn er nicht mit Spechtgeräuschen leben kann, soll er in die Großstadt ziehen, aber den armen Vogel am Leben lassen. Die anderen meinten, er solle sich nicht so anstellen. Wenn der Specht ihn nervt, soll er ihn abknallen, Schluss, aus. Und wenn dabei ein Gesetz gebrochen würde, sollte er zu seiner Tat stehen und seine Strafe auf sich nehmen. Das sei in Norwegen seit Wikingerzeiten so üblich, und mit einem Weichei, das wegen eines Spechts die Behörden um Hilfe bittet, habe man ja nun gar kein Mitleid. (Wir sehen, in Norwegen wird immer alles auf die Wikinger bezogen!)

Wie die Sache endete? Irgendwie gar nicht. Die nächsthöhere Instanz kam auch zu keiner Entscheidung. Der Specht löste das Problem dann selbst. Vermutlich gingen ihm die vielen Pressefotografen, die nach Lillehammer pilgerten, um ihn bei seinem Tun zu fotografieren, zu sehr auf die Nerven. Er verschwand ganz einfach aus dem Wald, die Diskussionen gingen noch einige Wochen weiter, die Fronten blieben unversöhnlich. Nicht alle Konflikte, die klein anfangen und dann das ganze Land beschäftigen, gehen so glimpflich aus, aber die Diskussionen zu verfolgen, ist immer von neuem ein Vergnügen!

67. GRUND

Weil es in Norwegen eine grandiose Klatschpresse gibt

Norwegische Klatschpresse, so was gibt's doch gar nicht. Das sagte mir ein durchaus bekannter deutscher Reisejournalist. Es stellte sich heraus, dass er von der norwegischen Presse nur die seriöse Tageszeitung *Aftenposten* kannte, das wäre so, als wollte jemand, der im Laden die *FAZ* gesehen hat, davon auf die deutsche Presse schließen. Also, es gibt eine Klatschpresse in Norwegen, und die ist zwar so schrecklich, wie Klatschpresse das eben ist, aber dennoch faszinierend. Und wer die neuesten Skandale aus dem Königshaus wissen will, muss einfach *Se og Hør* kaufen (zu den Skandalen zählt es schon, wenn Ari Behn, der Exgatte von Prinzessin Märtha Louise, ein neues graues Haar hat). Eine Karikatur in der links orientierten Osloer Tageszeitung *Klassekampen* bringt die Sache mit der Skandalpresse fein auf den Punkt (die Karikatur war ursprünglich dänisch, deshalb die Königin, aber sie wird der norwegischen Situation perfekt gerecht). Der um Sitte und Ordnung besorgte Ministerpräsident sagt zur Königin: »Der Betrieb des Königshauses kostet den Staat beträchtliche Summen, Eure Majestät.« Die Majestät rümpft ihre aristokratische Nase und sagt: »Na gut, dann schaffe Er die Monarchie ab und führe Er die Republik ein.« – »Nein, nein«, wehrt der Ministerpräsident entsetzt ab. »Das erträgt die Volkswirtschaft nicht, denn dann würden doch alle Wochenzeitschriften bankrottgehen.«

Dramen und Skandale werden in Norwegen also vor allem von der Wochenpresse veröffentlicht – oder verursacht. Und das vor allem von *Se og Hør* (Sehen und Hören). Konkurrenzblätter, mit ebenso klangvollen Namen, wie *Her og Der* (Hier und dort), *Hjemmet* (Zuhause) oder *Familien* (Die Familie) können nicht mithalten, ebenso wenig die Tageszeitungen *Dagbladet* und *Verdens Gang*, auch wenn sie sich noch so große Mühe geben. *Se og Hør* ist ein norwegisches, angeblich sogar ein weltweit einzigartiges Phänomen. Während auch in Norwegen andere Zeitungen und Zeitschriften über Auflagenrückgang klagen, steigt die von *Se og Hør* stetig, die verkaufte Auflage liegt im Schnitt bei 500.000 Exemplaren, das ist weltweit einmalig im Verhältnis zur Bevölkerungsmenge. *Se og Hør*, ein vierfarbiges Heft, äußerlich vielleicht am ehesten vergleichbar mit *Bunte*, ist marktbeherrschend, setzt Maßstäbe und stachelt die Konkurrenz zu immer neuen Versuchen an, es der großen Schwester unter den Klatschblättern gleichzutun.

Die größte Neuerung, die *Se & Hør* auf dem norwegischen Zeitungsmarkt eingeführt hat, ist, dass das Königshaus nicht mehr geschont wird. Über die Liebschaften des verwitweten Königs Olav in den Sechzigerjahren wurde vonseiten der Presse geschwiegen; als Kronprinz Harald eine Bürgerliche heiraten wollte, wurde vermutlich im Privatleben der Braut herumgeschnüffelt, geschrieben wurde nichts – dass die nächste Generation es der Klatschpresse nun besonders leicht macht, steht auf einem anderen Blatt, aber ohne *Se og Hørs* heldenhaften Einsatz wäre es noch heute undenkbar, das Privatleben der königlichen Familie der Öffentlichkeit dermaßen vorzuführen. Dass das Königspaar sich ein neues Ferienhaus zulegen musste, garantiert gegen Einblick von außen geschützt, ist fast noch harmlos – nie lagen weniger als vier *Se og Hør*-Vertreter in Booten auf der Lauer, um die hohen Herrschaften beim Baden zu fotografieren – und die Artikel sparten dann auch nicht mit hämischen Kommentaren darüber, dass die Königin mit über siebzig Jahren nun auch keine Modelfigur mehr aufweisen könne. Doch wenn man es gar nicht mehr erwartet, werden die Bildunterschriften plötzlich lammfromm. So zeigte *Se og Hør* in einem Sommer eine Bilderserie, die das schwedische Königspaar beim Baden zeigt. Die Schlagzeilen schrien: »Seht nur, wie verliebt die beiden sind. Nach fünfunddreißig Jahren!« Zu sehen war König Gustav mit grämlich verzogenem Gesicht, während Königin Silvia ihm mit überaus gelangweilter Miene den Rücken einreibt.

Man könnte fast einen Hang zur Satire wittern, doch im Gespräch mit einem *Se og Hør*-Reporter zeigt sich sehr schnell, dass davon nicht die Rede sein kann.

Der Skandalpresse in anderen Ländern wird oft vorgeworfen, dass sie besagte Skandale selber erfinden, gewissermaßen aus dem Ärmel schütteln. Niemand wird behaupten, dass *Se og Hør* über solche Methoden erhaben wäre, braucht aber nur selten selbst Hand anzulegen. Die Blatt-Leserbindung ist da ein Grund, sie geht einher mit einer Blatt-Promi-Bindung. Gutes Geld für einen schönen

Skandal zahlen viele, *Se og Hør* aber hat ein ganzes Regiment von inoffiziellen Mitarbeitern, die vielleicht irgendwann einen Skandal melden können und deshalb gut bezahlt werden.

Das kann sich in jeder Hinsicht lohnen, für die Zeitung sowieso, aber auch für die IMs. Filmstars, deren Stern schon lang gesunken ist, beispielsweise, oder Sportgrößen, deren große Zeit vorbei ist, werden für treue Dienste in besseren Zeiten durch ständige lobende Erwähnung belohnt – dadurch bleiben sie der Öffentlichkeit in Erinnerung, bekommen möglicherweise doch noch eine Rolle oder eine Einladung zur Talkshow, können dann die Stars der Stunde bei einem möglichen Skandal beobachten und zum Dank für erwiesene Wohltaten *Se og Hør* informieren. Eine klassischere Win-win-Situation ist kaum vorstellbar.

Und so kann also in Norwegen ein Skandal gemacht werden:

Als bekannt wurde, dass Prinzessin Märtha Louise (nach der für Prinzessinnen offenbar vorgeschriebenen unglücklichen Liebschaft mit einem Reitlehrer) ein Auge auf den jungen aufstrebenden Dichter Ari Behn warf. Woraufhin *Se og Hør* schnellstmöglich ein Auge auf einen Busenfreund des angehenden Prinzgemahls warf. Der Busenfreund war Fotograf und sollte doch wohl hübsche Fotos des Auserwählten haben? Hatte er auch, das Problem war nur: Die Fotos waren wirklich nur hübsch, kein bisschen skandalös, kein nackter Dichter beim Schnupfen von Kokain umgeben von ungezügelten Frauenzimmern, einfach nette Fotos aus dem Urlaub und von gemeinsamen Festen.

Die Redaktion wusste Rat. Man bot dem Busenfreund 250.000 Kronen für die harmlosen Fotos. Die Nachricht, dass *Se og Hør* diese Wahnsinnssumme hingeblättert hatte, ließ die Erwartungen der Leser in die Höhe schnellen und die Konkurrenz vor Neid grün anlaufen. Danach wurden einige der Bilder veröffentlicht, doch in Schlagzeilen und den beigefügten Berichten wurde vor allem betont, dass Aris Busenfreund die Bilder angeboten hatte. Und dass das ein schäbiges Verhalten einem Freund gegenüber ist, war natürlich auch der *Se og Hør*-Redaktion klar, doch auch das war kein Problem. Sie stellte den Verkauf der Fotos einfach als selbstlosen Akt der Freundesliebe dar. Der Fotograf, dem natürlich überhaupt nichts am Geld gelegen sei, und der es nur sehr widerwillig einsteckte, weil die Fotokäufer nun einmal darauf bestanden, habe sich ganz einfach geopfert. Der junge Dichter werde doch jetzt in ganz andere Kreise einheiraten, ließ er verlauten, und sich ohnehin nur noch selten bei den alten Freunden blicken lassen dürfen, und da wollte er ihm den Bruch eben erleichtern und ihm für die Öffentlichkeit einen Grund geben, die Freundschaft zu beenden.

Das war schön und edel gedacht, und die halbe Million regelmäßiger *Se og Hør*-Leser scheint keinerlei Zweifel an dieser Darstellung gehabt zu haben. Wer sie jedoch nicht glaubte, waren die Prinzessin und ihr Dichter – weshalb der Fotograf zu seiner großen Enttäuschung bei der Hochzeit der beiden nicht als Trauzeuge fungieren durfte. Auch diese Enttäuschung des treuen Freundes wurde von *Se og Hør* ausgiebig unters Volk gebracht – ob der dafür nun auch noch bezahlt wurde, blieb aber leider unbekannt.

Nicht alle treuen Freunde können sich ihre Freundesliebe übrigens so schön vergolden lassen. Bleiben wir bei Prinzessin Märtha Louise, die vor dem Reitlehrer und vor dem Dichter einen Freund aus Oslo hatte. Der auf diese Liebschaft angesetzte Hofreporter von *Se og Hør* war von Anfang an davon überzeugt, dass die Sache keine Zukunft habe. Weshalb er besonders genau hinschaute. Und als sich seine Prophezeiung bewahrheitete und die Prinzessin dem jungen Mann aus Oslo den Laufpass gab, hatte *Se og Hør* auch schon einen guten Freund des Verlassenen zur Hand, der ein Tonband liefern konnte – darauf weint der Exfreund sich aus, weil er eben verlassen worden ist, und mutmaßt, die so sehr Geliebte habe jetzt etwas mit dem Reitlehrer. *Se og Hør* hatte also sozusagen zwei Skandale für den Preis von einem an Land gezogen – der Freund mit dem Tonband jedoch konnte keine edlen Motive für seine Indiskretion anführen und wurde deshalb mit 20.000 Kronen abgespeist.

Was immer noch mehr ist, als viele andere abbekamen. Der allererste europäische Journalist, dem Präsident Clintons Praktikantin Monica Lewinsky ein Exklusivinterview gewährte, kam natürlich von *Se og Hør*. Nur hatte sie leider nichts mehr zu erzählen, was zu diesem Zeitpunkt nicht alle Welt längst gewusst hätte – ihr Honorar: eine norwegische Trachtenstrickjacke – und *Se & Hør* brachte dann nicht einmal ein Foto von ihr mit der Jacke!

Wenn man nun aber gar keinen Skandal an den Haaren herbeiziehen kann, dann hilft immer noch ein Dementi, und eigentlich erreicht die norwegische Klatschpresse bei Dementis ihre wahre Meisterschaft. Doch die können durchaus von unterschiedlicher Qualität sein:

So legte *Se og Hør* der Schlagersängerin Wencke Myhre die Schlagzeile in den Mund: Ich lasse mich nicht scheiden! Niemand hatte gehört, dass Wenche Myhre sich scheiden lassen wollte, und wenn schon, sie heiratet schließlich in regelmäßigen Abständen mit großem Pomp und lässt sich irgendwann wieder scheiden. Aber sofort hoffen alle auf interessante Enthüllungen und kaufen die aktuelle Ausgabe. Aber das bessere Dementi lieferte in derselben Woche die Tageszeitung *Dagbladet*. Dort wurde dementiert, dass ein links gerichteter Politiker zu seiner Zeit als Entwicklungshelfer in Afrika kastriert worden sei, weil er eine unziemliche Liebschaft mit einer Häuptlingstochter unterhalten habe. Auch von diesem Gerücht hatte vorher niemand etwas gehört, aber niemand kann bestreiten, dass Kastration und Häuptlingstochter für ein Dementi viel mehr hergeben als schnöde Scheidungsabsichten.

Dass ein links orientierter Politiker Opfer dieser Schlagzeile wurde, hätte eigentlich eher zu *Se og Hør* gepasst als zum einigermaßen liberalen *Dagbladet*. *Se og Hør* gehört zum festen Unterstützerkreis von Norwegens rechtspopulistischer Partei Fremskrittsparti. Über Skandale, in die die dortige Parteiprominenz verwickelt ist, wird folglich nur berichtet, wenn es sich gar nicht vermeiden lässt, aber das ist eigentlich nur folgerichtig.

Wird *Se og Hør* nämlich vorgeworfen, zu üblen Mitteln zu greifen oder Dinge zu schreiben, die wirklich niemanden etwas angehen und die aus Rücksicht auf alle Beteiligten nun wirklich nicht an die große Glocke gehängt werden sollten, dann zucken die Redaktionsvertreter kühl mit den Achseln. »Ihr wisst, was wir schreiben«, heißt es dann, »aber ihr wisst eben nicht, was wir alles nicht schreiben.«

68. GRUND

Weil Norwegen Glossenland ist

Norwegen hat ganz einfach eine reiche und variierte Presselandschaft. Das geht natürlich nicht ohne staatliche Unterstützung, und immer, wenn eine Regierung erklärt, Zeitschriften, die nicht von selbst einen Gewinn erwirtschaften, hätten kein Lebensrecht, geht das große Zittern los – aber bisher ist es noch so: Norwegen hat eine ungeheuer reiche und variierte Presselandschaft. Und aus der sind Glossen einfach nicht wegzudenken. Jede Tageszeitung hat eine feste Glossenspalte, fähige Glossenschreiber und -schreiberinnen sind sehr begehrt und werden auch immer wieder abgeworben, und alle haben ihre feste Fangemeinde. Es kann durchaus bei den Abonnements zu einer Kündigungswelle führen, wenn ein neuer Chefredakteur beschließt, seiner Zeitung ein vermeintlich modernes Image zu verpassen, und deshalb auch einen neuen Glossenschreiber anheuert und eben den alten und beliebten »zu neuen Aufgaben freistellt« (auch in Norwegen drücken Chefs sich beim Feuern so aus). Einer meiner Lieblingsglossisten heißt Ludvig Lorentzen, und er schreibt für *Stavanger Aftenblad*. Er hat auch schon ein Buch über Glossen geschrieben, eine Einführung in die Kunst des Glossenschreibens. Das wurde ins Deutsche übersetzt, aber es gibt beim Verlag irgendwelche Probleme, die niemand auch nur annähernd durchschaut, und deshalb liegt das Meisterwerk noch immer nicht auf Deutsch vor. Die deutschen Fans von Ludvig Lorentzen drängen ihn deshalb, den Text doch einfach online zu stellen. Hier ist eine kleine Kostprobe, eine Glosse, die er Anfang 2016 schrieb, als sich bei der norwegischen Armee wahrhaft erschütternde Ereignisse anbahnten.

»Mit Holz feuern, kleine Pistole!

Wenn Soldaten und Offiziere bei der Armee nun ihre Pistolen hergeben müssen, quengeln sie ärger als Babys, denen der Schnuller gestohlen wird. Doch während die kleinen Aussauger bestenfalls einen Schmuselappen zum Trost bekommen, wenn die Plastiktitten verschwinden, verfügt der norwegische Kriegsmann weiterhin über Maschinengewehre, Musketen, Haubitzen, Silberbüchsen, Henrystutzen, Raketen, Lazarette und Kommisston.

Wenn ein Bischof seinen Hirtenstab hergeben müsste, ein Lehrer seinen Zeigestock oder ein Redakteur den Pranger, würden wir Alarm schlagen. Bei den Kriegern jedoch geht es nur um eine Glock, eine Waffe aus Österreich, dem eingeklemmten Gebirgsland, das auch Adolf Hitler und Josef Fritzl hervorgebracht hat.

Wir müssen es dem Armeepersonal in den Schädel hämmern, selbst wenn auf diesem Schädel ein Helm sitzt, dass der Unterhalt einer Pistole schweineteuer ist, ganz abgesehen von der Munition. Denn erstens muss die Waffe geputzt werden, am besten mit Alkohol, und alle, die ihre Wehrpflicht abgeleistet haben, wissen, Alkohol kostet teuer. Zweitens muss die Glock geölt werden, und bei den heutigen Ölpreisen lohnt sich das doch kaum.

Wenn wir die Einziehung der Pistolen auf weltweiter Basis betrachten, betrachten, müssen wir einfach von einem guten Anfang sprechen. »Look to Norway«, sagte Präsident Roosevelt während des letzten Weltkriegs. Viele starren uns noch immer an. Deshalb kann es in vielen Ländern bald zum Trend werden, die Pistolen abzugeben. Es wird die Facebookgruppen ›Farewell to the arms‹ und ›Die Waffen nieder‹ geben, und bald werden wir sehen, dass Nationen, die wirklich eine gute Figur machen wollen, ihr ganzes

Waffenarsenal aufgeben. Und am Ende behält der Poet und Prophet Jesaja dann vielleicht recht: ›Sie werden ihre Schwerter zu Pflugscharen und ihre Spieße zu Sicheln machen.‹«

So weit Ludvig Lorentzen. Schön, nicht? Und solche Glossen gibt es in allen norwegischen Zeitungen. Jeden Tag!

KAPITEL 9
EIN BISSCHEN VOLKSSEELE

69. GRUND

Weil man in Norwegen so richtig snobistisch sein darf

Das klingt jetzt erst mal überraschend, Snobismus und Norwegen scheinen sich eigentlich gegenseitig auszuschließen. Und Norwegen legt doch solchen Wert darauf, locker und egalitär zu sein, niemand darf sich über andere erheben, und alle sind gleich. Deshalb haben viele Norweger schreckliche Angst, doch nicht ganz so locker und egalitär zu wirken, und das kann witzige Folgen haben. Die Einweihung der neuen Oper in Oslo hat ja 2008 weltweit Schlagzeilen gemacht, weil die Oper so schön aussieht und damals so schön gelegen war (inzwischen ist sie ziemlich zugebaut worden, aber das ist kein Grund, Norwegen zu mögen), und weil Angela Merkels Dekolleté dem König von Norwegen so gut gefiel, noch jahrelang hat er das in Interviews erwähnt. Kurz danach sollte sie dann also als Opernhaus in Betrieb genommen werden, eigentlich sollte zur Eröffnung eine Oper aufgeführt werden, was man ja bei einem Opernhaus durchaus erwarten könnte. Geplant war Wagners *Tannhäuser*. Dann gab es aber keinen Tannhäuser, denn das könnte doch zu hochgestochen wirken und Leute abschrecken, die sonst gern die erste Veranstaltung in der neuen Oper besucht hätten. Statt Oper gab es in der Oper also einen Abend mit einer schwedischen Schlagerband, die erste Oper (noch immer nicht *Tannhäuser*, der musste noch mehrere Jahre warten) kam dann einige Monate später.

Weil aber alle wissen, dass Norwegen ein durch und durch unsnobistisches Land ist, kann man sich Aussprüche erlauben, die anderswo eben nicht so leicht möglich wären, und das ist witzig zu beobachten. Ein sehr typisches Beispiel bringt die neue norwegische Bestsellerautorin Therese Aasvik in ihrem Roman *Fie faller* (»Fie fällt«, gibt es noch nicht auf Deutsch). In Norwegen gibt es eine Billigwarenkette namens Nille (mehr darüber in Grund 106). Therese Aasviks Heldin aber arbeitet in einem fiktiven Einrichtungsladen namens Pernille. Pernille wirbt im Roman mit dem Slogan: »Wenn Sie bei Nille das Richtige finden, sind Sie bei Pernille nicht im richtigen Laden.« – und das könnte jederzeit auch in Wirklichkeit passieren. Es hat in Norwegen zum Beispiel viel länger gedauert als in anderen europäischen Ländern, bis Unterhaltungsliteratur oder eben Schlagermusik an der Universität untersucht wurden, aber so richtig salonfähig sind solche Untersuchungsobjekte noch heute nicht. Das hier ist eine wahre Geschichte. Margit Sandemo (*1924, angeblich eine illegitime Enkelin von Norwegens Nationaldichter und Nobelpreisträger Bjørnstjerne Bjørnson) hat über vierzig Millionen Bücher verkauft, ihre Romane werden in aller Welt gelesen, und sie hat auch in Deutschland eine verschworene Fangemeinde. Sie ist ganz einfach die auflagenstärkste Autorin Norwegens, und eines Tages wollte sie deshalb gern in den Schriftstellerverband aufgenommen werden. Das wurde abgelehnt. Sie sei keine echte Schriftstellerin, hieß es, sie schreibe ja nur Unterhaltungsliteratur. Diese Ablehnung hat sie schriftlich und zeigt sie gern herum. Es ist schon etliche Jahre her, da rief mich ein Journalist an, er war auf einer von der norwegischen Botschaft veranstalteten Pressereise durch Norwegen gewesen, und nun wollte er noch ein paar Dinge wissen, damit er in seinen Artikeln über diese Reise ja nichts Falsches schrieb. Und ich erzählte glücklich: »Ich fahr morgen nach Norwegen.« – »Und was machst du dort?« – »Margit Sandemo treffen, weil jetzt ihre Bücher übersetzt werden sollen.« Der Journalist prustete los. Denn unterwegs hatten er und die Kollegen auch Buchläden besucht, und bei einem Treffen mit norwegischen Presseleuten hatten sie dann gefragt: »Wer ist eigentlich diese Sandemo, von der in allen Buchläden hohe Stapel herumliegen?« Und die norwegischen Presseleute schwiegen betreten, und dann sagte einer: »Seid froh, dass ihr aus Deutschland kommt, wo es so was nicht gibt. Die schreibt nur Unterhaltungsliteratur, es ist richtig peinlich, dass ihr das hier im Buchladen gesehen habt.« Und einer der Herren fügte noch hinzu, um zu zeigen, wie schrecklich die Bücher von Frau Sandemo in Wirklichkeit sind: »Sie wird aber auch in Norwegen fast nur von Frauen gelesen.« Stimmt nicht. Es ist gar nicht schwer, auch Männer bei der Lektüre von norwegischer Unterhaltungsliteratur zu erwischen – die sie da gern »Kioskliteratur« nennen, um wirklich klarzustellen, dass es eigentlich gar keine Literatur ist –, aber sie mögen das nur ungern zugeben. Bei Margit Sandemo nahm es irgendwie ein gutes Ende. Sie schreibt jetzt nicht mehr, klar, mit über neunzig, und nach ihrem Riesenerfolg möchte sie sicher ihre Ruhe haben. Aber zum 90. Geburtstag bekam sie von König Harald persönlich einen hohen Orden umgehängt, und alle Snobs mussten betreten schweigen, und alle Fans freuten sich, und dass Lieblingsautorinnen vom König persönlich Orden bekommen, ist doch auch ein Grund, Norwegen zu mögen!

70. GRUND

Weil ganz Norwegen den Osloer Flughafen hasst

Eigentlich sollten uns Hassobjekte ja eher leidtun, aber der Osloer Flughafen hat die geballte Abscheu verdient, und außerdem ist er immer ein dankbar aufgenommenes Gesprächsthema. Streng genommen liegt er gar nicht in Oslo, sondern ein ganzes Stück weit entfernt im Norden, in Gardermoen. Mo ist eines der unzähligen norwegischen Wörter für Heide, und dort wurde seit 1740 exerziert. Die Garde, von der die Rede ist, suchte sich irgendwann einen neuen Truppenübungsplatz und Gardermoen wurde zum Großflughafen ausgebaut und 1998 eröffnet. Vorher wurde natürlich diskutiert. Braucht Oslo wirklich einen neuen Flughafen, war eine Frage. Der alte Flughafen Fornebu war so schön dicht bei der Stadt, man konnte sich sogar ein Taxi leisten, wenn man angekommen war; je nachdem, in welchen Stadtteil man wollte, war man damit schneller als mit dem Flughafenbus, und viel mehr kostete es auch nicht. Aber Fornebu lag so schön am Fjord, was könnte man da für schöne Luxuswohnungen bauen und sich reich verdienen. Es ist natürlich eine üble Verschwörungstheorie, dass große Baufirmen die zuständigen Politiker bestochen haben, um dann das ehemalige Flughafengelände von Fornebu billig erwerben zu dürfen. Es ist aber eine Theorie, die sich standhaft hält, zumal es bisher an überzeugenden Erklärungen dafür fehlt, wie die Baugesellschaften an das Land kamen. Oder warum von allen möglichen Standorten für den neuen Großflughafen ausgerechnet das übelste Nebelloch ganz Ostnorwegens ausgesucht wurde. Was natürlich dauernd zu Flugausfällen und irrsinnigen Verspätungen führt. Regelmäßig seit der Flughafeneröffnung 1998 gibt es Warnungen, weil gerade dieses oder jenes nicht funktioniert, mal ist es die Gepäckabfertigung (»Reisen Sie lieber nur mit Handgepäck«), mal die Passkontrolle (»Seien Sie lieber mindestens drei Stunden vor dem Abflug da«). Und während es in Flughäfen in aller Welt ganz üblich ist, das Gepäck bis zum eigentlichen Ziel durchchecken zu können, geht das in Gardermoen nicht. Wer dort umsteigt, muss sein Gepäck vom Fließband holen, es in die Abflughalle tragen, es dort neu einchecken. Und da stand ich nun neulich an einem Eincheckautomaten, der mich nicht einchecken lassen wollte, sondern mir riet, mich ans Flughafenpersonal zu wenden. Es kam auch gerade eine nette Dame von der SAS des Wegs, zückte eine Chipkarte und checkte meine Tasche durch nach Bodø. Was ich denn falsch gemacht hätte, wollte ich wissen. Gar nichts, sagte die freundliche Dame, »der Apparat sieht, dass Sie schon in Hamburg eingecheckt haben, und er begreift nicht, warum Sie hier noch mal einchecken sollen.« Der Apparat sprach mir ja wirklich aus dem Herzen, aber ich dachte, die naheliegende Frage, ob man dem Apparat nicht erklären kann, dass er einfach alles einchecken soll, was darum bittet, hätte die Freundlichkeit der SAS-Dame ruiniert, vermutlich hört sie das jeden Tag zwanzigmal. Jedenfalls, das ist nur eine kleine Episode von vielen, die alle in Norwegen immer gern erzählen, »Mein schlimmstes Gardermoen-Erlebnis«, sozusagen.

Wenn dann alle Anwesenden ihre Anekdote erzählt haben, kommt unweigerlich die Rede auf die Verschwörungstheorien. Warum konnte man nicht Fornebu behalten, warum wurde der Flughafen in diesem Nebelloch angelegt, warum nicht in Hurumlandet – oder sonstwo, aber Hurumlandet, im Süden von Oslo gelegen, war der schärfste Konkurrent, als es um den Standort für den neuen Flughafen ging. In Hurumlandet sind die Witterungsverhältnisse viel besser für den Flughafenbetrieb geeignet, das streitet eigentlich niemand ab. Nutznießer der Entscheidung für Gardermoen sind die vorher ziemlich bedeutungslosen lokalen Flughäfen Rygge (bei Moss) und Torp (bei Sandefjord), denn warum soll man so weit in den Norden von Oslo reisen, wenn man im Süden Norwegens wohnt und Torp dauernd sein Angebot erweitert? Auch hier gibt es also Möglichkeiten genug für interessante Verschwörungstheorien, es läuft eigentlich immer auf Bestechungsvorwürfe hinaus. Dass einige der an der Entscheidung für Gardermoen beteiligten Staatsbeamten seltsamen Unfällen zum Opfer gefallen sind, ehe sie die Möglichkeiten hatten, ihre Entscheidung vor der Öffentlichkeit zu begründen, ist keine Erfindung norwegischer Krimiautoren, es ist passiert. Die Krimiautoren schreiben aber natürlich begeistert einen Krimi nach dem anderen zum Thema »Warum Gardermoen«, leider sind die allesamt nicht ins Deutsche übersetzt. Wenn Sie Norwegisch lesen können, hier ein Buchtipp: Lars Lenth: *Den norske pasienten*, erschienen im Kagge Verlag.

71. GRUND

**Weil norwegische Eisenbahnangestellte
richtig nett sein können**

Bleiben wir noch ein bisschen bei Gardermoen – diesem unerschöpflichen Gesprächsthema überall in Norwegen. Wenn man von dort irgendwohin fliegen will, oder wenn man also in Norwegen ankommt, ist man ja noch nicht in Oslo. Und von Gardermoen bis Oslo ist es ganz schön weit. Es wurde also eine Bahn gebaut, die zwischen Gardermoen und Oslo Sentralstasjon (dem ehemaligen Ostbahnhof, der nach dem Ausbau ein riesiger, komplett unübersichtlicher Hauptbahnhof geworden ist), nur einmal hält. Die Idee ist natürlich gut, und wenn man Glück hat, kann man in weniger als einer halben Stunde in Oslo S sein. Die Gardermoenbahn, oder Flytoget, (»Flugzeugzug«), wie auf den Schildern steht, ist nur nicht so ganz für Fluggäste mit Gepäck eingerichtet. Nicht genug Stauplatz, nicht genug Stellplatz, man kann das Gepäck nicht im Auge behalten, obwohl doch per Lautsprecher vor Gepäckdieben gewarnt wird. Das klingt alles abschreckend, aber es hilft ja nix, der Flugzeugzug muss sein, wenn wir nach Oslo wollen. Aber im Flytog passieren Dinge, die bestimmt nur dort passieren. Ein junger Norweger, der ein Jahr in Kanada studiert hatte, kam von dort zurück. Nach einem Jahr Studium hatte er natürlich mehrere Koffer voller Bücher aus Kanada mitgebracht, und nun versuchte er verzweifelt, seine vier Koffer irgendwie im Zug unterzubringen – der Flytog hat Großraumwagen, die allerdings sehr schmal sind, und, wie gesagt, wenig Stauraum aufweisen. Die anderen Fahrgäste waren nach Kräften behilflich, doch dann kam der Schaffner. Schaute sich unsere Bemühungen an, dann sagte er streng: »Wissen Sie nicht, dass man hier nur drei Gepäckstücke mitnehmen darf?« – »Nein«, sagte der heimkehrende Student gleichgültig und versuchte weiter, die Koffer unterzubringen. »Das ist verboten!«, herrschte ihn der Schaffner an. Nun mischten sich alle Umstehenden ein (das ist eigentlich selten in Norwegen): »Wo steht denn das?« – »Woher soll man das wissen?« Der Schaffner musste zugeben, dass es nirgendwo im Wagen steht und auf den Fahrkarten auch nicht, man kann es also eigentlich nicht wissen. Aber er hatte ja nicht umsonst eine Uniform an, und so verkündete er: »Man hat das zu wissen, so sind die Vorschriften, der eine Koffer muss raus.« Der Student sagte unglücklich: »Seit gestern früh bin ich unterwegs, überall, wo ich umsteigen musste, waren alle so freundlich und hilfsbereit, aber kaum komme ich nach Hause, da werde ich angefaucht.« Wir alle starrten den Schaffner strafend an, aber so richtig wusste niemand von den Umstehenden, was wir jetzt tun sollten. Der Schaffner aber runzelte zuerst die Stirn, dann lächelte er und sagte: »Nein, das geht aber wirklich nicht. Dann behalten Sie Ihre Koffer eben.« Sprach's, nickte noch mal und ging und verlangte nicht eine Krone Strafgebühr. Ich glaube, das erlebt man nur im Flytog zwischen Gardermoen und Oslo, und das ist doch ein Grund, diesen Zug zu mögen (aber überlegen Sie sich trotzdem, wie viel Gepäck Sie wirklich unbedingt brauchen).

72. GRUND

Weil Taxifahren in Norwegen zum Abenteuer wird

In Norwegen gibt es viel zu wenig Taxis, das ist natürlich kein Abenteuer, sondern nervig. In den Innenstädten stehen vor allem an Wochenenden abends lange Schlangen von Menschen, die auf ein Taxi warten. Die Stimmung in den Schlangen ist nicht immer angenehm, vor allem nicht im Winter oder wenn es regnet. In Stavanger ist es in den vergangenen Jahren mehrfach zu Messerstechereien gekommen, weil jemand glaubte, andere hätten versucht, sich vorzudrängeln. Der Stadtrat, immer mit guten Ideen zur Hand, (wie schon in Grund 11 beschrieben), schlug als Problemlösung vor, den Warteplatz zu überdachen, damit die Schlange nicht im Regen auf Taxis warten muss – nasse Schlangen greifen offenbar eher zum Messer. Das ist alles eher scheußlich, und die Lösung besteht wohl darin, die eigenen abendlichen Wege so zu planen, dass man kein Taxi braucht, also samstags nicht in die angesagte Kneipe in der Innenstadt zu gehen, sondern in den Imbiss an der Ecke, in der Hoffnung, dass jemand den Hjemmebrent teilt. Klappt auch meistens. Aber zurück zu den Taxiabenteuern. In norwegischen Städten gibt es keine Preisabsprachen zwischen den Taxiunternehmen. Eine kleine Umfrage ergibt, dass der Preis für eine Fahrt aus der Osloer Innenstadt zum Flughafen Gardermoen alles zwischen 400 und 1.200 Kronen kosten kann, 800 Kronen reichen selbst in Norwegen für eine Mahlzeit mit Wein in einem guten Restaurant. Jede Taxigesellschaft legt ihre Preise selbst fest, der Fahrgast soll selbst sehen, welchen Preis er für angemessen hält. Dafür muss der Fahrgast natürlich wissen, dass die Preise variieren, und wie stark. Um das rauszukriegen, muss man Norwegisch können. Wenn man erst weiß, dass es so ist, kann man die notwendigen Verhandlungen natürlich auf Englisch führen. In der Ankunftshalle von Gardermoen hängt ein Plakat, das auf die unterschiedlichen Preise aufmerksam macht. Es rät allen, die ein Taxi brauchen, sich an einen Auskunftsschalter vor dem Ausgang zu wenden, da wird dann das preisgünstigste Taxi besorgt. Das Plakat ist aber nur auf Norwegisch.

Es gibt zahllose Geschichten von Reisenden, die früher schon einmal in Oslo waren, sie erinnern sich an die billigen raschen Taxifahrten vom alten Osloer Flughafen in die Stadt. Und da sie nicht mitgekriegt haben, dass jetzt alles, einfach alles anders ist, verlassen sie frohgemut das Flughafengebäude und nehmen sich ein Taxi. Dann kommt zuerst der Schock, dass es endlos dauert, und dann der zweite, dass es unendlich viel kostet. Selbst wenn sie die billigste Taxigesellschaft erwischt haben, ist es natürlich viel mehr als in ihrer Erinnerung, aber beim teuersten? Die Anekdoten berichten von Wutanfällen und Nervenzusammenbrüchen, ich hoffe, sie sind alle übertrieben. Aber jedenfalls, Taxifahren in Norwegen erfordert genaue Vorbereitungen und Recherchen. Die Taxifahrer haben da übrigens auch ihre Meinungen.

Gespräch 1, norwegische Taxifahrerin, ich erzähle, dass es in Hamburg ganz anders ist, dass dort alle Taxigesellschaften dasselbe nehmen. Sie staunt: »Gibt es bei euch denn keine freie Marktwirtschaft?« Ich versuche zu erklären, dass es die eigentlich gibt, dass aber die Taxigesellschaften sich eben absprechen, damit sie sich nicht gegenseitig unterbieten können, und damit die Kundschaft eine gewisse Sicherheit hat und nicht lange forschen muss, um ein Taxi zu finden, das sie sich leisten kann. Die Taxifahrerin denkt eine Weile nach, dann sagt sie: »Das ist Sozialismus. So was wollen wir nicht in Norwegen.«

Gespräch 2, Taxifahrer kommt ursprünglich aus Pakistan, ist seit sieben Jahren in Norwegen. Dass die Preise in Hamburg, wo ich wohne, festgelegt sind, findet er ganz normal. Ist in Karatschi auch so. Oder eigentlich überall. Außer in Norwegen, meint er. Und dass die Preise dermaßen variieren, für dieselbe Strecke, mit demselben Komfort, ohne dass die Kunden richtig darauf aufmerksam gemacht werden, wenn sie sich also mit den norwegischen Taxizuständen nicht auskennen? Der Taxifahrer redet sich total in Rage und sieht die Sache ganz anders als die norwegische Kollegin am Vortag. »Soll ich das ganz offen sagen?«, ruft er energisch und haut aufs Lenkrad. »Da, wo ich herkomme, nennt man das Schwindel!«

Es ist allerdings nicht ratsam, das in Taxis anderer Gesellschaften so einfach zu wiederholen! Mein schönstes norwegisches Taxierlebnis ist aber dieses. Ich steige ein, der Fahrer schaut mich im Rückspiegel an, greift dann ins Handschuhfach und holt mein Oslobuch heraus. Sagt: »Jetzt hätte ich gern eine Widmung«, und zwar auf fließendem Deutsch mit wunderschönem norwegischen Akzent. Und als ich die Widmung geschrieben habe, sagt er noch:

»Auf Seite 63 ist übrigens ein Druckfehler.« Er hatte recht, aber das Erlebnis war so schön, dass mir der Druckfehler nicht einmal peinlich war!

73. GRUND

Weil Elling Norweger ist

Elling ist eigentlich eine literarische Figur, die sich aber verselbstständigt hat und so ungefähr zum Protonorweger geworden ist. Elling ist eigentlich immer unzufrieden, findet sich zu kurz gekommen, meint aber zugleich, dass in Norwegen alles zum Besten ist, oder jedenfalls zum Besten wäre, wenn nur alle ein bisschen mehr auf ihn hörten. Er träumt von den goldenen Zeiten, als die Sozialdemokraten unangefochten regierten und als Gleichheit und Genügsamkeit herrschten und niemand mehr hatte als die anderen. So kommen ihm diese Jahre jedenfalls vor, auch wenn es sie vielleicht nie so gegeben hat. Und noch immer vertritt er die Meinung: Man braucht keine Gurkenscheibe auf das Salamibrot zu legen, die Salami ist an sich schon salzig genug. Es gibt mehrere Romane über Elling, geschrieben hat sie der Autor Ingvar Ambjørnsen, und schon nach dem ersten hatte Norwegen Elling ins Herz geschlossen. Es gibt drei Filme über Elling, dazu ein Theaterstück. Die Bücher wurden in viele Sprachen übersetzt, der Film für den Oscar nominiert (was nicht jedes Jahr einem norwegischen Film passiert), und das Theaterstück wird in aller Welt aufgeführt. Denn obwohl Elling als der typische Norweger gilt, so spricht er doch in aller Welt etwas offenbar sehr Menschliches an, in Island wie in Südkorea, wo Bücher und Theaterstück ganz besonders erfolgreich sind. Und doch ist Elling durch und durch norwegisch. Er ist sogar schon zu sprichwörtlichen Ehren gekommen. »Nun sei doch kein Elling«, sagt man zu jemandem, der sich zickig und starrköpfig verhält. Seit einem Jahr gibt es nun wieder neue Elling-Texte, nach Aussage seines Autors betätigt er sich als Blogger, ein Buch mit den neuen Elling-Texten gibt es noch nicht, aber hier kommt jetzt erstmals einer in deutscher Übersetzung.

Dazu muss man ein bisschen Vorgeschichte wissen. Der Dalai Lama besuchte Norwegen und wollte gern vor dem norwegischen Parlament sprechen. Das ist an sich sein gutes Recht. Der Friedensnobelpreis wird seit der Auflösung der Union mit Schweden 1905 in Oslo verliehen – also eigentlich schon immer, da es ihn erst seit 1901 gibt. 1905 erhielt ihn Bertha von Suttner, die allerdings nie vor dem norwegischen Parlament sprach. Das tat der Dalai Lama auch nicht, obwohl es der Brauch will, dass alle Friedensnobelpreisträger, die aus irgendeinem Grund nach Norwegen kommen, eingeladen werden, dort zu sprechen. Eine solche Einladung erging auch an den Dalai Lama, und er nahm an. »Natürlich«, würde Elling nun sagen. Der chinesische Botschafter wurde bei der norwegischen Regierung vorstellig und sagte, seine Regierung finde das gar nicht gut, und den gerade so vielversprechend ausgebauten Handelsbeziehungen zwischen Norwegen und China würde es gar nicht gut bekommen, wenn der Dalai Lama vor dem Parlament sprechen dürfte. Worauf er wieder ausgeladen wurde. Die Öffentlichkeit in Norwegen tobte aufgrund dieses Kniefalls vor einem absolut nicht demokratischen Regime, aber Elling sah das anders. Nämlich so:

»Ich will mich hier kurz fassen, ich finde ja eigentlich, dem Norwegenbesuch des Dalai Lama ist schon mehr als genug Aufmerksamkeit geschenkt worden. Aber ich als Blogger finde es auch schwierig, ein Blatt vor den Mund zu nehmen, nachdem wir heute den ›friedliebenden Tibetaner‹ auf allen Sendern ertragen mussten, ohne dass andere als die Regierung und einige wenige realitätsorientierte Personen auch nur ein Wort der Kritik äußerten.

Es ist kein Geheimnis, dass die amtierende Regierung nicht meine erste Wahl war. Aber im Fall des Lama haben sie Tatkraft und großen politischen Mut gezeigt. Hut ab vor dem Parlamentspräsidenten und dem Außenminister, die stumm den Zeigefinger auf die Hintertür des Parlamentes richteten, als sie vom Kommen des Geisteshäuptlings hörten. Beide waren früher einmal Vorsitzender des Tibetkomitees in ebendiesem Parlament, und natürlich sind sie von einem hysterischen und heuchlerischen Mob nach Strich und Faden angepöbelt worden. Aber solche Pöbeleien können ihren Mann durchaus ehren. Den Mut aufzuweisen, in aller Öffentlichkeit seinen Standpunkt zu ändern, verdient Respekt und Bewunderung. Außerdem bin ich wohl nicht der Einzige, der fragt: Was haben die beiden in ihrer Zeit als Vorsitzende des Tibetkomitees eigentlich in Erfahrung gebracht? Eins steht fest. Wenn ein Mann so auffallend entwaffnend auftritt wie der Dalai, so krampfhaft gewaltlos und mit einem ewigen holden Lächeln, dann hat er in der Regel Dreck am Stecken. Dann reden wir in neun von zehn Fällen von einer schwerwiegenden Persönlichkeitsstörung. Wir kennen das ja. Mutter Teresas psychopathisches Verhalten wurde nach ihrem Tod zum Glück entlarvt. Und wie enttäuschend war es doch, als Erwachsener erfahren zu müssen, dass Albert Schweitzer blinde Katzenjunge mit dem Hammer totgeschlagen hat! Dass Parlamentspräsident und Außenminister mit ihrem Wissen über den Lama nicht an die Öffentlichkeit gehen, spricht ebenfalls zu ihrem Vorteil. Ich will ebenfalls großzügig sein und nicht auf die Vorstellungen des Lama eingehen, auf wiedergeborene Greise und entführte kleine Jungen, ich bin schließlich jemand, der Glauben und Zweifel anderer mit Großmut betrachtet. Ich will nicht weiter darauf eingehen!

Aber mir wurde geradezu schlecht, als ich heute vor dem Flachbildschirm saß und meine Landsleute in hemmungsloser Huldigung dieser kranken Ideen sehen musste. Und mir wochenlang anhören musste, wie irregeleitete Menschen über ein Land schreiben und reden, das sie nicht kennen, und bei dem sie sich nicht die Mühe gemacht haben, sich ausreichend Informationen zu beschaffen. Als China in Tibet einmarschiert ist, sollte eine Steinzeitnation in die Gegenwart geholt werden. Einer grotesken Sklaverei sollte ein Ende gesetzt werden. Schulen und moderne, humane Gefängnisse sollten errichtet werden. Aber sofort schlug ihnen übellaunige Kritik aus einer Mikronation oben am Nordpol entgegen. Zum Glück aber scheint das endlich ein Ende zu nehmen.

Ich sage es mit den Worten des alten Vorsitzenden Mao: Lasst hundert Blumen blühen. Aber ich füge von mir aus noch hinzu: Und reißt das Unkraut mit der Wurzel aus.«

74. GRUND

Weil es in Norwegen berühmte Gräber gibt

Bei berühmten norwegischen Gräbern denkt man ja sofort an Ibsen, doch dessen letzte Ruhestätte auf dem Osloer Vår Frelsers Gravlund ist eher bescheiden – ein grauer Obelisk und ein paar Steinplatten, das ist alles. Eigentlich war geplant, ihm ein gewaltiges Mausoleum zu errichten, hoch über der Stadt, hoch wie ein fünfstöckiges Haus. Eine Art Ruhebett war geplant, getragen von Marmorknaben, oben sollte Ibsen sitzen und schon von Weitem vom Oslofjord aus zu sehen sein, noch ehe die Stadt in Sicht kam. Der Bildhauer Vigeland hatte diese schöne Idee, Ibsens Sohn Sigurd hat dann leider die Ausführung verhindert. Berühmt, weil es in Büchern über Friedhöfe und Gräber immer wieder erwähnt wird, ist eines der Familiengräber der Munch-Sippe. Berühmt ist es vor allem, weil es offenbar das einzige Grab der Welt ist, in dem drei Personen begraben sind, während der Grabstein eine vierte erwähnt, die ganz woanders liegt. Das stimmt aber nicht ganz; wenn man ganz dicht an den Grabstein herangeht und sich die Rückseite ansieht, findet man auch die Namen der Grabinsassinnen.

Es handelt sich um die Tante und die Schwestern des Malers Edvard Munch. Die drei, so steht es vorn auf dem Grabstein, wo ihre Namen also nicht genannt sind, haben als erste Edvards Genie erkannt und alles geopfert, damit er dieses Genie entwickeln und zu Ruhm gelangen konnte. Das klingt schön und edel, und vor lauter Bewunderung hat der Steinmetz offenbar vergessen (bzw. es waren die Auftraggeber, die diese Information wohl nicht für wichtig hielten), uns auch die Namen der Damen mitzuteilen. Der geniale Bruder und Neffe ist anderweitig bestattet, in einem Ehrengrab auf Oslos Vorzeigefriedhof Vår Frelsers Gravlund. Das Grab auf dem Friedhof von Nordstrand ist übrigens das zweite Familiengrab der Sippe, das erste befindet sich in der alten Osloer Innenstadt, auf dem aufgelassenen Friedhof Christ Kirkegård. Dieser Friedhof ist schwer zu finden, er liegt versteckt zwischen der alten Zentralbücherei und neuen Büroblocks, geöffnet ist er fast nie. Hier liegen die Eltern Laura Munch geb. Bjølstad (1838–1868), Christian Munch (1817–1889), Sofie Munch (1862–1867, von ihrem Bruder als »Krankes Mädchen« verewigt), davon kündet eine schlichte rechteckige Granittafel. Zwei Reihen weiter liegt Edvard Munchs Bruder Peter Andreas (1865–1895), ihm haben seine Freunde eine prachtvolle Gedenksäule errichtet, die Familie wollte offenbar auch nach seinem Tod nichts mit ihm zu tun haben.

Auf dem Christ Kirkegård liegen, gleich bei der übrigen Verwandtschaft, auch der Dichter Andreas Munch (1811–1884), vor Edvard der große Sohn der Familie und der erste norwegische Dichter, dem eine staatliche Ehrengage zugesprochen wurde. Er war ein Vetter von Edvards Vater. Dessen Bruder, der Historiker Peter Andreas Munch (1810–1863), der als Vater der norwegischen Geschichtsschreibung gilt (und der sich so echauffierte, weil der Märchenheld Aschenfurz in Aschenknabe umgetauft wurde, siehe Grund 27). Beide Herren haben reich verzierte prachtvolle Gedenksteine, wie es ihrem Rang entspricht.

Aber zurück zu den Damen, deren Namen wenigstens hier genannt werden sollen: Karen Bjølstad (1839–1931), Inger Marie Munch (1868–1952) und Laura Katrine Munch (1868–1926). Es wirkt ein bisschen traurig, ein Familiengrab, in dem nur drei Personen liegen, es scheint zugleich zur aufopfernden Haltung der drei Frauen zu passen, aber hätte Edvard nicht darauf bestehen müssen, bei seinen Lieben bestattet zu werden, nach allem, was die für ihn geopfert haben? Und schon fragt man sich doch, wie das wirklich mit dem Opfer war. In der Munch-Familie und in der Munch-Literatur wird dieser Opferkult immer weiter gepflegt. Edvard, ausersehen, den alten Ruhm der Familie wiederherzustellen, was ihm ja auch gelang, und Tante und Schwestern erscheinen als unverbrüchliche Einheit. Der Ruhm der Familie war aber eigentlich gar nicht so groß, die Munchs stammten aus der alten dänisch-norwegischen Beamtenschicht, die nach der Union Norwegens mit Schweden, ab 1814, an Bedeutung verlor und verarmten. Der Vater war Armenarzt, er hatte nach Anschauung der damaligen Zeit unter seinem Stand geheiratet, denn Laura Bjølstad war eine Handwerkerstocher aus dem ländlichen Løten, hatte im Haushalt gearbeitet und kam noch dazu aus der pietistischen Sekte der Haugianer. Gesund war sie auch nicht, sie starb, als ihr Sohn Edvard gerade erst fünf Jahre alt war. Karen, Lauras unverheiratete Schwester, vertrat Mutterstelle bei den fünf kleinen Munchs. Den Heiratsantrag des Vaters wies sie zurück. Sie wollte keine Kinder in die Welt setzen, um die Krankheiten, die in beiden Familien herrschten, nicht weiterzutragen. Das waren vor allem die damals unheilbare Schwindsucht, und – vermutet die Munch-Forscherin Bodil Stenseth – die damals ebenso unheilbare Syphilis, über die allerdings nicht so offen gesprochen wurde.

Auf das Ziel, die Familienkrankheit nicht weiterzugeben, schwor die Tante die Nichten und Neffen ein – was damals ein enthaltsames Leben bedeutete. Der Bruder Peter Andreas (1865–1895, so genannt nach dem vorerst einzigen großen Sohn der Familie) scherte aus dem Familienverband aus, schwängerte zuerst das Dienstmädchen der Familie und heiratete dann zum großen Entsetzen der Tante, starb aber kurz vor der Geburt seiner einzigen Tochter Andrea an Schwindsucht. Die Tante, so, wie sie in ihren hinterlassenen Briefen erscheint, wird schadenfroh genickt haben. Immerhin, Nachkommen dieser Tochter leben noch heute, über eventuelle Nachkommen des Dienstmädchens ist nichts bekannt.

Edvard hat nicht enthaltsam gelebt, das wissen wir aus seinen Briefen und Notizen, verheiratet hat er sich nicht, einmal war er verlobt; als er die Verlobung lösen wollte (nach eigener Aussage, wegen der Familienkrankheiten), schoss seine Verlobte Tulla Larssen auf ihn. Als Mann von Welt behauptete er jedoch, der Schütze gewesen zu sein, erhaltene Röntgenbilder zeigen die Deformation des Knochens im getroffenen Finger der linken Hand.

Tante und Schwestern lebten nicht so lustig, die Schwestern durften keine Ausbildung machen, zumindest Laura wäre gern Lehrerin geworden, aber dafür war kein Geld da, alles musste ja für den genialen Edvard ausgegeben werden. Alle drei verdienten ihr Geld durch Herstellung von Reiseandenken, Norwegen erlebte damals den ersten Touristikboom (sicher auch gefördert durch das Vorbild von Kaiser Wilhelms alljährlichen Nordlandreisen). Laura war offenbar nicht zum edlen Verzicht geboren, sie wurde depressiv und landete im Irrenhaus. Einem Irrenhaus von damals, mit riesigen Sälen und kaum anderer Behandlung als eiskalten Bädern. Bruder Edvard übrigens kannte diese Schwermutschübe, aber wenn er einen herannahen spürte, begab er sich in ein teures Privatsanatorium, wurde erstklassig verpflegt und von den leitenden Fachleuten seiner Zeit betreut. Schwester Laura muss eine unglaublich starke Persönlichkeit gewesen sein, sie hielt acht Jahre durch, dann war Edvard zu Geld gekommen, holte sie aus dem Irrenhaus, und nun führte sie ihm den Haushalt. Der anderen Schwester und der Tante machte er bittere Vorwürfe, weil sie Laura ins Irrenhaus gesteckt hatten. Der Einwand, alles Geld sei doch für seine Aufenthalte im Sanatorium benötigt worden, für die Schwester sei einfach kein Geld da gewesen, konnte ihn nicht besänftigen. Der innige Zusammenhalt war nachhaltig geschwächt, man korrespondierte nur noch selten, persönliche Treffen fanden nicht statt.

Dann starb Laura, und es kam zu einer Aussöhnung. Die Tante starb 1931 und Edvard schrieb schöne Worte über diese gütige Frau, die ihm eine zweite Mutter gewesen war und alles für ihn geopfert hatte. Die verbliebene Schwester Inger wäre gern zu ihm gezogen, um nun ihm den Haushalt zu führen, nachdem sie jahrelang die bettlägerige Tante gepflegt hatte (während der so dankbare Edvard sich nicht blicken ließ), aber so weit wollte er es mit der Versöhnung doch nicht kommen lassen.

Er wohnte auf seinem Gut Ekely in Hvitsteen bei Oslo, sie im Osloer Stadtteil Nordstrand, also nicht einmal weit entfernt, aber besucht hat er sie so gut wie nie.

Im Jahre 1944 starb Edvard dann auf Ekely. Seine Schwester Inger überlebte ihn noch um acht Jahre. Edvard bekam ein Ehrengrab, auf dem sein Gesicht in Bronze gehauen zu sehen ist. Schwestern und Tante blieben in dem eher unscheinbaren Grab in Nordstrand. Den zu seinen Lebzeiten hoch geachteten Onkel Andreas mit ins Ehrengrab zu packen, fanden die Osloer Honoratioren nicht nötig. Weshalb die Munchs also drei Familiengräber haben, und in allen wäre noch viel Platz gewesen. Aber wir können heute von einem zum anderen wandern und zwischendurch viel von Oslo sehen.

75. GRUND

Weil es in Norwegen eine ganz besondere Art von Höflichkeit gibt

In Norwegen herrscht der Irrglaube, Deutsche seien höflich, und wenn man dann die Stirn runzelt und nicht weiß, wie jemand auf die Idee kommen könnte, wird aufgezählt. Deutsche sagen Bitte, wenn sie sich im Café eine Tasse Kaffee bestellen, sie stehen im Bus auf, wenn alte Leute einen Platz brauchen, sie sagen vor dem Essen »guten Appetit«. Einmal, als ich wegen einer Fußoperation einige

Monate mit Krücken gehen musste, erzählte ich danach in Norwegen, dass das auch Vorteile gehabt habe. In jeder Warteschlange wurde ich nach vorn gewinkt, Autofahrer warteten geduldig, bis ich die Straße überquert hatte, der halbe Bus sprang auf, wenn ich mich hereinschleppte. Wohlgemerkt, das war in Hamburg, und alle norwegischen Bekannten erklärten immer wieder: »In Norwegen wär dir das nicht passiert.« Ich kann das zum Glück nicht beurteilen, weil ich in Norwegen nie auf Krücken unterwegs war. Zwei Dinge finden Norweger an der deutschen Höflichkeit besonders umwerfend: Dass wir »guten Abend« und »auf Wiedersehen« sagen, wenn wir ein Restaurant betreten, und dass Autofahrer anhalten, wenn jemand die Straße überqueren will – selbst, wenn gar keine rote Ampel sie zum Halten zwingt. Wobei das in Norwegen auch passieren kann. Leider nicht in den Städten, wo ein Auto nach dem anderen vorbeifährt und gar nicht auf die Idee kommt, langsamer zu werden, um jemanden über die Straße zu lassen – natürlich nicht, sie wollen sich ja nicht den Zorn der hinter ihnen Fahrenden zuziehen. Aber sie scheinen doch eine vage Vorstellung davon zu haben, was sich (eigentlich) gehört, denn auf dem Land, wenn weit und breit kein anderes Auto zu sehen ist, halten sie sofort und winken denen, die gerade am Straßenrand stehen, überaus freundlich zu. So freundlich, dass ich schon manchmal auf die andere Straßenseite gegangen bin, obwohl ich eigentlich gar nicht wusste, ob ich da überhaupt hinwollte, und mich erst einmal orientieren musste.

Aber dieses Beispiel zeigt schon, es gibt norwegische Höflichkeit, und sie hat sehr viel Charme. Man wünscht zwar nicht »guten Appetit«, aber nach dem Essen sagt man »takk for maten«, danke für das Essen, und zwar zu allen, die mit am Tisch gegessen haben. Man bedankt sich dauernd für etwas, hat man sich erst gestern unterhalten und trifft sich dann zum Warten am Zebrastreifen, sagt man »danke für gestern.« Ist die Begegnung länger her, sagt man »danke fürs letzte Mahl«, also »takk for sist«. Hier ist übrigens Vorsicht geboten. In Ostnorwegen werden r und s zu einem sch zusammengezogen, und ein Freund, der zum ersten Mal in Oslo war und mehrere Bekannte traf, die sich fürs letzte Mahl bedankten, verstand die zu »foschist« zusammengezogenen Wörter falsch und rief empört: »Ich komme zwar aus Deutschland, aber deshalb bin ich noch lange kein Faschist!« Also, man bedankt sich; trifft man sich nach Neujahr wieder, bedankt man sich fürs vergangene Jahr. Es gibt immer einen Grund, sich zu bedanken, und das ist doch schön? Hat man Gäste geladen, muss einer davon die »Takk for maten-tale« halten, also die »Danke-fürs-Essen-Rede«. Es ist eine hohe Ehre, darum gebeten zu werden, und man sollte sich große Mühe geben, wenn man also gebeten wird. Alle Norweger kennen irgendeine Anekdote, wo ein Ehrengast (wer der Ehrengast war, wechselt, die unbedarfte Zuhörerin kann durchaus den Eindruck bekommen, dass es bei jedem zweiten Gastmahl passiert, aber das stimmt nach meiner Erfahrung überhaupt nicht) nach dem Essen an sein Glas klopfte, sich erhob, »danke fürs Essen« sagte und sich wieder setzte. Es klingt witzig, wenn es erzählt wird, aber die Gastgeber wären zu Tode beleidigt, wenn man es wirklich so machte. Es sei denn, man wäre Bjørnstjerne Bjørnson, aber wer ist das schon? Aber zum Glück kommen die wenigsten Gäste aus dem Ausland in die Situation, um die Takk for maten-Rede gebeten zu werden, wir können also ganz beruhigt sein. Man bedankt sich auch im Restaurant und im Laden; statt zu sagen, »ein Bier bitte«, heißt es, »ein Bier, danke«, weil man ja davon ausgehen kann, dass man es kriegt, da braucht man nicht zu bitten. Kurzum, immer für alles bedanken und nicht die Weihnachtskarte vergessen, man kommt in Norwegen wirklich mit einem Minimum an Höflichkeit wunderbar zurecht. Und wenn man beim Betreten eines Lokals »guten Abend« sagt (am besten auf Norwegisch, natürlich), gilt man schnell als Vorbild an guten Manieren und kontinentalem Charme. Wobei, das ist noch wichtig, seit wenigen Jahren eine Veränderung zu beobachten ist. Plötzlich ist es üblich, sich bei einer Begegnung die Hand zu reichen – das galt als »deutsch« und wirkte eher befremdend. Aber

Berggipfel mit Steinhaufen – so findet man immer den richtigen Weg

Trolltunga (»Die Trollzunge«), ein Felsvorsprung am Sørfjord

Ein furchterregender Troll, der den Sonnenaufgang überlebt hat

Der Dom zu Trondheim, seit dem Mittelalter werden hier Norwegens Könige gekrönt

Erker auf Oslos Prachtstraße Karl Johan – hier stellte Ibsen jeden Tag seine Uhr

Zu Stein gewordener Albtraum – die Vigelandsanlage im Osloer Frognerpark

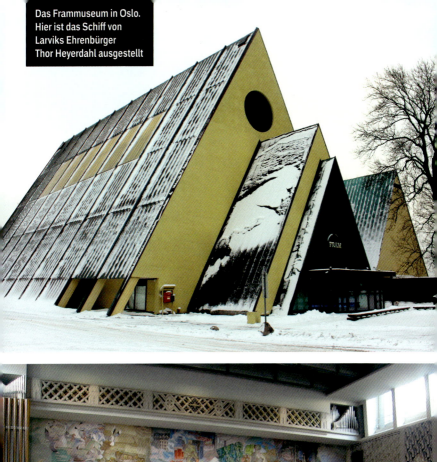

Das Frammuseum in Oslo. Hier ist das Schiff von Larviks Ehrenbürger Thor Heyerdahl ausgestellt

Das Osloer Rathaus – hier wird der Friedensnobelpreis verliehen

Beeindruckende Polarlichter

Die Lofoten, früher einmal das Zentrum des Wikingerreiches

Die Lofoten-Inseln

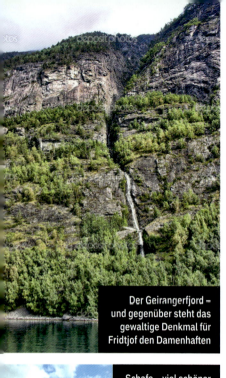

Der Geirangerfjord – und gegenüber steht das gewaltige Denkmal für Fridtjof den Damenhaften

Kajaktour in Norwegen

Schafe – viel schöner so als auf dem Teller!

Kaiser Wilhelms Lieblingsreiseziel: der Geirangerfjord

**Norwegenurlaub –
Hier bin ich Mensch,
hier darf ich's sein!**

Norwegen – das Land der unbegrenzten Freizeitmöglichkeiten

Sommerfreude – Norwegen vom Boot aus erpaddeln

Sommeridylle

Die Oslofähre, ein schwimmendes Luxushotel mit langweiligem Namen

Stavanger, die Stadt mit dem besten Schokoladenkuchen in ganz Norwegen

Der Hafen in Oslo – die Wikingerschiffe liegen gleich nebenan

Romantik pur – im Hintergrund eine der vielen sehenswerten Skulpturen

Dieser Felsen heißt Prekestolen, also »Kanzel«, wer hier predigen will, braucht gute Nerven!

Norwegen bietet immer wieder atemberaubende Ausblicke

Eine typische Stadt am Fjord – Besuch dringend empfohlen

Noch vorhanden und Naturschutzgebiet: Gletscher am Fjord

Nils Aslak Valkeapää, der große Erneuerer der samischen Kultur

Der magere Geistliche mit dem Vogelstellernetz, Skulptur von Eamonn O'Doherty im Peer Gynt-Park in Løren

Lieblingsspuk: Der Glomsdalmann in Elverum

Troldhaugen, das Haus von Nina Grieg

Troldhaugen, hier sind Nina und Edvard Grieg begraben

Die Stabkirche von Heddal, die einzige Stabkirche, mit der eine Sage verbunden ist

jetzt schütteln zumindest in Oslo die Leute einander die Hände, als hätten sie nie etwas anderes getan, und finden es »kontinental«!

76. GRUND

Weil es nur in Norwegen ein Ostergebirge gibt

Tor Heyerdahl wollte zur Osterinsel, und sein Denkmal in Larvik sieht auch ein bisschen aus wie die berühmten Statuen von dort, seine Landsleute aber reisen lieber ins Ostergebirge. Jedes Jahr und das in Massen. »Skal dere til Påskefjell i år?«, fragten sie freundlich, »fahrt ihr dieses Jahr ins Ostergebirge?« Zuerst stellt man sich vor, dass das Ostergebirge ja total überlaufen sein muss, wenn die da alle hinwollen, aber wenn die Landkarte dann kein Påskefjell rausrückt, fällt langsam der Öre: Das Ostergebirge gibt es gar nicht. Es ist einfach eine praktische Umschreibung für den letzten langen Skiausflug des Winters. Der findet in der Karwoche statt, denn meistens nehmen sich alle schon am Gründonnerstag frei, und dann hat man einige Tage Zeit für die Fahrt in die Berge. Ob allein, mit der Familie oder im Freundeskreis, eine Tour ins Ostergebirge gehört irgendwie dazu. (Für die, die wirklich keine Lust haben: In den Städten ist es dann schön ruhig, und es gibt keine langen Warteschlangen vor der Kinokasse!) Jedes Gebirge, wo genug Schnee liegt, wird zum Ostergebirge; wenn man wissen will, wo genau sich die Bekannten aufhalten wollen, muss man eben genauer fragen. Die Autorin Sigrid Boo, deren spitzzüngige Beschreibungen von Sitte und Brauch in Norwegen auch achtzig Jahre nach Erscheinen ihrer Romane noch perfekt stimmen, schildert einen Abend im Ostergebirge so. Nachdem tagsüber alle auf Skiern unterwegs waren, sind für den Abend andere Dinge angesagt: »An den Abenden sollte die Hüttenromantik gepflegt werden. Diese bestand darin, dass man paarweise vor dem Kamin saß, während das Feuer loderte und das

Grammofon herumbrüllte. Die Teilnehmer legten den Arm um die Teilnehmerinnen und alle fühlten sich verpflichtet, auszusehen, als befänden sie sich im siebten Himmel.« In Boos Roman muss die Heldin nun ihren Kopf an den gut wattierten und tadellos geschnittenen »Sportdress« eines Mitwanderers betten, doch ach, der ist in Gedanken noch im Büro und redet nur über Zahlen.

Die Heldin entflieht und tröstet sich mit einem Osterkrimi. Auch dieses Wort gibt's: Påskekrim. Ein unerlässliches Requisit für die Fahrt ins Ostergebirge, der Inhalt braucht nichts mit Ostern zu tun zu haben. Ob im Hochsommer oder zu Weihnachten gemordet wird, egal, ein Krimi, der mit ins Ostergebirge genommen wird, wird damit automatisch zum Osterkrimi. Mehrere Verlage bringen sogar jedes Jahr eine Sammlung von Kriminalgeschichten heraus, immer rechtzeitig Anfang März, und nennen diese Sammlungen dann »Påskekrim«. (Am besten sind die des Juritzen Verlags, immer eine schöne Mischung von bekannten Autoren und ganz neuen Leuten. Es sind auch Krimiautorinnen darunter, aber auch hier macht sich die norwegische Misere geltend, siehe Grund 45. Die Bücher sind trotzdem wunderbar.)

77. GRUND

Weil in Norwegen vor allem Männer stricken

Das ist jetzt ein bisschen übertrieben, aber in Norwegen haben die Strickfans Arne und Carlos seit einigen Jahren eine Mode losgetreten: Männerstricken, Stricken für Männer. Dass in Norwegen viel gestrickt wird, war aber schon vorher bekannt, so sehr, dass viele Muster als Norwegermuster bezeichnet werden, die gar keine sind. Pullover von den Shetlandinseln zum Beispiel, typische isländische Pullover, die winzigkleinen verwickelten Muster von der Insel Fairisle, alle Einstrickmuster in verschiedenen Farben werden in Deutschland der Einfachheit halber als »Norwegermuster« bezeichnet. Ist ja auch eigentlich egal, denn wenn wir in Norwegen dort gestrickte Pullover oder andere Stricksachen kaufen, finden wir auch dort Shetland- oder Fairisle-Muster. Aber ganz richtig norwegische Muster gibt es auch, zum Beispiel die Selburose, die in deutschen Strickmustern gern »Norwegerstern« genannt wird. Sie sieht auch wirklich eher aus wie ein Stern und hat es sogar in das Wappen der Stadt Selbu in Sør-Trøndelag geschafft. Dort wurde sie nämlich erstmals gestrickt, und zwar von Marit Guldsetbrua Emstad, über die die Nachschlagewerke sonst nichts erzählen; nicht einmal über die Frage, ob sie 1841 oder 1847 geboren wurde, herrscht Einigkeit unter den Gelehrten. Die Selburose ist das meistgestrickte Muster in Norwegen, was es umso frustrierender macht, dass über seine Erfinderin nichts bekannt ist. Noch frustrierender ist, dass auch bei dem norwegischsten aller norwegischen Pullover die Herkunft umstritten ist. Der Mariuspullover, gestrickt in Blauweißrot, den Farben der norwegischen Flagge, wurde erstmals gestrickt von Bitten Eriksen, 1928 oder 1929, oder von Unn Søiland Dale, 1953. Oder von Annichen Sibbern, das wiederum 1929. Und Mariuspullover, auch wenn der Prototyp blauweißrot ist, finden wir in vielen anderen Farben, besonders beliebt ist braunweiß. Viel einfacher, als die Geschichte dieses Musters zu ergründen, ist es, so einen Pullover einfach nachzustricken. Das berühmteste Foto einer Selburose stammt aus dem Jahre 1945. Wir sehen darauf den norwegischen Fähnrich Terje Rollem, dem am 11. Mai 1945 vom deutschen Wehrmachtsoffizier Josef Nichterlein offiziell die Festung Akershus in Oslo übergeben wird. Der Fähnrich, der als Angehöriger der Widerstandsorganisation Milorg keine Uniform besitzt, trägt eine Kniebundhose und darunter gestrickte Strümpfe mit Selbumuster!

Arne und Carlos, die mit Nachnamen Nerjordet und Zachrison heißen, sind ein junges Designerduo, das auch Kleidung, Einrichtungsgegenstände und Spielzeug entwirft, aber schlagartig berühmt wurden, als sie 2010 ein Buch mit der Anleitung für fünfundfünfzig handgestrickte Christbaumkugeln veröffentlichten. Bei den Mustern dominiert die Selburose, die also auch als Weihnachtsstern dienen kann, und die Kugeln sind eigentlich total scheußlich und furchtbare Staubfänger, und wenn man sie waschen will, fusseln sie und die Farben verblassen. Aber sie sind sehr einfach zu stricken, und weil Arne und Carlos so charmant sind, kamen ihre Landsmänner auf den Geschmack. Natürlich, verrät inzwischen so mancher Strickguru, denn die beiden fanden sofort Nachahmer, ist Stricken eine gute Möglichkeit, Frauen kennenzulernen. Finden Sie heraus, wo sich eine Strickgruppe trifft, in Norwegen wie hierzulande gehen die ja gern in ein Café, sitzen dann da und tauschen Anleitungen und Tipps aus. Und der Mann, der sich dazutraut und nicht lieber in einer reinen Männergruppe weiterstrickt, wird mit offenen Armen empfangen und hat vermutlich freie Auswahl. Selbst im Jugendbuch ist dieser Trend schon angekommen. In Gudrun Skrettings preisgekröntem Buch *Mein Vater, das Kondom und andere nicht ganz dichte Sachen* kommt ein Mann auf Frauensuche bei einem Strickkurs bei den Teilnehmerinnen dermaßen gut an, dass er vor Schreck das Stricken aufgibt und mit einer Elektrikerin durchbrennt! Aber noch mal zurück zu Arne und Carlos. Die beiden haben inzwischen den alten Bahnhof der Gemeinde Tonsåsen in Etnedal im Fylke Valdres übernommen. Man kann dort vorbeischauen, wechselnde Ausstellungen der Werke der beiden sehen und sich Muster abgucken. Ich wollte hier eigentlich eine Strickanleitung für die Selburose folgen lassen, finde aber einfach keine, nur Bilder, auf denen man Kästchen zählen kann. Aber wie gesagt, diese Muster sind alle sehr einfach, schließlich können sie sogar von Männern nachgestrickt werden.

78. GRUND

Weil norwegische Muster einfach
zu allem verwendet werden können

Es ist sehr beruhigend, dass die norwegischen Strickmuster so einfach sind, denn die Strickanleitungen sind es nicht, oft sind sie sogar komplett unbegreiflich. Meistens reicht es, sich ein Bild oder ein fertig gestricktes Teil hinzulegen und Maschen zu zählen, dann hat man's. Zum Glück. Das ist jetzt eine wahre Geschichte, die aber typisch ist für so ungefähr jeden Versuch, eine norwegische Strickanleitung zu ergründen. Bei meinem Beispiel wird gehäkelt, aber obwohl Häkeln die sehr viel einfachere Technik ist, sind die Häkelanleitungen genauso verworren. Es fing damit an, dass ich Übersetzungen für eine Zeitschrift machen sollte, die darüber berichtet, wie allerlei Leute alte schrottreife Häuser wunderschön restaurieren und einrichten, wie sie Zeit und Geld und einfach alles investieren, und wer die Zeitschrift kauft, kann es nachmachen. Und sei es nur im Kleinen, wenn zum Beispiel eine norwegische Brotbäckerin in ihre Backstube führt und sogar Tipps gibt. Norwegische Backtipps sind viel einfacher als Stricktipps, helfen aber auch nicht weiter. »Nehmen Sie genug Milch«, rät die Bäckerin, »heizen Sie den Backofen lange genug vor«, »wenn das Brot innen klitschig ist, war es nicht lange genug im Backofen«. Irgendwelche Angaben dazu, wann irgendwas genug ist, gibt es nicht. Selbst gebackenes Brot oder ein selbst gestrickter Schal (natürlich mit Selburose) sind ein schönes Geschenk, das auch entsprechend eingepackt werden sollte. Am besten mit selbst bedrucktem Papier aus schweineteuren Osloer Boutiquen. In der Weihnachtszeit kann man dann aber Geld sparen und weniger erlesenes Papier nehmen, wenn man das Papier mit selbst gehäkelten Schneekristallen schmückt. Wie gesagt, das musste ich alles übersetzen, und nun kam die Anleitung zum Häkeln von Schneekristallen. Daneben war ein Bild des fertigen

Schneekristalls. Die Beschreibung war selbst für norwegische Verhältnisse so unbegreiflich, dass man sie einfach nicht nachhäkeln konnte, aber doch begreiflich genug, dass klar war: Es bestand keinerlei Zusammenhang zwischen der Anleitung und dem gehäkelten Schneekristall auf dem Foto. Ich hatte seit meiner Schulzeit nicht mehr gehäkelt, fand Häkeln immer doof, aber gewisse Dinge verlernt man eben nicht. Ich kaufte eine Häkelnadel, nahm knallgrüne Sockenwolle – und nach zehn Minuten war mein Schneekristall fertig. Er sah genauso aus wie auf dem Foto, nur eben nicht schneeigweiß und weihnachtlich, sondern ziemlich blödsinnig. Ich konnte die Häkelanleitung aus empirischer Erfahrung modifizieren und dann den Schneekristall wieder aufriffeln und die Wolle für einen sinnvollen Zweck verwenden.

Hier ist die Beschreibung, ein echter norwegischer Schneekristall. Man nehme eine Häkelnadel Nr. 3 und entsprechende knallweiße Wolle.

Alsdann:

- Zusammengehäkelte Stäbchen: die erste Masche mitnehmen, den Faden bei der letzten Masche mitführen. 6 Luftmaschen aufnehmen.
- Runde: 12 feste Maschen
- Runde: x 1 Stäbchen 4 Luftmaschen, eine Masche überspringen, nach x wiederholen.
- Runde: Kettmaschen bis zur 1. Luftmasche x 6 Stäbchen im Luftmaschenbogen, 1 Luftmasche, wiederholen ab x
- Runde: x 6 Stäbchen, 5 Luftmaschen, ab x wiederholen
- Runde: x 6 zusammengehäkelte Stäbchen, 5 Luftmaschen, 1 Stäbchen und 5 Luftmaschen x 1 Stäbchen in der Mitte des Luftmaschenbogens, 5 Luftmaschen, ab x wiederholen.

Alles klar? Viel einfacher, man nimmt ein Foto und geht danach vor wie bei allen norwegischen Strick- und Häkelanleitungen!

79. GRUND

Weil in der Textilkunst auch Frauen neue Wege gehen

Eigentlich haben sie das schon immer getan, vor allem in früheren Jahrhunderten, als Frauen auch in Norwegen nicht studieren und keine Kunstakademien besuchen durften und Holzschnitzerei sich auch nicht ziemte. Aber Handarbeiten, Stricken, Weben, Häkeln, das alles galt als weibliche Fähigkeiten und wurde zu Hause gelehrt, und so ist es kein Wunder, dass Frauen als Pionierinnen auftraten, als sich gegen Ende des 19. Jahrhunderts das neue Fach Kunsthandwerk etablierte. Das wird auf Norwegisch »Hausfleiß« genannt, »husfliden«, deutsche Bücher aus jener Zeit schreiben auch vom Hausfleiß, aber aus irgendwelchen Gründen ist dieses schöne Wort in der deutschen Sprache seither verloren gegangen. (Wenn Sie es ganz genau wissen wollen: Alles über den Hausfleiß der damaligen Zeit in Europa steht in dem 1894 erschienenen Buch *Der Hausfleiß* von Alois Riegl.) Damals erlebte Norwegen auch den ersten Touristenboom, nicht zuletzt durch Kaiser Wilhelms Nordlandfahrten, und Edvard Munchs Schwester finanzierte ihrem Bruder sein Bohemienleben durch Herstellung von Souvenirs. Auch heute noch ist die Textilkunst in Norwegen eine größtenteils weibliche Domäne, denn die Norweger stricken zwar, aber an den Webstuhl trauen sie sich noch nicht so recht. Bis vor vielleicht zwanzig Jahren hatte die norwegische Textilkunst es schwer, überhaupt als Kunst anerkannt zu werden, die Herren Professoren murmelten gerne etwas von »Hausfrauenkram«, und die Osloer Kunstakademie weigerte sich standhaft, Textilgestaltung in den Lehrplan aufzunehmen. Anders übrigens in Bergen, die dortige Kunstakademie, die inzwischen mit anderen Bergenser Hochschulen fusioniert hat, hatte selbstverständlich eine Abteilung für Textilgestaltung. Textilgestaltung klingt großartig und vage zugleich, und man muss in Norwegen bei Ausstellungen zum Thema auch erst immer nachsehen, ob man nun handbedruckte Bettwäsche oder gewaltige Wandteppiche zu sehen bekommt. Die Weberei ist natürlich in vieler Hinsicht die Grundlage aller Textilgestaltung. Ehe der Stoff bedruckt werden kann, muss er ja erst mal gewebt werden. Wandteppiche mit althergebrachten Mustern finden wir eigentlich in jedem norwegischen Bauernmuseum, und die Teppiche sind wunderschön und regen die Phantasie an – manchmal scheinen die dargestellten Trolle jeden Augenblick herausspringen zu können. Aber die Konzentration auf die traditionellen Muster kann auch zu einem Stillstand führen, dieses Gefühl hatte jedenfalls die Weberin Frida Hansen aus Stavanger (1855–1931), die als erste moderne Textilkünstlerin in Norwegen gilt. Sie ist die Erfinderin der sogenannten Transparenttechnik. Dabei bleiben einzelne Teile der Kettung offen, und damit fällt Licht in das gewebte Muster und wird zu einem Teil der Gestaltung. Das klingt reichlich unbegreiflich, ich habe es auch erst begriffen, als ich zum ersten Mal mit diesem Satz auf einem Zettel vor einen Bildteppich von Frida Hansen stand – dann ist sofort klar, was gemeint ist. Frida Hansen gründete in Kristiania ihre eigene Lehrweberei (da die Hochschule ja nichts von ihrer Kunst wissen wollte), doch weil sie stark vom Jugendstil beeinflusst war, wurde ihr vorgeworfen, ihre Kunst sei »unnorwegisch« – sie wies das zurück und sagte, sei habe schließlich den norwegischen Webstuhl und die norwegischen Webtechniken weiterentwickelt, aber das überzeugte die Kritiker nicht, die hatten ja ohnehin keine Ahnung von Weberei oder Hausfleiß überhaupt. Aber Frida Hansen wurde in vielen europäischen Ländern mit Preisen überhäuft, und es hat zwar lange gedauert, aber seit es 1973 in Oslo eine große Ausstellung ihrer Werke gab, ist sie dort auch anerkannt.

Ihre Nachfolgerinnen entfernten sich immer weiter von der Vorstellung, dass Hausfleiß idyllisch sein müsste. Hannah Ryggen (1894–1970), eine Schwedin, die sich in Norwegen niedergelassen hatte, schilderte die Verbrechen der deutschen Besatzer und ihrer norwegischen Helfer – in Bildteppichen! Zum Glück waren die

Gestapomänner in Norwegen totale Banausen und übersahen die Teppiche bei Razzien in Hannah Ryggens Haus immer wieder. Ihre letzten Teppiche widmen sich übrigens dem Vietnamkrieg. Sigrun Berg (1901–1982) schließlich schuf in staatlichem Auftrag zwar gewaltige Bildteppiche, die unter anderem im Rathaus von Asker und im Dom von Bodø zu sehen sind, aber berühmt wurde sie für ihre Schals und Halstücher. Denen gab sie einen besonderen Farbton, der irgendwo zwischen Rosa und Lila liegt, und zu den Hochzeiten der Frauenbewegung hätten sich kaum eine Feministin und kein sympathisierender Mann ohne ein solches Halstuch auf der Straße blicken lassen. Auch wer noch nie von Sigrun Berg gehört hat, weiß sofort Bescheid, wenn der Schal erwähnt wird. Sigrun Berg, die mit dem Schal! Und das waren nur drei von vielen bedeutenden norwegischen Textilkünstlerinnen. Es gibt viel mehr, und immer neue, und ab zu und auch einen Textilkünstler – zu sehen sind ihre Sachen überall in den städtischen Museen, wenn es also eine Abteilung für Kunsthandwerk gibt. Gebrauchskunst (gewebte Jacken oder Läufer) gibt es in den Kunsthandwerksgeschäften der Kette Husfliden, wo eigentlich jede Art norwegischer Hausfleiß zu haben ist. Wunderschön, man kriegt immer Lust, den ganzen Laden aufzukaufen und sich ganz neu einzurichten und einzukleiden ... zum Glück kostet das alles viel zu viel, ist ja schließlich echte Handarbeit. Um ein Werk von Frida Hansen zu sehen, braucht man übrigens nicht einmal nach Norwegen zu reisen – ihr riesiger Teppich »Die Milchstraße« von 1898 hängt im Hamburger Museum für Kunst und Gewerbe!

80. GRUND

Weil in Norwegen die alten Götter noch gegenwärtig sind

Die nordischen Götter (oder germanischen, weil sie ja auch in großen Teilen des heutigen Deutschland verehrt wurden) sind ein richtig aufregender und spannender Haufen. Sie sind den heutzutage besser bekannten griechischen und römischen Göttern eng verwandt, aber dann sind sie doch wieder sehr eigene Wege gegangen. Der oberste Gott, der Göttervater sozusagen, hieß ursprünglich Tiwaz, der Name kommt vom selben Ursprungswort wie Zeus und Jupiter, aber der arme Tiwaz ging irgendwann verloren und wurde durch Wotan/Odin ersetzt. Wieso Tiwaz verschollen ist, weiß niemand, das alles ist passiert, ehe sich im Mittelalter die ersten Gelehrten daranmachten, die Göttermythen des Nordens aufzuschreiben. Aber da wütete dort schon das Christentum und vieles war bereits in Vergessenheit geraten. Odin ist also der Göttervater, auch Allvater genannt, und seine Frau heißt Frigg und soll in der Welt der Götter für Ordnung sorgen. Es gibt noch jede Menge andere Gottheiten, bekannt ist Thor/Donar, der Donnergott mit dem Hammer, der gern auch mal die Menschen zum Biertrinken besucht (wie in Grund 40). Es gibt die schöne Liebesgöttin Freya (nach der der Freitag heißt) und ihren Zwillingsbruder Frey, der für Fruchtbarkeit zuständig ist, es gibt den unendlich gütigen und reinen Baldur, den Gott der Kunst, es gibt den Kriegsgott Tyr, dem der Dienstag seinen Namen verdankt, und es gibt Idun, die Hüterin der Äpfel. Anders als die griechischen und römischen Kollegen sind die norwegischen Götter nämlich nicht unsterblich, sondern müssen regelmäßig eine bestimmte Apfelsorte essen, um jung und knusprig bleiben zu können. Kein Wunder, dass alle Götterfeinde immer wieder versuchen, Idun samt der Äpfel in ihre Gewalt zu bringen. Dann gibt es noch Loki, den es offenbar nur bei den nordischen Göttern gibt, er hat eigentlich keine richtige Funktion, steht irgendwie am Rande. Trotzdem wird er immer wieder mit wichtigen Aufgaben betraut, ein bisschen wie der Götterbote Hermes/Merkur. Nur versiebt Loki meistens diese Aufgaben, und das ganz bewusst: Nichts gefällt ihm besser, als die anderen Götter gegeneinander aufzustacheln und so großen Schaden anzurichten wie überhaupt nur möglich. Meistens kommt das heraus, und immer wieder wird er von Odin streng bestraft, macht aber bei der nächsten Gelegenheit munter weiter. Was er eigentlich davon hat, wird nie klar, das macht ihn ja gerade besonders interessant. Es überrascht nicht, dass in Norwegen nie ein kleiner Junge Loki getauft wird, Thors gibt es dagegen wie Sand am Meer. Aber seltsamerweise heißt auch kaum jemand Odin – kann das daran liegen, dass die Ehrfurcht vor dem Göttervater noch immer nicht ganz verschwunden ist? Eine andere Theorie ist, dass Odin doch nie so ganz als Nachfolger für den alten Himmelsgott Tiwaz akzeptiert worden ist. Mit seinem Bildungsdrang und seinem perfekt organisierten Nachrichtendienst wirkte er zu wenig volkstümlich, oder zu intellektuell, jedenfalls nicht wie ein Gott zum Anfassen, und deshalb sei im allgemeinen Bewusstsein eher der Donnergott Thor an Tiwazens Stelle gerückt. Der dänische Theologe Erik Pontoppidan (1698–1764) veröffentlichte 1736 eine wütende Hetzschrift, um endlich dem Aberglauben in Dänemark und Norwegen ein Ende zu setzen. Vor allem erboste es ihn, dass in Norwegen offenbar die Landbevölkerung »Großer Thor!«, ausrief, um etwas besonders zu betonen. Um diesem unchristlichen Sprachgebrauch ein Ende zu machen, schlug Pontoppidan vor, den Donnerstag (Torsdag) mit amtlichem Erlass umzubenennen. Er machte aber keinen Vorschlag, wie der Donnerstag denn heißen sollte, und so heißt er noch immer nach dem Donnergott, wie auf Deutsch ja schließlich auch.

Odins Vorgänger Tiwaz hatte offenbar noch einen zweiten Namen, nämlich *wulÞuz (das Sternchen bedeutet, dass dieser Name von Forschern rekonstruiert wurde), das bedeutet »der Strahlende«, also der Himmelsgott, und in Norwegen gibt es eine Menge Ortsnamen, die sich davon ableiten, wie Ullern, Ullensvang, Ulleval. Bei Ortsnamen auf Tor- muss man in jedem Fall prüfen, ob es wirklich um den Gott geht oder ob der Kabeljau gemeint ist (norwegisch Torsk), aber Thor ein Bieropfer zu bringen kann niemals schaden.

Es gibt zwei Göttersippen, Asen und Wanen, die sich untereinander fröhlich bekriegten, weil jede allein herrschen will, sie tauschen Geiseln aus und intrigieren dann munter weiter.

Das Ganze treiben sie in neun Welten, und zwar diesen:

Asgard, wo die Asen wohnen, und Wanenheim, wie der Name schon sagt, die Heimat der Wanen. Dann gibt es Alfheim, da hausen die Alben, auch eine Art übernatürlicher Wesen, die vor allem in Ruhe gelassen werden wollen, sowie Midgard, wo die Menschen angesiedelt sind. In Jotunheim hausen die Riesen, die oft aber gar nicht mal so besonders groß sind, und in Nidavellir die Zwerge, die nicht unbedingt winzig klein sind, ein kleiner Riese und ein großer Zwerg können durchaus gleich groß sein, was das Leben der Götter kompliziert macht, denn mit den Riesen sind sie meistens verbündet, während die Zwerge sie hassen. Die Zwerge waren nämlich vor den Göttern da, sind eine Art Ureinwohner, die jetzt in die Berge verbannt sind und da Edelmetall schürfen, das die Götter nun wiederum brauchen, deshalb verfolgen sie die Zwerge weiterhin, und die wehren sich. Schließlich haben wir noch Niflheim, die Heimat von Eis, Nebel und Kälte, Muspellheim, die Heimat der Feuerriesen (die mit den »normalen« Riesen meistens in Fehde liegen) und der Dämonen, und Helheim, das Haus der bleichen Todesgöttin Hel und der unehrenhaft gestorbenen Toten, zu dem auch Walhalla gehört, wo die heldenhaft gefallenen Toten hinkommen, und Folkvang für den ganzen Rest.

Es ist klar, dass die Götter nicht, wie die griechischen und römischen, viel Zeit haben, um mit irgendwelchen Menschen Liebschaften anzufangen und Halbgötter zu zeugen. Eigentlich interessieren sie sich nicht weiter für die Menschen, wenn sie die nicht gerade zu Festgelagen aufsuchen. Einzig Odin lässt sich von seinen Raben Hugin und Munin regelmäßig berichten, was die Menschen so treiben. Odin lässt sich auch an der Weltenesche Yggdrasil aufhängen, hängt dort neun Tage und neun Nächte, wird an der Seite mit einen Speer verwundet und büßt ein Auge an – aber zur Belohnung gewinnt er Weisheit und die Kunst der Runenschrift, die er dann netterweise an die Menschen weiterreicht. Mittelalterliche Chronisten berichten, dass die Menschen im Norden zunächst nicht weiter beeindruckt waren, wenn christliche Missionare ihnen vom Kreuzestod Christi erzählten – ein Gott, der nicht mal einen Nachmittag durchhält, was ist das schon gegen Odin? Wenn die Götter aber in amouröser Stimmung sind, dann wenden sie sich gern den Riesen und Riesinnen zu. Ein Beispiel dafür ist Frey, der seiner Schwester Freya offenbar an Schönheit und Charme nicht weit unterlegen war. Frey schickte seinen Diener Skirnir zur Riesin Gerd, um ein Stelldichein auf einem Kornfeld zu vereinbaren. Wir können uns schon denken, was er vorhatte, als er Gerd auf ein Kornfeld bestellte und nicht in ein Gasthaus. Und wirklich, noch heute buddeln vom Glück begünstigte Archäologen in Gegenden, die schon in der Frühzeit landwirtschaftlich genutzt wurden, winzige Goldfiguren aus, die Frey und Gerd beim Beischlaf zeigen. Diese Figürchen wurden im Feld vergraben, um die Fruchtbarkeit zu stärken und die Ernte zu vergrößern. Manche Forscher vermuten auch, dass Bäuerin und Bauer, wenn es zum Goldfigürchen eben nicht langte, selbst aufs Feld gingen und aktiv wurden, und dabei natürlich Frey anflehten, ihnen eine gute Ernte zu gewähren. Auch Loki steht übrigens auf Riesinnen, mit Angrboda (der Namen hat die aufmunternde Bedeutung »Angstbotin«) zeugt er unter anderem die grauenerregende Midgardschlange, die am Ende der Welt, der Götterdämmerung, wenn die Herrschaft der Götter ein Ende haben soll, die ganze Welt verschlingt. Die Funde der lustigen Figürchen von Frey und Gerd zeigen, dass mit der Christianisierung des Nordens die alten Götter nicht ganz aus dem Bewusstsein verschwanden. Das sehen wir auch daran, daß noch jahrhundertelang über Thor erzählt wurde, der gern bei Hochzeiten aufkreuzte und sich mit Bier abfüllen ließ. Es liegt ja auch auf der Hand, dass die Menschen daran zweifelten, dass der neue Gott wirklich alles selbst im Auge behalten konnte, was früher ein ganzer Götterhaufen samt Gehilfen schon nicht immer geschafft hatte. Und sicher ist sicher, es kann doch nicht schaden, der zuständigen Göttin auch dann noch ein Opfer zu bringen, wenn man offiziell getauft ist und den in Norwegen dann später so wichtigen Taufschein vorlegen kann? Es wirkt ein bisschen tröstlich: Wenn alles schiefgeht, kann man sich vorstellen, dass die Göttin gerade mit einem feschen Riesen beim Met saß und das Opfer einfach nicht gesehen hat.

Wir sehen jedenfalls, die nordische Götterwelt ist wunderbar und aufregend, und ich würde gern noch viele Seiten damit füllen und noch eine Menge anderer Gottheiten (und Riesinnen und Zwerge und überhaupt) vorstellen, aber der Platz ist ja leider begrenzt. Lesen Sie selbst, ist mein Rat, und es hilft bestimmt, in Norwegen ab und zu einem nordischen Gott ein kleines Opfer zu bringen.

81. GRUND

Weil man sich in Norwegen so schön einfach zum alten Götterglauben bekehren kann

Die alten Götter wirken in Norwegen noch überaus lebendig. Ab und zu wird behauptet, der alte Glaube habe im Verborgenen in all den Jahrhunderten seit der Christianisierung überlebt, aber bei genauerem Hinsehen erweist sich das als Wunschdenken – es gibt absolut keinen Beweis dafür. Allerdings, wenn Sie auf Karl Johan von Missionaren der norwegischen Heidengemeinschaft (Det norske Hedningsamfunn) angesprochen worden und sich schon auf ein schönes Opferfest für Thor freuen, dann sind Sie an die Falschen geraten. Der Verein mit dem verheißungsvollen Namen betrachtet sich als antireligiös und wurde 1974 vor allem gegründet, um die Privilegien der norwegischen Staatskirche zu bekämpfen. Es liegt natürlich auf der Hand, dass die echten Odinsgläubigen sich niemals als »Heiden« bezeichnet hätten, »Heiden« war schließlich eine verächtliche Bezeichnung, die die christlichen Missionare für die vermeintlich Ungläubigen mitgebracht hatten, und sie glaubten doch, die einzig wahre und vernünftige Religion zu vertreten. Das große Problem ist heute, dass wir nicht wissen, wie sie sich genannt haben – ob sie für sich als Religionsgemeinschaft überhaupt einen Namen hatten. Wir wissen überhaupt viel zu wenig über ihren Alltag und ihre Riten, weil es eben an schriftlichen Zeugnissen fehlt, und fast alle frühen Berichte von Christen verfasst wurden, die pflichteifrigst Abstand von diesem heinischen Unwesen nahmen. Das macht es aber für frisch gegründete Asenbünde leicht. Asatro – Asenglaube – ist das Stichwort, beim Googeln kommt man dann schnell auf die Websites der diversen skandinavischen Asengemeinden. Warum sie die Wanen einfach weglassen aus ihrem Namen, verraten die Websites nicht, aber sie berufen sich eben auf Odin, der Ase war. Auch asischen Missionaren können Sie auf Karl Johan begegnen, und die Websites bieten Eintrittsformulare an. Offenbar kann jeder und jede Mitglied werden, allerdings wird fett darauf hingewiesen, dass ohne Angabe der Personennummer gar nichts läuft. Die Asenbünde setzen sich nach eigener Aussage dafür ein, den Asenglauben im Alltag deutlicher werden zu lassen, und sie wollen der Staatskirche gleichgestellt werden, also Trauungen, Taufen und andere Zeremonien durchführen können, die staatlich dann auch anerkannt werden. Das Problem ist nun wieder, dass sie ihre Zeremonien neu erfinden müssen, weil die alten Quellen so vage sind. Ein viel größeres Problem ist, dass es nicht immer allen neuen Asengläubigen gelingt, sich überzeugend vom braunen Rand abzugrenzen – ehe man sich bekehren lässt, sollte man sich genau ansehen, in welche Gesellschaft man da gerät. Man kann mit dem Asenglauben so viel Spaß haben, ohne sich taufen zu lassen, oder wie immer die ihr Äquivalent nennen. Das ändert ja nichts daran, dass die alten Götter ein lustiger Verein waren, und sie nehmen auch Opfer von ihren Verehrern an, die nicht zu irgendeinem Asenverein gehören. Außerdem, wenn man in Norwegen irgendwo eintreten will – ich glaube, nirgendwo gibt es so viele Vereine wie gerade dort.

82. GRUND

Weil es in Norwegen so unendlich viele Vereine gibt

Drei Deutsche, ein Verein, wird oft behauptet, aber da können Norweger nur hämisch grinsen. Norweger lieben nämlich Vereine – drei Norweger, vier Vereine, so könnte eine vorsichtige Schätzung lauten. Wenn aber gerade kein Verein zur Hand ist, kann man wenigstens so tun als ob. Wer ein oder zwei Semester in Norwegen studiert hat, kennt die Situation nur zu gut: Am Ende des Semesters soll ein Fest gefeiert werden. Es wird überraschend viel Zeit für die Vorbereitungen angesetzt, aber diese Zeit wird auch gebraucht. Kein Fest ohne Festkomitee, das zuerst zusammengestellt werden muss, dann werden die Aufgaben verteilt, und dann erst können die Vorbereitungen beginnen. Die Frage, ob man denn ein Komitee brauche, »wir sind noch nur zwanzig Leute im Kurs, das können wir doch mal eben hier besprechen und dann loslegen?«, kann man sich gleich sparen, die erntet nur hochgezogene norwegische Augenbrauen. Die Statistik spricht eine deutliche Sprache. In Norwegen sind 115.000 Vereine registriert (Festkomitees und andere Vereine auf Zeit sind natürlich nicht erfasst). 84 Prozent aller Norweger und Norwegerinnen gehören mindestens einem Verein an. Dabei gibt es solche Vereine, deren Ziele schon aus dem Vereinsnamen herausgehen. Philatelisten, Kaninchenzüchter, Aquariumsfreunde,

Ski-, Fußball- und Curlingvereine, alles klar. Aber andere haben schöne und geheimnisvolle Namen. Hyperion, zum Beispiel. Hinter diesem Götternamen (Hyperion war der Beiname des griechischen Sonnengottes Helios) verbirgt sich Folgendes: »Hyperion – norwegischer Zusammenschluss für fantastische Freizeitinteressen (N4F) – wurde 2002 gegründet und 2003 ins Vereinsregister eingetragen und soll alle phantasievollen Hobbys und Interessen zu einem großen und schlagkräftigen Verband zusammenbringen.« So steht es auf der Website, die auch noch darauf hinweist, dass Hyperion parteipolitisch und religiös unabhängig ist. Leider steht kaum etwas darüber, welches Hobby phantasievoll genug ist, um zur Aufnahme bei Hyperion zu qualifizieren, ich denke mir immer welche aus und bringe es dann doch nicht über mich, anzufragen, ob ich aufgenommen werden kann, weil ich Bücher von Fedor von Zobeltitz sammele.

Der norwegische Skotthyllforbund sagt nichts über parteipolitisch und religiös oder nicht. Skotthyll, das kann man eigentlich nicht übersetzen, ist ein vor allem im Trondheimischen verbreiteter Sport, bei dem mit ziemlich schweren eisernen Reifen auf hölzerne Kegel geworfen wird. Der Verband organisiert lokale und norwegische Meisterschaften und gibt sich alle Mühe, Skotthyll im ganzen Land beliebter zu machen und vom Image der Kuriosität aus Trøndelag zu befreien. Das wäre bestimmt ein schöner Verein, ich würde gern eine deutsche Filiale gründen!

Wer neu in Norwegen ist und Kontakt sucht, sollte also unbedingt einem Verein beitreten, die Auswahl ist unendlich groß. Hier ist noch ein besonders schöner. Der Verein der norwegischen Wünschelrutengänger zum Beispiel, gegründet 1999 (Norsk Kvistgjengerforening), verkündet auf der Website, dass sie »fast überall in Norwegen« Mitglieder haben. Sie bieten Einführung in den Umgang mit der Wünschelrute, veranstalten regelmäßig Seminare und verbinden sogar die verschiedenen Disziplinen zu einem harmonischen Vereinsleben, oder vielleicht auch nicht. Wünschelruten aus

Holz oder aus Metall, das ist eine der Fragen, die zur Fraktionsbildung antreibt. Wenn aus Holz, aus welchem Holz, aus jedem Holz für jeden Anlass? Zu diesen Fragen scheinen Fehden ausgetragen zu werden, die denen um das richtige Erbsenpüree zum Lutefisk um keine Wünschelrutenbreite nachstehen (s. Grund 38) Und bei Metall? Und ist immer die Wünschelrute das beste Instrument, egal, ob man Wasser, Gold oder Strahlen sucht? Trotz des Namens bietet der Verein auch Einführung in den Umgang mit »Suchwinkeln, Pendeln oder Ähnlichem«. Was dieses »Ähnliche« sein mag? Keine Ahnung. Grund genug für Seminare und Exkursionen in die Natur, um am lebenden Objekt das neue Wissen zu testen. Besonders beliebt sind Ausflüge in die magische Welt von Finnskogen, und sofort stelle ich mir vor, dass sie sich dann mit magischen Instrumenten Zutritt zum Åsta-Holth-Museum verschaffen (Grund 45).

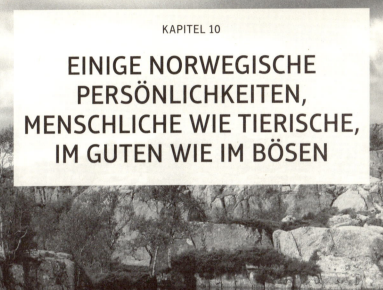

KAPITEL 10

EINIGE NORWEGISCHE PERSÖNLICHKEITEN, MENSCHLICHE WIE TIERISCHE, IM GUTEN WIE IM BÖSEN

83. GRUND

Weil die norwegische Musikszene wirklich böse Männer zu bieten hat – Norwegen ist Metal-Land

Möglicherweise werden sich mange fragen, warum das Folgende ein Grund sein soll, dieses Land zu mögen, aber verrückte Geschichten sollten doch immer ein wichtiger Grundbaustein der Zerstreuung sein. Und obwohl Norwegen mit nur zweihundertneunundneunzig Metal-Bands pro einer Million Einwohner das Schlusslicht der skandinavischen Länder ist, sind das natürlich immer noch weit mehr als im restlichen Europa. Dazu kommt, dass sich das Erbe der Wikinger auch im Gemüt der düsteren Spielmänner niederschlägt. So findet man bei eingehender Betrachtung eine ganze Reihe skurriler Gestalten, die aufgrund ihrer Schaffenskraft vor allem abseits der Musik schon eine Erwähnung verdient haben. Denn wo die meisten Death-Metal-Bands wie Cannibal Corpse oder Dying Fetus – so abstoßend und verstörend ihre Bandnamen und Liedtexte aus der Sicht gesetzter Gemüter auch sein mögen – sich normalerweise darauf beschränken, die beabsichtigte Schockwirkung als Kunst zu deklarieren und darüber hinaus hinter den Kulissen ganz normale Durchschnittsbürger zu sein, ist im norwegischen Black Metal seit Ende der Achtzigerjahre ein regelrechter Wettstreit darüber entbrannt, wer sich auch abseits der Bühne wirklich am allerschlechtesten benehmen kann. Vielen war die scheinbare Auflehnung von satanischer Rockmusik und Punk längst nicht erfüllend und ehrlich genug, denn die erschöpfte sich eher in Worten als in Taten. Die eigene Gesellschaft schien furchtbar prüde und geradezu erstickend (immerhin war in Norwegen sogar *Das Leben des Brian* von Monty Python verboten worden), und man sehnte sich nach einem Weg, die Grenzen des guten Geschmacks niederzureißen. Da aber alle anderen Musikrichtungen nur halbe Sachen zu machen schienen, musste man selbst zur Tat schreiten und erging sich im Namen des

Black Metal in allerhand absurden Entgleisungen und Verbrechen – um zu zeigen, dass man es auch tatsächlich ernst meinte.

Hier alle Anekdoten und Vorfälle aufzuzählen, würde wahrlich zu weit führen, aber ein paar Eckdaten und einige besonders »schöne« Geschichten sollten ausreichen, um das Ausmaß der Exzesse erahnen zu können.

So haben es die federführenden Bands und ihre Anhängerschar beispielsweise fertiggebracht, zwischen 1992 und 1996 über fünfzig Kirchen niederzubrennen, darunter sogar mehrere von historischer Bedeutung – allen voran die Stabkirche Fantoft, eine Holzkirche aus dem frühen 13. Jahrhundert, die zum Glück mittlerweile teuer und aufwendig rekonstruiert werden konnte. Nicht, dass der Brandstifter Kristian Vikernes dafür verurteilt worden wäre. Sein christlicher Vorname war ihm so peinlich, dass er sich in Varg – Wolf – umbenannte. Seine Freunde dagegen nennen ihn nur den »Grafen«, keine Ahnung warum. (So faszinierend das Thema auch ist, zu viele Recherchen mag man sich da doch nicht antun.) Zwar landeten Fotografien der verkohlten Überreste sogar auf einem Plattencover, der gute Mann war allerdings wegen diverser anderer Brandanschläge und des Mordes an einem Musiker aus der Szene bereits zu einundzwanzig Jahren Haft verurteilt worden. Auch über diesen Mord an »Euronymus« sollte man ein paar Worte verlieren. Vikernes, überzeugter Anhänger eines rechtsextrem orientierten Neopaganismus, beschreibt in mehreren Interviews und Aufsätzen fröhlich und in Tom-und-Jerry-Manier die Art, wie er das Opfer mit einem Messer durch die Wohnung gejagt und nicht weniger als dreiundzwanzig Mal zugestochen hat. Die anderthalb Jahrzehnte der Haft scheinen nicht zwingend zur Läuterung beigetragen zu haben, erzählt er doch herablassend davon, wie gut man ihn behandelt habe, obwohl er die Polizei anflehte, ihn in ein echtes Verlies zu werfen, und die Wärter immer wieder aufforderte, doch mal ein bisschen Gewalt anzuwenden. Diese Tendenz des vollendeten Realitätsverlusts teilt er freilich mit vielen Mitgliedern seiner Zunft.

Verzweifelte Versuche, den romantischen Glanz der verklärten Wikinger-Vorfahren mit einem neuen und anti-sozialen Todeskult zu vermischen, überlagern weitgehend alle relevanten Vorgänge im Oberstübchen.

Natürlich ist die Grenze zwischen allgemein menschlicher Idiotie und ernstlich pathologischen Problemen oftmals fließend, weshalb man in manchen Fällen auch vorsichtig mit der Bewertung sein sollte. So zum Beispiel bei Per Ohlin, genannt »Dead«. Seine ehemaligen Bandkollegen erzählen, dass er seine Bühnenkleidung vor jedem Auftritt so lange vergrub, bis sie angefangen hatte, zu verrotten – um in Geruch und Optik dem Ideal eines Kadavers so nahe wie möglich zu kommen. Mehrfach mussten die Kollegen Gesuche ausschlagen, ihn gleich in den Klamotten zu verbuddeln, damit sich die Technik auch auf den Teint auswirke. Auch fand er bei einer Tournee eine tote Krähe, die er wochenlang in einer Plastiktüte mit sich herumtrug und vor jedem Auftritt ausgiebig beschnüffelte, um mit »dem Gestank des Todes in der Nase« singen zu können. Im Alter von zweiundzwanzig Jahren wurde er von seinem Bandkollegen, dem oben genannten Euronymus, tot aufgefunden. Er hatte sich nicht nur die Pulsadern und die Kehle aufgeschnitten, sondern auch noch eine Schrotflinte an den Kopf gesetzt. Sein Abschiedsbrief besagt unter anderem, dass er eigentlich vorgehabt habe, sich im Wald das Leben zu nehmen, weil er dort am ehesten hingehöre, sein neues Messer aber zu stumpf und bei der Schweinekälte das Blut zu schnell geronnen sei. Deshalb die Schrotflinte. Sein langjähriger Freund hat daraufhin nicht etwa sofort die Polizei verständigt, sondern ist erst einmal losgezogen, hat eine Einweg-Kamera erworben und den Leichnam ausgiebig geknipst. Wer keine schwachen Nerven hat, findet einen der Schnappschüsse als Bootleg-Cover für *Dawn of the Black Hearts* von Mayhem überall im Netz. Auch ist mittlerweile bestätigt, dass der freundliche Kerl aus Teilen des Schädels seines Freundes ein paar Halsketten gefertigt und diese in der Szene an vermeintlich würdige Empfänger verteilt hat. Angeblich hat er sich auch aus dem Hirn seines Freundes noch ein Süppchen gekocht, was er aber immerhin bestreitet ...

Dass sich andere Bands ähnlicher Gesinnung darauf beschränken, bei ihren Auftritten nackte, blutüberströmte Frauen (die das anscheinend auch ganz toll finden) ans Kreuz zu binden und mit frischem Schafsblut zu benetzen, klingt da beinahe unspannend. Interessanter wiederum das Kabinettsstückchen, einen ganzen Haufen Bewohner einer Irrenanstalt über Jahre immer wieder heimlich für verschiedene Alben als Gastsänger zu entführen. Es gibt noch eine ganze Reihe weiterer Gräueltaten, die sich das geneigte Publikum in *Lords of Chaos: Satanischer Metal: Der blutige Aufstieg aus dem Untergrund* anlesen mag. Aus Gründen der Gender-Gerechtigkeit hätte ich hier gerne noch ein paar Geschichten über böse Mädchen untergebracht, die sich jedoch anscheinend besser benehmen können und leider sowieso in der Metal-Szene immer noch sträflich unterrepräsentiert sind.

Natürlich kann das arme Norwegen wenig für die Ausschweifungen seiner Rabensöhne, aber diese Geschichten mögen doch zumindest ein wenig zum Nachdenken anregen, warum es viele Menschen selbst bei solch majestätischer Kulisse nicht schaffen, einfach mal ruhig am Fjord zu sitzen, sondern sich derartige Mengen absurden Unfugs einfallen lassen müssen. Ob sie die Werke solcher Künstler abseits der menschlichen Abgründe nun schön finden, sei allen selbst überlassen – Richard Wagner war schließlich auch kein netter Mensch, aber wie sehr hat Norwegen ihn doch inspiriert!

84. GRUND

Weil vor der Oper Kirsten Flagstad steht

Richard Wagner und Norwegen, man denkt da ja nicht sofort an einen Zusammenhang, aber wir wissen ja seit Grund 4, dass er an den Hörnern auf den Wikingerhelmen schuld sein soll, auch wenn er gar keine Wikingeropern geschrieben hat. Ein Norwegenaufenthalt hat ihn immerhin zu einer seiner bekanntesten Opern inspiriert: Er wollte eigentlich gar nicht hin, aber ein Sturm auf der Ostsee zwang das Schiff, mit dem er unterwegs war, in Sandvika bei Arendal an der norwegischen Südküste Zuflucht zu suchen. Und dort hörte er die Sage vom Gespensterschiff, aus dem er den »Fliegenden Holländer« machte. Die Heldin wollte er eigentlich »Jenta« nennen, weil er dieses Wort in Sandvika oft gehört hatte und für einen schönen Namen hielt. Nachdem ihm erklärt worden war, dass es einfach »Mädchen« bedeutet, taufte er seine Jenta in »Senta« um. Wagner hatte also einen klaren Norwegenbezug, und da wundert es nicht, dass zur Einweihung der neuen Osloer Oper eigentlich eine Wagneroper gegeben werden sollte. Vor der Osloer Oper steht ein Denkmal für eine Frau, die in aller Welt als vielleicht die größte Wagnersängerin überhaupt gilt: Kirsten Flagstad (1895–1962). Ihr Bildnis ist auf dem aktuellen Hundertkronenschein zu sehen und hat sozusagen die norwegische Autorin Camilla Collett (über die in Grund 49 mehr steht) abgelöst. Auf dem Bild trägt sie einen eleganten großen Hut und sieht eher aus wie eine Hollywood-Diva als wie eine wagnersche Walküre. Dieses Bild ist übrigens auch auf einem neuen Buch über die Geschichte der Bank von Norwegen zu sehen und scheint dem in Verruf geratenen Bankwesen ein bisschen Glamour abzugeben. Ein Bild ohne Hut, aber mit mindestens ebenso viel Glamour ziert einige Maschinen der Fluggesellschaft Norwegian. Sie kam aus einer Musikerfamilie in Hamar, hatte ihren ersten Auftritt 1913 in Göteborg, und danach ging es immer nur aufwärts.

Sie sang mehrere Jahre lang jeden Sommer in Bayreuth, wurde dort für die Metropolitan Opera in New York entdeckt. Angeblich hat ihr sensationeller Erfolg die Met vor dem finanziellen Ruin gerettet. In Norwegen war man zuerst stolz auf diesen landeseigenen Superstar, dann geriet sie in Verruf. Heute gehen alle Biografen davon aus, dass sie das nicht verdient hatte. Ihr Ehemann, der Geschäftsmann Henry Johansen, war einige Zeit lang Mitglied der norwegischen Nazipartei Nasjonal Samling, doch Kirsten Flagstad überredete ihn zum Austritt. Sie selbst trat in den Kriegsjahren nur noch in Ländern wie Schweden und der Schweiz auf, die nicht von deutschen Truppen besetzt waren, und sie weigerte sich, in Norwegen an Konzerten mitzuwirken, die unter der Regie der Besatzer oder der norwegischen NS veranstaltet wurden. Ihr Mann aber wurde 1945 als Kriegsprofiteur vor Gericht gestellt, und der norwegische König Haakon VII. weigerte sich, die Festspiele von Bergen zu besuchen, wenn sie dort aufträte. Ihr Pass wurde konfisziert, sodass sie auch im Ausland nicht singen konnte. Ihr Mann starb dann aber bald, und weil Kirsten Flagstad rein gar nichts nachzuweisen war, konnte sie ihre Weltkarriere bald wieder aufnehmen. Von 1958 bis 1960 leitete sie die norwegische Oper, sie verzichtete auf Gehalt und finanzierte Stipendien für junge Talente aus eigener Tasche. Sie wurde schließlich mit hohen norwegischen Orden ausgezeichnet, einen verlieh ihr sogar der König. Ihr Weltruhm, ihr Glamour und ihre Freigebigkeit sind heute in Norwegen den meisten sehr gut in Erinnerung; dass sie zu Unrecht der Nazikollaboration verdächtigt worden war, wird lieber unter den Teppich gekehrt. Und offenbar war sie nie in interessante Skandale verwickelt, in der Hinsicht ist die Gerüchteküche seltsam still, keine Liebschaften mit Tenören, einfach nichts, sehr enttäuschend bei einer Wagnerheroin. Es gibt in Hamar, ihrer Geburtsstadt, wo sie nie gelebt hat, der aber ihre besondere Liebe gehörte, ein Kirsten-Flagstad-Museum, wo man ihre Kostüme bewundern und historische Aufnahmen anhören kann. Und in Oslo gibt es das Denkmal vor der Oper, das auch schon vor der alten Oper stand. Geschaffen hat es der Osloer Bildhauer Joseph Grimeland (1918–2002), es wurde am 18.4.2008 von der alten zur neuen Oper gebracht, also einen Tag vor der offiziellen Eröffnung. Was es nicht gibt, obwohl sogar der Platz vor der Oper nach ihr benannt ist, Kirsten Flagstads plass, ist ein Café, das mit ihren Porträts geschmückt ist und wo man zum Kirsten-Flagstads-Cocktail den ganzen Tag ihre Musik hören kann. Aber Quengeln hilft ja oft, die Fangemeinde arbeitet an der Sache.

85. GRUND

Weil auch der neue Gott noch präsent ist, vor allem in der norwegischen Staatskirche

Das mit der norwegischen Staatskirche ist für Außenstehende nicht ganz einfach zu begreifen – jedenfalls nicht für Deutsche, die an die verworrenen Beziehungen zwischen Kirchen und Staat hierzulande gewöhnt sind. Das mit der Staatskirche ist so: Die norwegisch-lutherische Staatsreligion mit dem König als oberstem Glaubenshüter ist die einzig wahre Kirche und genießt einen Haufen Privilegien. Als ich das erste Mal zusah, wie ein norwegischer Freund hektisch nach seinem Taufschein suchte, weil er einen neuen Reisepass brauchte, habe ich nur gestaunt. Mein eigener Taufschein liegt in der Schublade, und ich glaube, seit meine Eltern mich zum Kommunionsunterricht angemeldet haben, hat ihn nie mehr irgendwer sehen wollen. Egal. In Norwegen gilt ein Taufschein als Geburtsurkunde, und wer staatskirchlich getauft ist, hat auch keine andere. Wer sich von einem Geistlichen der Staatskirche trauen lässt, braucht nicht mehr aufs Standesamt. Es gibt eine Vorschrift, dass ein bestimmter Prozentsatz aller Minister jeder Regierung der Staatskirche angehören muss, und als in den Achtzigerjahren der Christdemokrat Lars Roar Langslet zum Kulturminister ernannt wurde, musste das Ministerium geteilt werden, ein neues Kirchenministerium entstand. Die Kirche war nämlich bisher dem Kulturministerium unterstellt gewesen, doch niemand hatte daran gedacht, dass der neue Minister Katholik war und dem Gesetz nach dann nicht einmal seine eigenen Gesetze hätte unterzeichnen dürfen. Geistliche der Staatskirche sind Staatsbeamte, und wenn Sie je gestaunt haben, warum in norwegischen Kriminalromanen die Polizei immer sofort einen Pastor holt, ehe die Angehörigen des Toten informiert werden, ohne je danach zu fragen, ob die in irgendeiner Weise religiös sind, dann liegt es daran. Als Staatsbeamte haben sie immer und überall seelzusorgen. Das kann manchmal überaus befremdend wirken, wenn eine Schlagersängerin zum Beispiel auch bei der soundsovielten Ehe in Weiß vor den Traualtar tritt und der Pastor nicht fragt, ob sie das nicht albern findet, sondern eben auch diese Trauung vornimmt. Und als Kristin Kirkemo, wegen eines dreifachen Mordes kurz nach ihrer Hochzeit zu sechzehn Jahren Haft verurteilt, vorher eben noch schnell heiraten wollte und dann samt dem Bräutigam in Bärenkostümen hoch zu Ross vor der Kirche erschien, tat der arme Pastor dem ganzen Land leid, aber die Trauung verweigern durfte er nicht.

Ich hätte das jetzt alles im Imperfekt schreiben müssen, die Sache mit der Staatskirche ist nämlich offiziell vorüber. Man merkt es nur noch nicht, jedenfalls nicht auf den ersten Blick, denn in Norwegen wird energisch debattiert, wie die Trennung von Kirche und Staat praktisch verlaufen soll, und die verwirrte Beobachterin bekommt den Eindruck, dass ein Brexit im Vergleich ein Kinderspiel ist. Natürlich möchten auch die Verfechter der Trennung nicht darauf verzichten, ihren Taufschein als amtlichen Ausweis benutzen zu können, aber das müsste dann auch für katholisch oder reformiert getaufte Kinder gelten, für die in manchen Gegenden Norwegens sehr starken pietistischen Sekten und für Angehörige der nicht christlichen Religionen, die eine vergleichbare Zeremonie durchführen. Ganz zu schweigen von den Atheisten, die in Norwegen auf eine starke Organisation zurückgreifen können, die ihrerseits immer neue Rituale erfindet, um die christlichen zu ersetzen. So weit will eigentlich niemand gehen, die Dokumente der ehemaligen Staatskirche sollen weiterhin gelten, aber nur die, trotz Trennung von Kirche und Staat. Und das ist nur ein Beispiel – wer soll in Zukunft die Polizei zu den Angehörigen des Toten begleiten, wie wird das mit dem Gehalt geregelt, wenn die Geistlichen keine Staatsbeamten mehr sind? Über diese und viele weitere Fragen wird gestritten, dass die Fetzen fliegen, und ich habe beschlossen, mindestens fünf Jahre keinen Bericht und keinen Diskussionsbeitrag mehr zu lesen. Vielleicht sind sie bis dann ja zu einer Einigung gekommen, und die wäre jedenfalls interessant.

86. GRUND

Weil in Norwegen der Schleimaal zum Nationalfisch werden konnte

Der Schleimaal, Eptatretus stoutii, ist ein durch und durch widerlich aussehender kleiner Fisch, der so ungefähr überall in den Meeren lebt, also auch in der Nähe der norwegischen Küsten, der sich aber rücksichtsvollerweise selten blicken lässt und unter seinesgleichen bleibt. Wenn er sich aufregt, warum auch immer, sondert er einen fiesen Schleim ab. Mehr braucht man über den Schleimaal nicht zu wissen, oder, genauer gesagt, mehr brauchte man über den Schleimaal nicht zu wissen, bis eines Tages in den Achtzigerjahren die in Norwegen überaus beliebte und vom ganzen Land gehörte Morgensendung *Nitimen* im NRK, dem öffentlich-rechtlichen Rundfunksender, auf die Idee verfiel, Norwegens Nationalfisch wählen zu lassen. Gleichzeitig hatte der Fernsehmann Per Hafslund (1908–1990) seine Liebe zum Schleimaal entdeckt. Per Hafslund war eigentlich Insektenforscher und hatte seine Examensarbeit über Borkenkäfer geschrieben, aber in seinen beliebten Fernsehsendungen, so eine Art *Expeditionen ins Tierreich*, stellte er der norwegischen Öffentlichkeit Tiere aller Art vor. Vor allem solche, mit denen die norwegische Öffentlichkeit lieber nichts zu tun haben wollte. Um zu zeigen, dass es in der Natur nichts Widerliches gibt, kochte er sich vor laufender Kamera Seetangsüppchen und verspeiste ungekochte Ameisen. Dabei trug er immer einen weißen Kittel und wischte sich dauernd die Hände daran ab, am Ende der Sendung war der Kittel dann mit Ameisenresten und Aalschleim immer so verdreckt, dass er noch viel ekelhafter aussah als die präsentierten Delikatessen! Und dann hatte Herr Hafslund sich eben den Schleimaal ausgeguckt und erzählte in mehreren Sendungen immer wieder, was der doch für ein edles Tier sei, wie nett die Schleimaale miteinander umgingen, sodass sie für die Menschen eigentlich ein Vorbild sein müssten, und essen könne man sie übrigens auch. Gerade der auf den ersten Blick so fies wirkende Schleim sei besonders köstlich, und in Südostasien seien Schleimaale ohnehin eine begehrte Delikatesse. Seine Zuschauer wollten danach noch immer keine Schleimaale verzehren, aber als nun der norwegische Nationalfisch gesucht wurde, stimmte eine überwältigende Mehrheit für den Schleimaal. Dazu muss man noch wissen, dass von *Nitimen* keine Vorgaben gemacht wurden, es hieß einfach: Schreibt uns, welcher Fisch Norwegens Nationalfisch werden soll. Dem Schleimaal half das alles nichts. Kjell Thue (1919–2012), von dem das Konzept für *Nitimen* stammte und der die Sendung zwanzig Jahre lang moderierte, erklärte die Wahl für ungültig. Der Schleimaal hätte gar nicht zur Abstimmung gestanden, sie hätten schließlich den Fisch gesucht, der am besten die Fischernation Norwegen repräsentieren könnte. Damit ging die Ehre an den zweitplatzierten Kabeljau, was die Schleimaalfans natürlich immens verärgerte, und das hat dafür gesorgt, dass der Schleimaal sich in Norwegen noch immer ungeheurer Beliebtheit erfreut. Nur essen wollen sie ihn nicht. Aber wenn irgendwo an der norwegischen Küste ein Schleimaal seine übliche Zurückhaltung aufgibt und sich dem staunenden Volke zeigt, schreiben alle Zeitungen darüber. Und in der Saure-Gurken-Zeit im Sommer gibt es immer irgendeine sensationelle Meldung aus dem Leben der Schleimaale, gerade jetzt, während ich das hier schreibe, verbreitet die norwegische Presse, dass schon der berühmte Fridtjof Nansen (1861–1930) über Schleimaale geforscht habe. Dann wurde er aber doch lieber Polfahrer und Friedensnobelpreisträger. Das Eismeer ist übrigens eines der sehr wenigen Meere, in denen Schleimaale nicht überleben können. Wenn man aber nicht im Eismeer unterwegs ist, sondern in Norwegen, lohnt sich ein Grundwissen über Norwegens Nationalfisch, der Gesprächsstoff geht dann einfach niemals aus.

87. GRUND

Weil der Walfang doch irgendwie ein Abenteuer war

Das mit dem Walfang ist so eine Sache – natürlich wäre er eher ein Grund, Norwegen zu verabscheuen, und es ist eine Sauerei, dass sie nicht damit aufhören. Zumal die wirtschaftliche Bedeutung nicht mal mit der Lupe zu erkennen ist, immer wieder wird ausgerechnet, dass es für Norwegen billiger wäre, allen aktiven Walfängern eine dicke Pension und ein Haus auf Mallorca zu spendieren, als sie weiterfangen zu lassen. Aber es geht natürlich um Dickköpfigkeit und nationalen Stolz und ähnlichen Unsinn, und deshalb werden sie zweifellos noch weiterfangen, so lange noch Wale vorhanden sind. Die letzten Walfänger, die die großen Walfangjahrzehnte miterlebt haben, sind jetzt uralt, und sie erzählen so gern, und ihre Geschichten dürfen einfach nicht verloren gehen. Und die alten Herren sagen auch immer wieder, was sie damals getrieben hätten, sei verantwortungsloses Abschlachten gewesen, und es sei einfach durch nichts zu verantworten, damit immer noch weiterzumachen. Harald Karlsen (1948–2009) war eigentlich Mathematiker, ich bin stolze Besitzerin seines Standardwerkes *Mathematik für Berufsschulen*, ich verstehe kein Wort, halte es aber sehr in Ehren. Harald Karlsen hat aber in der Familie und in der Nachbarschaft Walfängergeschichten gesammelt, das geplante Buch konnte er nicht mehr schreiben, und ich bin einfach froh, dass ich hier ein bisschen davon wiedergeben darf. Harald Karlsen kam von der Insel Nøtterøy, bei Tønsberg am Auslauf des Oslofjords gelegen, und daher stammen seine Geschichten (und meine, weil ich ja ohnehin nur eine winzige Kurzfassung bringen kann, werden sie hier vermischt und gemixt).

Die Walfangsaison begann Ende August, dann machten sich die Fänger zur Fahrt bereit. Zuerst mussten sie sich dicke Kleidung, Messer und Wetzeisen und sogar Ätznatron zum Seifekochen besorgen, selbst Stroh für ihre Matratzen mussten sie selbst mitbringen. Die Reise in die Antarktis dauerte dann viele Wochen, sie führte durch die Tropen, wo sie einerseits alles für die Jagd vorbereiteten, sich andererseits aber ein letztes Mal amüsierten. Hier zwinkert so ein alter Walfänger dann immer listig, jedenfalls, wenn er seine Geschichte einer interessierten Zuhörerin erzählt. Es war keine besondere Ausbildung nötig, die guten Verdienstmöglichkeiten zogen Männer aus allen Berufssparten an. Wer schießen konnte, war zu gebrauchen, wer kochen konnte, wurde zum Schiffskoch ernannt, und nicht einmal, um Chef eines Walfängerschiffes zu werden, war eine besondere Ausbildung vorgeschrieben. In der Antarktis wurden dann die Aufgaben verteilt, denn die erbeuteten Wale wurden dort gleich zerlegt und gekocht. Und während so ein Wal zerteilt wurde, flatterten die Seevögel um den blutenden und stinkenden Kadaver und fraßen sich so voll, dass sie kaum noch abheben konnten. Von Oktober bis April wurde rund um die Uhr gearbeitet. Nur einmal wurde eine Pause eingelegt, zu Weihnachten natürlich. Einen Weihnachtsbaum gab es allerdings nicht, die Männer bekamen ein Festmahl, stießen auf der Anreise mit gebunkertem spanischen Cognac an und mussten wieder an die Arbeit, sowie sie ausgenüchtert waren. Wenn ich Schilderungen aus den

Dreißigerjahren höre, komme ich mir vor, wie in einen Roman von Jack London versetzt. Die Walfänger waren von allem abgeschnitten, hatten keine Möglichkeit zu erfahren, was in der Heimat vor sich ging, aber auf einer norwegischen Walstation in Südgeorgien hatten sie einen Stummfilm mit dem vielversprechenden Titel *Die Spur des Tigers* – es war bestimmt ein supertoller Film, leider gibt es so viele Stummfilme, die ähnlich heißen, und der richtige konnte noch nicht identifiziert werden. Einer aus der Mannschaft, der eine Fiedel mitgenommen und sie in seiner Naivität auch noch vorgezeigt hatte, musste jeden Abend – denn der Film wurde jeden Abend gezeigt, da sie keinen anderen hatten! – während der Vorstellung lustige Fiedelstücke bringen.

Später, also nach dem Krieg und bis in die Sechzigerjahre – gab es immerhin Funkverbindung nach Norwegen, und manchmal konnten sie sogar norwegisches Radio empfangen. An Plackerei und Suff änderte sich aber nichts.

Wenn sie dann im Frühling nach Hause kamen, wartete natürlich die ganze Gegend. Die Männer hatten gut verdient und keine Gelegenheit gehabt, etwas auszugeben. Die Familienväter wollten natürlich sofort nach Haus zu Frau und Kind und brachten kiloweise Kaugummi und spanische Pralinen mit. Die Junggesellen warfen mit dem Geld um sich – wieder ein Augenzwinkern, der alte Walfänger betont, sie hätten damit vor allem vor der Dame ihres Herzens angeben wollen, in der Hoffnung, dass die sich während der dunklen Wintermonate nicht einen anderen gesucht hatte. Es konnte dann schon vorkommen, dass der Heimkehrer die Angebetete ins Kino einlud und dann sämtliche Karten gekauft hatte, sodass die beiden ganz allein mitten im Saal saßen – perfekt, um während einer romantischen Szene den jede Nacht in der Antarktis geübten Heiratsantrag zu flüstern! Andere, ohne solche konkreten Pläne, fuhren mit dem Taxi von Oslo nach Tønsberg, was damals mindestens vier Stunden dauerte und wie heute ein Vermögen kostete. Ob das stimmt, weiß ich nicht, aber diese Geschichte wird immer wieder erzählt: Einer wollte unbedingt ein rotes Taxi. Ein rotes stand aber erst an neunter Stelle in der Taxischlange, deshalb mietete er auch gleich die neun und ließ sie vor sich und dem roten Taxi her nach Hause fahren. Mit allem war Ende der Sechzigerjahre Schluss, schon damals war klar, dass die Walbestände in der Antarktis zu sehr dezimiert worden waren. Walfang in geringerem Ausmaß war auch im Norden möglich – aber da gibt es nicht so schöne Geschichten. Die Geschichten kann man nur von alten Walfängern hören, aber ein Bild von der großen Walfangzeit kann man sich im Museum machen, in Tønsberg gibt es ein eigenes Walfangmuseum – und das ist nur richtig. Aus Tønsberg stammte der Walfänger Svend Føyn, der 1863 die erste Granatharpune konstruiert hatte. Diese Harpune explodierte im Leib des Wals – und sie war sozusagen der Anfang der Walschlächterei, die schließlich das Überleben der Wale überhaupt gefährdet hat. Es gibt übrigens auch ein Walfangmuseum in Sandefjord, das eigentlich Norwegens Walfanghauptstadt war – aber das mögen die alten Herren in Tønsberg und auf Nøtterøy nun wirklich nicht hören.

88. GRUND

Weil Lebertran kriegsentscheidend war

Lebertran ist sehr gesund, schmeckt furchtbar, warmer Lebertran ist offenbar so ungefähr das Grauenhafteste (siehe Grund 37), was man zu sich nehmen kann ... und trotz aller Walfängerei ist Lebertran heute in Norwegen nicht so präsent wie auf Island, wo in jedem Hotel auf dem Frühstücksbüfett eine Flasche steht. In Norwegen muss man schon eine Trankocherei aufsuchen, um sich hemmungslos mit Lebertran vollschütten zu können. Aber Lebertran ist eben ein dickes, fettes Öl, mit dem man alles machen kann, wozu Öl sich eben verwenden lässt. Dass in früheren Jahrhunderten die europäischen Städte mit Tranlaternen erleuchtet wurden, zeigt schon die Richtung an. Dass in den letzten Vorkriegsjahren Deutschland und Japan ihre Walfangaktivitäten vervielfachten und sich nicht mehr an die zuvor mühsam ausgehandelten Fangquoten hielten, zeigt, wie dringend sie jede Art von Öl bunkern wollten.

Aber seinen kriegsentscheidenden Beitrag leistete der Lebertran einfach dadurch, dass er nicht vorhanden war. Zwischen 1920 und 1939, in den absoluten Boomjahren des norwegischen Walfangs also, hatte sich die Größe der norwegischen Tankerflotte versiebzehnfacht, Norwegen war damit die drittgrößte Tankernation der Welt, nach Großbritannien und den USA. Diese vielen norwegischen Tanker transportierten also Walöl. Und damit hörten sie dann bei Kriegsausbruch ganz schnell auf. Norwegen wurde am 9. April 1940 von deutschen Truppen besetzt, und die norwegische Walfangflotte war noch unterwegs. Die Schiffe wurden sofort in den Dienst der Alliierten gestellt. Während des Krieges wurden 40 Prozent des von Großbritannien benötigten Öls von norwegischen Tankern hingebracht. Über den norwegischen Walfang gibt es noch unendlich viel zu erforschen, und auch von dem bisher Erforschten ist in Deutschland so gut wie nichts bekannt. Das mit den Tankern weiß ich von Jon Michelet, der eigentlich Norwegens bedeutendster moderner Krimiautor ist (mehr dazu in den Gründen 44 und 47), aber der als ehemaliger Seemann alles über norwegische Seefahrt und norwegische Seeleute weiß, was man überhaupt wissen kann. Und er sagt zu der Sache mit dem kriegsentscheidenden Lebertran:

»Das ist keine norwegische Prahlerei, sondern eine Tatsache, die auf englischen Kriegsplakaten betont wurde.«

89. GRUND

Weil man trotz allem in Norwegen kein Walfleisch essen muss

Muss man nämlich nicht. Es wird auch in Norwegen nicht mehr so viel gegessen wie zum Beispiel noch in den Achtzigerjahren, als Walsteak mit Pommes einmal pro Woche das billigste und leckerste Gericht in der Osloer Mensa war. Aber heute haben überraschend wenig Restaurants Wal auf der Speisekarte. Wenn ein Laden in Bergen Walschinken im Angebot hat, kann man stirnrunzelnd weitergehen, und auch Wallabskaus und Walcarpaccio auf den Lofoten kann man entgehen. Allerdings finden manche Norweger es wahnsinnig komisch, ihren Gästen Walfleisch vorzusetzen und dann die Reaktion abzuwarten. Sie hoffen auf Protest und einen schönen Streit. Das Sinnvollste ist, einfach zu essen – man gilt dann nicht als unhöflich, und die Gastgeber versuchen es nie ein zweites Mal (und vielleicht haben wir dann künftige Gäste vor solchen Tests bewahrt). Dass Gäste nicht unhöflich sein sollen, gilt übrigens nicht nur beim Essen. Die norwegische Kronprinzessin Mette-Marit liebt zum Beispiel Echtpelz und versucht, ihn wieder in Mode zu bringen, um der notleidenden norwegischen Pelzindustrie auf die Sprünge zu helfen. Beim Tee im Palast soll man auf keinen Fall die Pelzgewohnheiten der Kronprinzessin kritisieren, das hat mir ein absolut vertrauenswürdiger Insider anvertraut, zum Glück bin ich nie zum Tee im Königsschloss. Absolut gesellschaftlich erlaubt ist es dagegen, aus dem Essen alles herauszufischen, was man nicht isst (weil man irgendeine Allergie hat oder sich vegetarisch oder vegan ernährt), es ist nur eben nicht üblich, die Gäste vorher zu fragen, ob sie irgendetwas nicht essen – oder die Gastgeber vorher zu warnen. Aber auch die Sättigungsbeilagen schmecken meistens hervorragend, und nachher finden alle immer wieder, dass es ein richtig schönes Essen war.

90. GRUND

Weil man in Norwegen trotzdem kein Skifan sein muss

Immer, wenn irgendwo erwähnt wird, dass es nur zwei patentierte norwegische Erfindungen gibt (wie ja in Grund 55 erzählt wird, dann meldet sich unweigerlich jemand zu Wort und hat das »patentiert« überhört. Und sagt: »Aber die haben doch die Skier erfunden!« Aber so einfach ist das nicht. Seit überhaupt dazu geforscht wird, vertreten die Skihistoriker die Ansicht, dass die Skier eine finnische Erfindung seien, die dann von den Samen übernommen und an die Norweger weitergereicht wurde. Der schwedische Historiker Olaus Magnus (1490–1557) schreibt in seiner *Historia de gentibus septentrionalibus*, in der er die Völker Nordeuropas schildert, dass Skier außerhalb Finnlands nur sehr selten benutzt würden. Und die ältesten erhaltenen Skier wurde auch in Finnland ausgegraben, sie werden auf etwa 1500 v. Chr. datiert. Aber das Vorurteil, dass jedes norwegische Baby mit Skiern an den Füßen auf die Welt kommt, hält sich unverdrossen, egal, was die Wissenschaft sagt. Oder auch andere. Die Autorin Elin Brodin zum Beispiel sagt: »Womit norwegische Babys geboren werden? Mit Vorurteilen!« Immerhin, die in der Weltliteratur berühmteste Schilderung einer Skitour verdankten wir einer Norwegerin, der Literaturnobelpreisträgerin Sigrid Undset (die ja schon in Grund 15 erwähnt wurde). Mitten in der wildesten Wikingerzeit flieht Undsets Romanheldin Vigdis auf Skiern vor ihren Verfolgern. (Das Buch heißt auf Deutsch: »Die Geschichte von Viga-Ljot und Vigdis«). Vigdis hat nämlich soeben einen Mann erstochen, der sie beleidigt hatte, aber nun wollen seine Verwandten sich rächen. Sie flieht auf Skiern, hat ihren kleinen Sohn auf den Rücken gebunden, sie ist viele Stunden unterwegs und muss über vereiste Felsrücken sausen, die als absolut unpassierbar gelten. Als sie endlich in Sicherheit ist, lässt sie sich schnell drei erfrorene Finger abhacken, bittet um ein großes Horn voll Schnaps und schläft dann erst mal eine Runde. Angeblich lassen norwegische Psychotherapeuten Klienten dieses Buch lesen, die glauben, irgendwelchen Aufgaben nicht gewachsen zu sein. Die meisten Aufgaben wirken danach offenbar doch weniger abschreckend. Zum Glück sind Skitouren dieser Art heutzutage in Norwegen doch selten geworden. Wenn man nun selbst gern Ski läuft, ist Norwegen sicher der ideale Aufenthaltsort. Wenn man sich dagegen fragt, wozu das alles gut sein soll, ist es auch gut. Es gibt immer genug Norweger, die das auch so sehen, und die zu Ostern nicht ins Ostergebirge fahren (wie in Grund 76), sondern die sich freuen, dass man an ihrem Wohnort nun an der Kinokasse nicht lange anstehen muss. Eine friedliche Koexistenz ist möglich! Wichtig ist zu wissen, dass selbst Norweger, die der Skilauferei durchaus skeptisch gegenüberstehen, zu Neujahr alles vergessen und unbedingt das Neujahrsskispringen im Fernsehen sehen müssen, und die norwegischen Biathlonmeisterschaften verfolgen auch die, die nie einen Ski an den Füßen oder ein Gewehr in den Händen gehabt haben. Wenn man aber bei solchen Leuten zu Besuch ist, gilt es durchaus nicht als Fauxpas, sich mit einem Buch in eine Ecke zu setzen. Oder man geht mit dem Buch in die nächste Filiale von Kaffebrenneriet und staunt darüber, wie viele andere Skiflüchtlinge es doch gibt. Egal wie: Irgendwann ist die Meisterschaft vorbei, und die norwegischen Bekannten sind wieder ansprechbar!

91. GRUND

Weil in Norwegen Eisbären hausen – und zwar in Spitzbergen

Die Freundinnen aus Tromsø lachen immer wieder darüber, dass so viele Reisende aus aller Welt in ihre Stadt kommen, sich suchend umschauen und dann die Einheimischen fragen, wo sie denn hier

Eisbären sehen könnten. Der Mythos, dass in Tromsø die Eisbären fröhlich durch die Straßen spazieren, hält sich zäh – und dass dort überall Postkarten verkauft werden, auf denen sich ein Eisbär wohlig rekelt und zu rufen scheint: »Hier bin ich Bär, hier darf ich's sein!« trägt natürlich dazu bei. Aber es hilft alles nichts, in Tromsø gibt es keine Eisbären; um norwegische Eisbären zu sehen, muss man schon nach Spitzbergen reisen. Das war nicht immer so. Im Mittelalter war Norwegen ein europaweit führendes Eisbärenexportland. Noch vor tausend Jahren konnte man in Nordnorwegen Eisbären antreffen, in den ganz alten Zeiten reichte ihr Siedlungsgebiet viel weiter nach Süden. Das beweist das auf der Insel Finnøy im Bezirk Hordaland gefundene Eisbärenskelett. Der Eisbär ist bekannt als der Finnøybjørn und lebte dort vor zehntausend Jahren. Im späteren Mittelalter waren Eisbären bei Europas Adel offenbar sehr beliebte Statussymbole. Das *Landnámabók*, ein im 11. Jahrhundert verfasster Bericht über die Besiedlung Islands, schreibt, dass die ersten Siedler dort sofort eine Eisbärin mit zwei Jungen fingen und sie dem norwegischen König Harald Schönhaar schenkten. Der englische König Heinrich III. (1207–1272) ließ sich aus Norwegen einen für seinen Privatzoo im Tower bringen. Es ist ein Brief erhalten, in dem der König schreibt, dass der arme Eisbär, mit Maulkorb und Kette versehen, in der Themse baden geht. Der Staufferkaiser Friedrich II. (1194–1250) tauschte gegen eine Giraffe einen Eisbären ein, unklar bleibt, woher der Eisbär kam. Die schottische Königin Maria Stuart bekam vom dänischen Gesandten ein Eisbärenfell überreicht, und auch dieser arme Eisbär war auf Spitzbergen erlegt worden. Der dänische Staatsmann Corfiz Ulfeldt (1606–1664) ließ sich gleich mehrere Eisbären aus Spitzbergen holen und stellte sie in Kopenhagen aus. Aber das ist alles lange her, und heute dürfen Eisbären überhaupt nicht mehr gejagt werden. Die Eisbärjagd war auch niemals so lukrativ wie der Walfang, und deshalb gibt es keinen vergleichbaren Schatz von Erzählungen wie denen der Walfänger. Eisbären dürfen auf Spitzbergen nur in Notwehr getötet werden, oder wenn sie krank oder schwer verletzt sind. Auf jeden Fall muss man sich vorher beim Regierungsbevollmächtigten in Longyearbyen eine Erlaubnis holen – zugegeben, in Fällen von Notwehr ist das nicht immer so einfach. Gejagt werden sie trotzdem – von Leuten, die wirklich nicht wissen, was sie mit ihrem Geld anfangen sollen. Die heuern dann einen einheimischen Jagdführer an, der besorgt einen Hubschrauber mit getarntem Kennzeichen, und los geht's, die Eisbären werden vom Hubschrauber aus abgeknallt, und zu Hause zeigt man dann das Fell als Trophäe. Da auf Eisbärwilderei sehr hohe Gefängnisstrafen stehen, ist sie ein beliebtes Thema für Kriminalromane. Da sieht zum Beispiel ein Geologe, der nichts ahnend in der Eiswüste seine Messungen vornimmt, so einen Hubschrauber, macht Fotos, wird entdeckt und ermordet, und danach setzt die übliche Krimihandlung ein. Lesetipp: Die Bücher von Monica Kristensen (geboren 1950, natürlich in Tromsø, da liegt die Liebe zu Eisbären ja nahe!), die selbst Geologin und Polarforscherin ist, und deren Krimis jetzt nach und nach auf Deutsch erscheinen. Alle, die sich länger auf Spitzbergen aufgehalten haben, kennen zudem eine Menge Eisbäranekdoten und erzählen sie ebenso gern wie die alten Walfänger ihre Geschichten aus dem ewigen Eis. Die Eisbären, darüber sind sich alle einig, sind eigentlich nicht gefährlich, sie tun uns nichts, wenn wir sie in Ruhe lassen. Sie sind aber sehr neugierig auf das Treiben der Menschen. Immer wieder kann man sie dabei entdecken, dass sie irgendwo im Eis hocken und die Geologen, Fischer, Skiwanderer beobachten. Dabei halten sie sich eine Pfote vor die Nase, offenbar glauben sie, dadurch mit ihrem weißen Fell im weißen Schnee unsichtbar zu sein. Immer die linke Pfote, denn Eisbären sind Linkshänder, allesamt! Entdeckt werden sie trotz dieser Tarnung aber dennoch, denn über der Pfote sind ihre leuchtend schwarzen Augen zu sehen, an denen man sie viel besser erkennt als an der ebenfalls leuchtend schwarzen Nase!

92. GRUND

Weil Spitzbergen noch immer das letzte Traumziel ist

Nach Spitzbergen möchten eigentlich alle mal, aber so einfach ist das nicht. Noch bis vor wenigen Jahren konnte man nicht einfach so hinreisen, man musste beruflich dort zu tun haben, oder man musste eingeladen werden. Inzwischen fahren viele Kreuzfahrtschiffe diese Inselgruppe und die beiden Hauptorte Longyearbyen und Barentsburg an, und in Longyearbyen gibt es seit Neuestem auch Hotels, in denen man sich einfach so einlogieren kann, wie in einem ganz normalen Touristenort. Allerdings, gern gesehen wird das noch immer nicht. Bei der verletzlichen Natur oben im äußersten Norden sollen die Touristen nicht nach Lust und Laune durch die Gegend kurven und die Eisbären erschrecken. Auf den offiziellen Websites von Svalbard – so heißt es auf Norwegisch – wird deshalb auch gebeten: Bitte, kommt nicht allein und einfach so, und wenn ihr es gar nicht lassen könnt, dann schließt euch hier einer geführten Gruppe an. Dass freilaufende Touristen, die keine Ahnung haben, natürlich auch leicht Wilderern und anderem Gelichter in die Quere kommen können, steht nicht auf der Website, ist aber ein Grund für den derzeitigen Boom an Spitzbergenkrimis.

Die Hauptstadt von Svalbard liegt auf einer Insel, die wirklich Spitzbergen heißt, den unnorwegischen Namen Longyearbyen verdankt sie dem Industriellen John Munroe Longyear (1850–1922), der den Ort gründete, um die reichen Kohlevorkommen der Inseln auszubeuten. 1916 verkaufte Munroe seine Gruben an eine eigens dafür gegründete norwegische Gesellschaft, für den Spottpreis von 3,5 Millionen Kronen. Seit 1920 gehört Svalbard offiziell zu Norwegen. Aber dann gibt es da die russische Enklave Barentsburg, gegründet 1932, weil auch die damalige Sowjetunion Kohle brauchte. Die russisch-norwegische Nachbarschaft war nicht immer so harmonisch, wie sie gerade wirkt. Während des Kalten Krieges rechneten westliche Militärs ernsthaft damit, dass im Ernstfall eine sowjetische Invasion im NATO-Staat Norwegen über Spitzbergen vor sich gehen würde. Beide Seiten versuchten, sich auf Svalbard gegenseitig auf die Finger zu schauen, was aber nicht zugegeben werden durfte und zu immer neuen Spannungen führte. Der perfekte Svalbardroman ist übrigens *Der Gürtel des Orion* von Jon Michelet (zwar ist in deutscher Übersetzung nur eine gekürzte Fassung lieferbar, aber das Buch ist trotzdem der perfekte Svalbardführer), in dem der Autor auf eigene Erlebnisse zurückgreift. Ehe er zum wichtigsten Krimiautor Norwegens wurde, entdeckte der Journalist Jon Michelet nämlich auf Svalbard eine sowjetische Anlage, die dort eigentlich gar nicht sein durfte.

Weil der Grubenbetrieb zusehends unrentabler wird, ist auch in Barentsburg das Interesse am Tourismus inzwischen groß. Reisende, die mit Kreuzfahrtschiffen dort waren, erzählen davon, dass es russische Zigaretten in Marlboropackungen mit kyrillischem Aufdruck und furchtbar kitschige Blusen mit vielen Rüschen und Schleifen zu kaufen gibt, die Zigaretten sind aber offenbar das bessere Geschäft. Neben Reisenden, die Eisbären und Nordlicht sehen oder in den Flüssen der Inseln den köstlichen Seesaibling fischen wollen, kommen derzeit auch immer mehr Geologen und Archäologen nach Spitzbergen. Weil das Eis schmilzt, hoffen sie, mehr über die Entstehung der Arktis erfahren zu können, und sie suchen nach den Überresten von verschollenen Expeditionen aus den vergangenen Jahrhunderten. Manche von diesen Forschern werden eingeladen, das ist noch immer die beste Möglichkeit, nach Spitzbergen zu gelangen. Man muss beschreiben, was man da eigentlich will und was dabei herauskommen soll, und dann hofft man aufs Beste. Wenn es mir gelingt, eine Einladung zu ergattern, schreibe ich ein Buch voller Spitzbergenklatsch und Eisbärengeschichten, die hierzulande noch nie gehört worden sind. Versprochen! Die wirklich Schönen und Reichen aber fahren nach Longyearbyen und von dort aus weiter mit dem Hubschrauber zum Nordpol. Dort leeren sie dann eine im ewigen Eis gekühlte Flasche Champagner und treten nach dieser Erfrischung den Rückflug an.

93. GRUND

Weil in Norwegen der Buhund bellt

Der Buhund ist das Lieblingstier aller, die Bücher aus dem Norwegischen übersetzen. Der Buhund ist nämlich in Norwegen sehr verbreitet, manche Züchter bezeichnen ihn sogar überschwänglich als »Norwegens Nationalhund« (und anders als dem armen Schleimaal, siehe Grund 86) will ihm auch niemand diesen schönen Titel streitig machen. Buhundähnliche Hunde gibt es in Norwegen seit Urzeiten, das beweisen archäologische Funde, der Name leitet sich entweder ab von einem alten Wort für Vieh – was logisch ist, denn diese Hunde wurden offenbar auch in der Frühzeit schon als Hütehunde eingesetzt – oder einem alten Wort für Wohnstatt. Einen deutschen Namen hat der arme Buhund nicht. Hundezüchterliteratur führt ihn als »Norwegischer Buhund«, aber der Allgemeinheit ist er leider kaum bekannt, und Buhund – das klingt doch nicht nach einem ernst zu nehmenden Hund, sondern eher nach dem Hund des Buhmanns? In norwegischen Büchern ist der Buhund so präsent wie im Land überhaupt – immer wieder stoßen wir auf Sätze wie »In der Ferne bellte ein Buhund«. Wie übersetzen wir also Buhund? Wörterbücher helfen überhaupt nicht, da steht immer als Übersetzung: »spitzähnlicher Hund«. Aber stellen Sie sich einen Satz vor wie: »Er wurde von einem spitzähnlichen Hund ins Bein gebissen«! Geht doch nicht. Noch schlimmer wird die Sache, wenn ein Lundehund auftritt. Der heißt so, weil er ursprünglich zur Jagd auf Papageientaucher gezüchtet wurde, die auf Norwegisch »Lundefugl« heißen. Auch den viel selteneren Lundehund finden wir bei Züchtern als »Norwegischer Lundehund«, und auch er hat keinen deutschen Namen. Er steht nicht einmal in den meisten Wörterbüchern, und einsprachige norwegische Lexika beschreiben ihn als »Hund, der einem Buhund ähnelt«. Das wäre dann »ein einem spitzähnlichen Hund ähnlicher Hund«. In der Ferne bellte ein einem spitzähnlichen Hund ähnlicher Hund. Es ist zum Verzweifeln. Meistens löst sich das Problem von selbst. In einem Krimi von Unni Lindell (die in Grund 44 genauer vorgestellt wird) geht jemand mit einem Buhund spazieren, als ein Mord geschieht, und wird damit zum wichtigen Zeugen. Auf das Problem aufmerksam gemacht, sagte die katzenliebende Autorin: »Ach, nimm irgendeinen Hund. Hunde sind mir doch egal.« Dass ich dann einfach »Spitz« geschrieben habe, finde ich jetzt eigentlich peinlich. Den nächsten Buhund mach ich zum Mops!

94. GRUND

Weil es in Norwegen das Per-Willy-Institut gibt

Das Per-Willy-Institut ist eine wunderbare norwegische Einrichtung. Vor vielen Jahren gab es in Deutschland in der Zeitschrift *Titanic* etwas Ähnliches: Die sieben peinlichsten Persönlichkeiten. Jeden Monat gab es eine Liste dieser sieben, und die ganze Fangemeinde wartete gespannt, wen es diesmal getroffen haben könnte. In Zeiten des Internet geht es natürlich viel elaborierter vor sich. Und demokratischer. Das Per-Willy-Institut Institut sucht jeden Monat die norwegische Persönlichkeit aus, die den größten Unsinn geredet hat. Nominierungen sind jederzeit über die Website des Institutes möglich, müssen natürlich begründet werden. Am Monatsende zieht sich dann der Institutsrat zur Beratung zurück, und am 1. wird dann verkündet, wer zum Per-Willy des Monats ernannt wird. Auf der Website finden lebhafte Diskussionen über die Nominierungen statt, ob jemand sie wirklich verdient hat oder auch nicht, und ob vielleicht eine Frauenquote eingeführt werden sollte. Schließlich sind bisher immer nur etwa zehn Prozent der Nominierten weiblichen Geschlechts. Die Quotierung wurde aber abgelehnt, da auch in Norwegen der öffentliche Raum weiterhin vor allem von Männern besetzt wird, die damit sehr viel mehr Möglichkeiten haben, Unsinn zu reden. Eine Nominierte des Jahres 2016 war Sylvi Listhaug, Integrationsministerin der rechtspopulistischen FRP, die in der Ägäis in Überlebensanzug samt Schwimmweste neben einem Rettungsboot ins Wasser sprang, nach ungefähr einer Minute ins Rettungsboot geholt wurde und dann erklärte, nun endlich zu wissen, wie einem ertrinkenden Bootsflüchtling zumute ist. Den wachsamen Augen des Per-Willy-Instituts entgeht so leicht niemand: Politiker, denen »der Finger ausrutscht«, wenn sie anonym per Facebook Arbeitslose anpöbeln, die Kronprinzessin, die bei öffentlichen Auftritten von ihrem Sekretariat verfasste Huldigungsreden verlesen lässt, Richter, Pressezaren, Promis jeder Art und einfach alle, die Unsinn reden, alle haben ein Recht auf eine Nominierung, und das gibt dem Institut seinen unvergleichbaren Charme. Ersonnen hat das Per-Willy-Institut der Theatermann Carl Morten Amundsen, dessen Kindertheaterstück *Der Zauberspiegel* (über die in Grund 27 vorgestellten Brüder Per, Pål und Espen Aschenputtel) seit Jahren zum festen Repertoire deutscher Kindertheater gehört. Die Inspiration zu dieser wunderbaren Idee verdankt er einem Politiker. »Damals war Per-Willy Amundsen einwanderungspolitischer Sprecher der FRP. Er redete oft und viel. Ich habe damals auf Facebook verlangt, dass er seinen Nachnamen ändern oder ganz aufgeben sollte. Dieser Aufforderung kam er jedoch nicht nach. Deshalb habe ich ein Institut erfunden und nach ihm benannt. Ich habe das Institut mit Sachbearbeiterinnen bevölkert und mich selbst als Geschäftsführer eingesetzt. Neben den erfundenen Mitarbeitern gibt es auch normale Mitglieder. Der Preis wird allmonatlich vergeben, und jedes Mitglied hat Nominationsrecht. Vorsitzender der Jury, die dann die Entscheidung trifft, war von Anfang an Prof. emerit. Arnfinn Aggen. Aggen ist Norwegens bedeutendster Fachmann für politische Blödheit.«

Mitglied werden ist ganz einfach – man beantragt Mitgliedschaft über die Website und bekommt alsbald eine freundliche Mail des Vorsitzenden. Und kommt dann erst einmal tagelang nicht mehr von der Website weg und staunt darüber, wer so alles nominiert wird. Angeblich haben die Preisträger allerdings noch nie ein Interesse daran gezeigt, sich ihre Medaille und den Händedruck des Vorsitzenden persönlich abzuholen.

95. GRUND

Weil Norwegen das Heimatland der Stabkirchen ist

Es gibt sicher kein »norwegischeres« Bild als das einer Stabkirche, am besten im Sonnenschein, an einem malerischen Fjord gelegen, daneben eine blonde Sennerin in Tracht ... die Wirklichkeit ist oft weniger poetisch, und Stabkirchenforscher beschreiben diese Art von Bauwerk so: »Stabkirchen sind hölzerne Kirchen, die als Stabbau konstruiert wurden. Der Stabbau ist ein Tragwerk aus senkrecht stehenden Masten, den sogenannten Stäben, auf denen die gesamte Dachkonstruktion ruht.«

Das klingt furchtbar, und ich musste einmal ein Buch übersetzen, in dem alle achtundzwanzig noch vorhandenen Stabkirchen vorgestellt wurden, und jedes Kapitel fing so an: »Die Stabkirche von Gol ist eine hölzerne Kirche, die usw.« Neben den achtundzwanzig noch vorhandenen Stabkirchen in Norwegen gibt es vier Kopien von alten Stabkirchen, zum Beispiel die von Fantoft, gleich neben dem Haus von Nina Grieg (Grund 59). Errichtet wurden diese Kirchen zwischen 1150 und 1350, es ging also los, als Norwegen noch gar nicht so lange christlich war. Insgesamt sind fast zweitausend Stabkirchen belegt. Im selben Zeitraum wurden zweihunderteinundsiebzig Steinkirchen gebaut. Die Stabkirchen waren praktisch: Holz gab es genug, und wenn man mehr Platz brauchte, nahm man einige Stäbe weg und baute an. Deshalb sehen die heutigen Kirchen so verschachtelt aus, wie nach dem Prinzip des Kartenhauses. Und wenn man die Kirche nicht mehr brauchte, war es leicht, sie abzumontieren und das Holz anderweitig zu verwerten. Holz brennt nur leider leicht, und deswegen gingen viele Stabkirchen verloren, von manchen haben wir noch Zeichnungen, von anderen einfach nur einen Hinweis auf ihre Existenz, aus Kirchenbüchern oder Listen von Bauwerken, wie sie die Könige von Norwegen und Dänemark ab und zu anfertigen ließen. Um 1800 gab es immerhin noch fünfundneunzig Stabkirchen im ganzen Land – die meisten in damals sehr dünn besiedelten Landschaften, wo sie offenbar die besten Überlebenschancen hatten. Dort, wo mehr Menschen wohnten, brauchte man größere Gotteshäuser, und oft hatten sie es satt, an den alten Stabkirchen immer neu anzubauen, oder wünschten sich einfach mal etwas Modernes. Wenn also heutige Metaljünger (wie in Grund 83) Stabkirchen abfackeln, ist das zwar eine üble Sauerei, aber bisher haben sie bei Weitem nicht so viel Schaden angerichtet wie brave Bürger Anfang des 19. Jahrhunderts. Als dann in Norwegen das Zeitalter der Nationalromantik anbrach (so etwa ab 1830), kamen die Stabkirchen wieder zu Ehren, als richtig echte, bodenständige norwegische Bauwerke, aus der großen Zeit, ehe Norwegen unter das dänische Joch geriet. Diesen tiefen Gefühlen verdanken die vorhandenen achtundzwanzig ihr Überleben, und das ist gut so, es ist einfach ein unbeschreibliches Gefühl, in einer herumzuwandern, zu wissen, dass sie seit fast tausend Jahren da steht, zu hören, wie das Holz ächzt, oder den typischen teerigen Geruch einzuatmen. Seltsamerweise gibt es so gut wie keine Sagen, die mit Stabkirchen zu tun haben, keinen Spuk, der in einer umgeht, als ob die norwegischen Gespenster diesen Bauten ebensolche Hochachtung entgegenbringen wie die Nationalromantiker (vielleicht wollten sie ja auch einfach ihre Ruhe und haben das Weite gesucht, als ab 1830 die nationalromantischen Maler, Dichter und Bewahrer aufmarschierten). Die große Ausnahme ist die Stabkirche von Heddal. Die Bauern der Gegend wünschten sich eine Kirche, aber niemand hatte Zeit oder Geld, eine zu bauen. Da begegnete einem Bauern ein Mann, der versprach, die Kirche innerhalb von drei Tagen zu errichten, aber um einen fiesen Preis. Der arme Bauer musste versprechen, danach entweder den Mond vom Himmel zu holen, sein Herzblut fließen zu lassen oder den Namen des Baumeisters zu erraten. Der war, natürlich, der Teufel, in manchen Varianten der Sage aber auch einfach nur ein besonders gemeiner Troll. Die Kirche wuchs und wurde prachtvoll, der arme Bauer verzweifelte, aber des Nachts, als er in seiner Not durch die Gegend irrte, hörte er den Troll singen. Und aus dem Lied ergab sich, wie der Troll hieß. Nicht etwa Rumpelstilzchen, sondern ganz schlicht Finn! Der Bauer war gerettet, Heddal hatte seine Kirche, und Finn verzog sich vor Gram in ein fremdes Land!

96. GRUND

Weil Bjørnstjerne Bjørnson einfach allgegenwärtig ist

Das ist er wirklich – Bjørnstjerne Bjørnson (1832–1910), Norwegens erster Literaturpreisträger, 1903, da war diese Auszeichnung gerade mal drei Jahre alt. Er steht in Oslo vor dem Nationaltheater, mit einer Miene, als wolle er alle Welt zum Armdrücken herausfordern, er hat die norwegische Nationalhymne geschrieben und das berühmte Gedicht, in dem Oslo als Tigerstadt bezeichnet wird – und darauf sind sie stolz, und den Tiger als inoffizielles Wappentier sieht man fast häufiger als St. Hallvard, den Schutzpatron der Stadt, der das offizielle Stadtwappen ziert. In Deutschland ist er halbwegs in Vergessenheit geraten, der Name ist bekannt, den finden alle komisch. Es ist allerdings auch in Norwegen nicht üblich, Bjørnstjerne zu heißen, aber in der Nacht seiner Geburt war der große Bär (norwegisch eben Bärenstern, Bjørnstjerne) ganz besonders klar am Himmel zu sehen, und so verfiel Vater Bjørnson auf diese ungewöhnliche Namenswahl. Der Sohn muss das Gefühl gehabt haben, unter einem besonderen Stern zu stehen, und fortan schreckte er vor nichts zurück. Seine erste Verlobte, Augusta Mjøen aus Molde, durfte er nicht heiraten, ihr Vater ging davon aus, dieser verrufene Bummelstudent aus Kristiania werde niemals eine Familie ernähren können. Aber dann wurde der wilde Knabe zum norwegischen Nationaldichter und so etwas wie Goethe und Schiller in einer Person. In Norwegen werden noch heute zahllose Anekdoten über ihn erzählt, denn Bescheidenheit war wahrlich nicht seine Zier. Er mischte sich ganz einfach in alles ein und wusste alles besser, und nebenbei hatte er noch immer Zeit, seinen Erzrivalen Henrik Ibsen (vgl. Grund 51) zu verspotten. Er schrieb Romane, Gedichte und Theaterstücke, und unter Übersetzerinnen oder Übersetzern ist er allein deshalb bekannt: Als er seiner deutschen Übersetzerin Cläre Mjøen (der Schwiegertochter der unvergessenen Augusta) vorgestellt wurde, legte er die Hand aufs Herz, verbeugte sich tief und sagte: »Liebes Kind, Sie machen meine Sachen ja noch besser!« (Das stimmt übrigens nicht, die alten Übersetzungen sind holprig und wortwörtlich, und eine Neuübersetzung wäre dringend nötig!) Er engagierte sich für Norwegens Unabhängigkeit und die norwegische Sprache und ist deshalb noch heute in Ländern, die irgendwann nach Autonomie gestrebt haben und ihre eigene Sprache benutzen wollten, wie Irland, Katalonien und der Slowakei, ein bekannter Mann. Er unterstützte wie kein Zweiter junge Autoren wie den jungen Hamsun, dessen großes Vorbild er war, und vor allem Autorinnen wie Amalie Skram oder Magdalene Thoresen. Die war nun wieder Ibsens Stiefschwiegermutter, da sie den früh verwitweten Pastor Thoresen geheiratet hatte, den Vater der späteren Frau Ibsen (und von der der Schwiegersohn das Ende seines berühmten Stückes *Nora oder ein Puppenheim* klaute). Im Laufe seines Lebens änderte er gern seine Ansichten, konnte seine Meinungswechsel aber immer plausibel begründen. Ganz Norwegen war aus dem Häuschen, als Bjørnson sich in die sogenannte Sittlichkeitsdebatte einmischte. Es ging darum, dass die eine Seite (die Boheme um den Autor Hans Jæger und Christian Krogh) sexuelle Freiheiten auch für Frauen forderte, die andere Seite (das konservative Bürgertum und die norwegische Staatskirche) dagegen war, denn dann wenn die Frauen sich aufführten wie die Männer, werde notwendigerweise das sittliche Fundament des Staates erschüttert. Die damaligen Frauenrechtlerinnen schließlich vertraten einen dritten Standpunkt, sexuelle Gleichberechtigung könne ja nett sein, aber zuerst müssten Frauen in allen anderen Bereichen gleichberechtigt sein, jeden Beruf ergreifen dürfen und sich und eventuelle Kinder ernähren können. Alles hatte erwartet, dass Bjørnson, der aus seinen Amouren nie einen Hehl gemacht hatte, sich der Boheme anschließen würde, aber er erklärte, die Frauenrechtlerinnen hätten recht, und solange keine Gleichberechtigung herrschte, sollten die Männer sich gefälligst zusammennehmen und so enthaltsam leben, wie sie es bisher von den Frauen verlangt hatten. Er schrieb zu diesem Thema 1883 das Schauspiel *Ein Handschuh*, und für die nächsten hundert Jahre wurde »Handschuhmann« in Norwegen zum Synonym für einen Mann, der die herrschenden Männlichkeitsideale nicht für erstrebenswert hält.

In Norwegen ist er als Persönlichkeit und Debattant heute besser bekannt denn als Dichter, aber das ist ungerecht. Der verachtete Ibsen hat ihm da den Rang abgelaufen, da dessen Stücke in ihrer zeitlosen kalten Eleganz einfach überall Geltung haben. Bjørnson schrieb mit heißer Feder, aus der Wut des Augenblicks, seine Empörung lodert auf jeder Buchseite, und in seinen Stücken sind wir sozusagen immer sofort mitten im damaligen Geschehen.

Bekanntschaft mit Bjørnson und seiner Welt kann man im Landsitz Aulestad schließen, den er und seine Frau Karoline 1874 kauften. Dieser, 20 Kilometer nördlich von Lillehammer in Gausdal gelegen, ist heute ein Bjørnson-Museum, bei dem Wert darauf gelegt wird, dass wir es mit dem Wohnsitz von Bjørnstjerne *und* Karoline zu tun haben, und auch Karolines Wirken ist dort überall zu sehen. Sie musste das Gut ja schließlich verwalten, wenn er in ganz Europa unterwegs war, um sich in die Tagespolitik zu mischen, und außerdem schrieb sie seine Werke ins Reine, oft viele Male, und war, das gab er selbst zu, eine unschätzbare Beraterin und Stütze. Aber das schönste Ausstellungsstück von Aulestad ist bestimmt ein zerkratzter Löffel. Mit vier Jahren entdeckte der kleine Bjørnstjerne nämlich den damals noch neuen Tierschutzgedanken, meinte aber, die Tiere müssten sich auch entsprechend benehmen. Deshalb begab er sich mit dem Löffel in den väterlichen Schweinestall, um den Schweinen dort feine Tischmanieren beizubringen. Die Schweine erwiesen sich als lernrestistent, der Löffel konnte gerettet werden. Ganz ehrlich – muss man einen solchen Nationaldichter nicht lieben? Und eben auch das Land, das ihn hervorgebracht hat.

KAPITEL 11
WORÜBER WIR AUS NORWEGEN BALD MEHR HÖREN WERDEN

97. GRUND

Weil Norwegen nicht nur Genies hervorgebracht hat, sondern auch den unbegabtesten Spion unserer Zeit

Ein Buch über norwegische Pechvögel wäre bestimmt eine interessante Lektüre, über Leute, die immer zu spät kamen, die so katastrophalen Mist gebaut haben, dass es schon wieder komisch sein könnte. In jeder Gegend von Norwegen gibt es alte Geschichten über jemanden, der eine Idee hatte, wie sie alle reich werden könnten, der aber von seinen Nachbarn nur ausgelacht wurde und nach Amerika auswanderte. Und dort ebenfalls von allen ausgelacht wurde und es nie zu etwas brachte. Oder solche wie Per Imerslund, der zuerst ein Erfolgsautor werden wollte, aber hemmungslos bei B. Traven abschrieb. Dann wollte er Trotzki umbringen, weil er Kommunisten nicht leiden konnte. Als das misslungen war, wollte er den norwegischen Naziführer Vidkun Quisling ermorden, weil der seiner Ansicht nach die wahren Ziele des Nazitums verraten habe und sich von den Freimaurern bezahlen ließe. Nichts, aber auch gar nichts gelang dem armen Trottel. Ähnlich erfolglos war der Spion Alfred Hagn, 1882–1958. Er stammte aus dem westnorwegischen Industrieort Odda, wuchs in Stavanger auf und studierte schließlich in Kopenhagen an der Kunstakademie. Stipendien brachten dem jungen Künstler mehrere Aufenthalte in Paris ein, wo er sich von den gerade modernen Strömungen beeinflussen ließ. Er malte als einer der Ersten in dem Stil, der später als Kubismus bezeichnet wurde. Diese Bilder wollte in Norwegen aber niemand sehen, und die Kritiken nach seinen ersten Ausstellungen waren vernichtend. Sein Freund, der Journalist Reidar Mjøen (übrigens der Sohn von Bjørnsons erster Verlobter, Augusta, s. Grund 96), brachte ihn zu Beginn des Ersten Weltkriegs in Kontakt zu deutschen Verbindungsleuten, die im neutralen Norwegen Spione anwerben sollten. Er wurde als Auslandskorrespondent der Tageszeitung *Dagbladet* nach London geschickt, traf dort im April 1917 ein, benahm sich aber beim Spionieren so dusselig, dass er schon am 24. Mai aufflog und festgenommen wurde. Auf Spionage stand Todesstrafe, aber die britische Regierung war auf Norwegens stillschweigende Unterstützung bei den Kriegsanstrengungen angewiesen, deshalb wurde der erfolglose Spion sogleich begnadigt und nach Hause geschickt. Dort hoffte er dann auf Erfolg als Maler, aber kubistische Kunst wollten seine Landsleute noch immer nicht sehen. Immerhin bekam er ab und zu Aufträge vom norwegischen Landeskonservator, und noch heute kann man in Norwegen Kirchenwände bewundern, deren Malereien Alfred Hagn damals restauriert hat. Das machte ihm nun Hoffnung auf eine Karriere beim norwegischen Denkmalschutz, aber der Chef der Behörde, ein Mann mit dem wunderbaren Namen Harry Fett, wusste das zu vereiteln. Worauf Hagn der norwegischen Nazipartei Nasjonal Samling beitrat und von der Quislingregierung dann endlich das ersehnte Amt erhielt. Das war 1941, und schon 1945 war er es wieder los und wurde als Landesverräter vor Gericht gestellt, wurde aus gesundheitlichen Gründen 1947 aus der Haft entlassen und starb 1958 fast vergessen.

Bestimmt gibt es noch viel unbegabtere Spione als Alfred Hagn, aber inzwischen ist er nicht mehr vergessen, sondern sozusagen groß in Mode. Es gibt eine Biografie, weitere sind geplant, ein Theaterstück ist in der Mache, ein Film über ihn wird vorbereitet, Museen stellen fest, dass er doch ein Wegbereiter der Moderne in Norwegen geworden wäre, wenn sich damals irgendwer für die Moderne interessiert hätte, und bestimmt kommt bald der historische Kriminalroman über Alfred Hegn, der dann in Übersetzung auch bei uns zum Erfolg wird.

98. GRUND

Weil die Menschenrechtlerin
Solomia Karoli aus Norwegen stammt

Norwegen vergibt den Friedensnobelpreis, alle anderen Nobelpreise werden in Stockholm entschieden. Nicht immer stoßen die Entscheidungen des norwegischen Nobelpreiskomitees auf ungeteilte Begeisterung (s. Grund 73), und ganz selten gibt das Komitee diese hohe Auszeichnung an seine Landsleute: Der letzte Norweger, der sie erhielt, war 1922 der Polfahrer und Schleimaalforscher Fridtjof Nansen (s. Grund 86). Aber vielleicht ändert sich das bald, denn Norwegen hat eine würdige Kandidatin aufzuweisen: Die Zigeunerrechtlerin Solomia Karoli. Das ist kein Versehen: Sie besteht auf der Bezeichnung »Zigeuner«. Das ist ein Romaniwort, das »Mensch« bedeutet, und auf dieses Wort sollten sie stolz sein, erklärt sie unermüdlich, statt auf Notbehelfe wie »Roma und Sinti« zurückzugreifen, die noch dazu andere Gruppen unerwähnt lassen, wie Jenische oder Khalderasch.

Sie hat mehrere Bücher über die Situation in Norwegen geschrieben, setzt die aber immer wieder in einen internationalen Zusammenhang, vor allem die Entwicklung in den osteuropäischen Ländern macht ihr große Angst. Immer wieder schildert sie die Jahre nach 1930. Damals gab sich Norwegen als eines der ersten Länder der Welt eine Gesetzgebung zur »Rassenbiologie«, vor allem Frauen aus als »unerwünscht« geltenden Bevölkerungsgruppen wurden sterilisiert, Kinder wurden ihnen weggenommen und in Waisenhäuser gesteckt, und um dem zu entgehen, flohen viele norwegische Zigeuner nach Süden, vor allem nach Deutschland. Als sie auch dort verfolgt wurden, wollten sie nach Norwegen zurück. Inzwischen war ihnen aber ihre Staatsbürgerschaft aberkannt worden und sie durften nicht einreisen, die meisten kamen in Auschwitz um, auch Solomias Großeltern. Denen, die es nach dem

Krieg nach Norwegen schafften, wurde zunächst die Wiedergutmachungszahlung verweigert, die die norwegischen Behörden einfach einsackten. Sie durften sich nicht niederlassen, wo sie wollten, sondern ihnen wurden Müllhalden und stillgelegte Fabrikgelände zugewiesen, die Kinder durften dann nicht in die Schule gehen, weil sie »schmutzig« waren, und so ist noch heute die Analphabetenrate unter norwegischen Zigeunern sehr hoch. Viele Kinder wurden ihren Eltern weggenommen, auch Solomia war darunter. Sie kam in ein Waisenhaus und wurde dort Lise genannt, um ihre Herkunft zu verschleiern. Sie hatte aber Glück und fand ihre Eltern wieder.

Was kaum bekannt war, nicht einmal in Norwegen, ehe Solomia aktiv wurde: Noch immer werden Zigeunerkinder ihren Eltern weggenommen und in norwegische Pflegefamilien gesteckt, doch während Kinder aus ethnisch norwegischen Familien auch in Pflegefamilien den Kontakt zu ihren biologischen Eltern aufrechterhalten können, wird das den Zigeunerfamilien verweigert.

Solomia zeichnet dabei durchaus kein rosiges Bild der norwegischen Zigeuner – es gibt kriminelle Elemente darunter, einer der größten Versicherungsschwindel der vergangenen Jahre wurde von Mitgliedern der Karoli-Sippe ausgeführt – worauf einige Familienangehörige sich in Karlsen umtauften, um nicht mit denen in Verbindung gebracht zu werden. Was aber nichts hilft, sie sehen nun mal nicht »norwegisch« aus. Sie beschreibt zudem die Zustände in den Familien – eine Männergesellschaft mit extrem patriarchalischen Traditionen, aus denen sich die Frauen erst langsam lösen. Tatsächlich haben sich in Norwegen in den letzten Jahren mehrere reine Frauenorganisationen gegründet, die die Sache der Zigeunerinnen gegen den Staat und gegen die eigenen Männer vertreten, und erst seitdem kommt Schwung in die Sache.

Solomia beschreibt vor allem den Kampf um die Kinder, sie schildert die Gesetzeslage, die UNO-Kinderrechtskonvention, die Norwegen unterschrieben hat; alles, was sie schildert, dürfte also nicht möglich sein. Wenn aber norwegische Politiker damit konfrontiert werden, schieben sie sich gegenseitig die Verantwortung zu, immer ist ein anderes Ministerium zuständig, und leider habe man da keinen Einfluss. Während in den Kommissionen, die über Zigeunerbelange entscheiden, zum Beispiel, wie man endlich dafür sorgen sollte, dass Zigeunerkinder ganz normal zur Schule gehen können, niemals Zigeunerinnen sitzen, wohl aber »Sachverständige«, die ihr Wissen über Zigeuner nur aus Büchern haben und teilweise offen rassistische Standpunkte vertreten.

Solomia Karoli fordert, damit Schluss zu machen und endlich Zigeunern in Norwegen und anderswo die ganz normalen Menschen- und Bürgerrechte zu gewähren. 2015 besuchte auf ihre Aufforderung Nils Muizniks, der Menschenrechtskommissar des Europarates, Norwegen und las der norwegischen Regierung gehörig die Leviten. Wenn sich nun endlich etwas ändert, ist das Solomia Karoli zu verdanken, und wer gerade in Norwegen unterwegs ist, hat vielleicht Lust, sich ein Buch von ihr zu kaufen, um auf diese Weise ihre Arbeit zu unterstützen.

99. GRUND

Weil in Norwegen die Zeitschrift BLIKK erscheint

BLIKK ist eine Zeitschrift, die jeden Monat erscheint und sich an Lesben und Schwule richtet, immer ist *BLIKK* witzig, klug, voller Infos über Kultur und Politik in Norwegen und liefert jede Menge Anregungen, was man in Norwegen unternehmen kann und sollte (ganz unabhängig von der sexuellen Orientierung). Mein Wissen über *BLIKK* verdiene ich eigener Lektüre, klar, aber vor allem auch Reidar Deadswan Engesbak, der seit 2005 für *BLIKK* schreibt, reist und recherchiert.

»Niemand ist wie alle anderen«, ist seine und *BLIKKs* Devise, und folglich ist die Geschichte dieser Zeitung »eine Mischung aus

Maloche und Champagner«. *BLIKK* gibt es schon seit 1990, vorher gab es *Fritt Fram*, herausgegeben vom Verband der norwegischen Homosexuellen (DNF-48). *Fritt Fram* aber stand arg im Minus, und der Verband wollte nicht mehr. Der damalige Redakteur, Arne Walderhaug, wollte sich nicht damit abfinden, suchte sich neue Geldgeber und schaffte es, die ersten Tausend Abos zu verkaufen, noch ehe irgendwer die neue Zeitschrift gesehen hatte. Die Abos brauchte er auch, denn die Zeitschriftenkioske in Norwegen wollten mit der Sache nichts zu tun haben, es dauerte ein ganzes Jahr, bis der im Hotel Continental sich zu einem Versuch bereit erklärte. Wieder machte sich Arne Walderhaugs Optimismus bezahlt – in der ersten Woche wurden hundert Exemplare abgesetzt, und nun zogen auch andere Kioske nach. So ging es langsam aufwärts, zwei halbe Stellungen konnten eingerichtet werden, und nachdem viele Frauen sich beklagt hatten, weil *BLIKK* eigentlich nur über Schwule schrieb, wurden die ersten Mitarbeiterinnen angeheuert. Und so entwickelte sich *BLIKK* langsam zu dem aufregenden und knallbunten Blatt, das wir heute kennen. Oder wenn nicht, dann gefälligst kennenlernen sollten! Mit der weiteren Verbreitung stellte sich dann auch die Anzeigenkundschaft ein, was *BLIKKs* finanzielle Situation verbesserte, und die Redaktion konnte ganz neue Aktivitäten entwickeln. 1996 zum Beispiel wurde ein Boot gechartert, um zum ersten EuroPride nach Kopenhagen zu gondeln, über tausend Lesben und Schwule machten mit. Im Jahre 2000 befragte die Redaktion etliche norwegische Millionäre, ob sie denn bereit wären, die Existenz von Norwegens einziger Zeitschrift für Homosexuelle finanziell zu sichern. Christen Sveaas von der Investmentfirma Kistefos lachte freundlich und blätterte fünf Millionen hin. Und damit konnte die Redaktion sich ein neues Layout leisten, und *BLIKK* war endlich zu einer Zeitschrift geworden, die in ganz Norwegen verbreitet ist und deren Stimme gehört wird. Wozu nicht zuletzt auch die 2004 gestartete Website Blikk Nett beitrug, die täglich um aktuelle Nachrichten erweitert wird.

Es ging natürlich nicht immer steil bergauf, es gab auch Zeiten, in denen der Absatz sank, in denen die Anzeigenkundschaft nicht Schlange stand, oder in denen sich irgendwer beleidigt fühlte und auf Schadensersatz und Unterlassungserklärungen klagte. Aber 2016 konnte die Reaktion fünfundzwanzig Jahre *BLIKK* feiern.

Aber wie kam nun unser Freund Reidar Deadswan Engesbak zu *BLIKK*? Weil er der schwedischen Schlagersängerin Carola Bier ins Gesicht geschüttet hatte!

Carola, Siegerin beim Grand Prix 1991, war in Schwulenkreisen in ganz Skandinavien immer sehr beliebt, und die meisten wollten nicht wahrhaben, dass die gefeierte Sängerin überaus seltsame Ansichten hegt. Sie gehört einer evangelikalen Sekte an, für die gleichgeschlechtliche Sexualität als Sünde gilt. Sie findet aber, und sagt das sehr gern in den Medien, dass Homosexuelle von ihrer »unnatürlichen Neigung« geheilt werden können, wenn sie nur wollen und eifrig beten. Nach Reidar Deadswan Engesbaks Bieraktion gab es zuerst gewaltiges Geschrei, weil sich so etwas eigentlich nicht gehört, dann informierten sich immer mehr über seine Gründe, und schon war er ein bekannter Mann, der schließlich von *BLIKK* angeheuert wurde. Da ist er noch, schreibt und forscht, gibt Tipps und beantwortet nimmermüde alle Fragen der interessierten Norwegenreisenden.

100. GRUND

Weil die norwegischen Flussmuscheln eine ganz besondere Geschichte haben

Die Flussmuschel, die es nicht nur in Norwegen gibt, heißt auch Perlmuschel, auf Deutsch wie auf Norwegisch. Es gibt diese Muschelart überall in Nordeuropa, oder genauer gesagt, es gab sie. In vielen Gegenden ist sie ausgerottet worden, in Norwegen wurde sie deshalb unter Artenschutz gestellt, und zwar durch einen königlichen Erlass vom 13. 5. 2011. Und dass der König diese Muscheln unter Schutz stellt, ist nur gut und richtig. Der zweite Name, »Perlmuschel«, sagt es ja schon – in diesen Muscheln bilden sich Perlen, die viele Jahrhunderte lang hochbegehrt waren. Wenn wir uns eingebildet haben, dass die kostbaren Perlengeschmeide der Königinnen aus irgendwelchen exotischen Ländern stammten und von Tauchern unter Lebensgefahr aus tiefem Wasser geholt wurden, so sind wir einem Mythos auf den Leim gegangen. Der europäische Hochadel schmückte sich mit den Perlen aus norwegischen Flussmuscheln. Und zwar schon seit dem Mittelalter. Perlmuscheln leben in Flüssen mit starker Strömung und leicht kalkhaltigem Wasser, man sollte also denken, dass daran in Norwegen kein Mangel besteht. Aber der Adel war prunksüchtig, und 1733 versuchte die dänisch-norwegische Königin Sophie Magdalene, eine geborene Hohenzollern-Prinzessin von Brandenburg-Kulmbach, das Sammeln von Flussmuscheln zu verbieten (das gilt übrigens als erster norwegischer Versuch zum Artenschutz). Da aber ihre Adelsgenossen das anders sahen, wurden die Muschelvorkommen weiter ausgebeutet. König Harald kann, als der den Schutzbrief für die armen Muscheln unterzeichnete, norwegische Flussperlen auf Bildern seiner Großmutter, Königin Maud, gesehen haben. Und auf Bildern seiner Ururgroßmutter, Queen Victoria, und zurück bis zu Heinrich VIII., der zwar kein Vorfahr war, aber kostbaren Schmuck über alles liebte. Erst die Entwicklung von Zuchtperlen seit etwa 1920 machte die norwegische Muscheljagd unrentabel – dass die Flussmuscheln heute als überaus stark gefährdete Art gelten, liegt ganz einfach an der Umweltverschmutzung.

101. GRUND

Weil bestimmt auch Königin Eufemia Flussmuscheln zu schätzen wusste

Genau wissen wir das aber nicht, denn es ist kein Bildnis dieser Königin erhalten. Doch eine Königin ohne norwegische Flussperlen, noch dazu eine Königin von Norwegen? Undenkbar. Eufemia war trotz ihres klangvollen Namens in Norwegen so ziemlich vergessen, aber jetzt ist zumindest ihr Name nicht mehr zu übersehen. Wenn man auf dem Bahnhof Oslo S ankommt, will man eigentlich nur weg aus diesem grauenhaften Gewühl, und seit einiger Zeit gibt es einen Seitenausgang, man braucht also nicht die furchtbar laute und unübersichtliche Bahnhofshalle zu durchqueren. Der Ausgang führt hinaus auf eine nach ihr benannte Straße, die Dronning Eufemias gate, und man kommt dann auch gleich an der Eufemia-Bar vorbei, die in einem teuren Hotel liegt. In der Bar erinnert nichts an sie, auf der Straße allerdings auch nicht. Die Straße sah auf den Plänen wunderschön aus, wie ein Boulevard, auf dem man gern flanieren würde. Jetzt ist sie ziemlich scheußlich, dort stehen die »Barcode« genannten Hochhäuser, die von der Osloer Innenstadt neuerdings den Blick auf den Fjord versperren, aber immerhin, man sieht die Oper.

Hier aber lag das alte, ursprüngliche Oslo, wie archäologische Funde ergeben haben, und also wurde für die neue Hauptstraße ein schöner historischer Name gesucht. Und Eufemia klingt doch wirklich gut! Eufemia wurde um 1280 geboren, und zwar auf Rügen, ihr Vater war der dortige Fürst Wizlaw II., ihre Mutter die Fürstin Agnes von Braunschweig-Lüneburg. 1299 heiratete sie den norwegischen Herzog Håkon Magnusson, der noch im selben Jahr als Håkon V. zum König von Norwegen und Island gekrönt wurde. Eufemia brachte ihre Bibliothek mit, die als eine der reichhaltigsten von ganz Europa galt, und außerdem eine Tochter namens Agnes, von der unklar ist, wer ihr Vater war. Zeitgenössische Quellen nennen einen Ritter Nikolaus, über den sonst nichts bekannt ist. Håkon bezeichnete Agnes fortan als »unsere Tochter«, dass er aber nicht der »echte« Vater war, zeigt sich daran, dass nicht sie seine Nachfolgerin wurde, sondern die 1301 geborene Tochter Ingebjørg. Für Ingebjørg änderte er sogar das Thronfolgegesetz, nach dem nur Männer den norwegischen Königsthron erben konnten! Die Regelung wurde wieder abgeschafft, als Norwegen unter dänische Herrschaft geriet, und erst 1991 wieder eingeführt. Eufemia geriet später wegen ihrer vorehelichen Tochter in Verruf, der Historiker Peter Andreas Munch dichtete ihr eine Liebschaft mit ihrem Schwiegersohn an. Danach geriet sie in Vergessenheit. Bis heute … oder nicht ganz. In der Literaturforschung ist sie ein großer Name. Sie ließ nämlich, kaum war sie in Norwegen angekommen, die damals aktuelle Ritterdichtung aus Europa, vor allem aus Frankreich, ins damalige Norwegisch und Schwedisch übersetzen und gab damit den Startschuss zur norwegischen Belletristik! Eine Sammlung von Ritterballaden heißt nach ihr *Eufemialieder*. Sie starb 1312, der Grund für diesen frühen Tod ist unbekannt. Der übliche Tod junger Frauen der damaligen Zeit, der im Kindbett, kann es nicht gewesen sein, das hätten die Chronisten verzeichnet. Bei Ausgrabungen im königlichen Mausoleum in der Festung Akershus, die Eufemia und Håkon als Königsschloss diente, wurden die Gebeine der beiden gefunden. In Eufemias Schädel gibt es kristalline Ablagerungen in einer Furche, in der eine wichtige Ader gelegen haben muss. Alles Weitere wird derzeit untersucht. Wie auch immer, Eufemias Leben und Tod sind eigentlich Stoff für eine ganze Bibliothek voller Biografien und historischer Romane – und keine Sorge, die sind auch schon im Entstehen!

102. GRUND

Weil norwegische Pilze
die Weltgeschichte geprägt haben

Norwegen ist ein El Dorado für Pilzfans, im Herbst wimmelt es in Feld, Wald und Wiese nur so davon, und solange man kein Privatgrundstück betritt, kann man hemmungslos sammeln und sich dann ein feines Abendmahl zubereiten. Natürlich sollte man über gute Pilzkenntnisse oder ein zuverlässiges Pilzerkennungsbuch verfügen, damit man keinen Giftpilz erwischt ... oder gar einen Psilocybinpilz! Diese Pilze, auch bekannt als Magic Mushrooms, wachsen im norwegischen Wald in rauen Mengen, vor allem die Art Spitzkegeliger Kahlkopf ist reich vertreten. Auf Norwegisch heißt dieser halluzinogene Pilz *fleinsopp*, nach einem alten Wort für »Pfeil«, das im modernen Norwegisch ausgestorben ist. Und wirklich, er läuft oben sehr spitz zu, der Name überzeugt also durchaus. Aber weil das alte Wort »flein« eben längst ausgestorben ist, kam es dann zu einem weitreichenden Missverständnis. Dass nämlich die Wikinger vor dem Kampf Fliegenpilze verzehrt hätten, um sich in die richtige Kampfeswut hineinzusteigern, und in ihrem Rausch so weit weggetreten waren, dass sie nicht so recht merkten, wenn um sie herum das Blut gen Himmel spritzte oder ihnen ein halber Arm verlorenging. »Fluesopp« und »fleinsopp« klingt auch ein wenig ähnlich. Aber: Nichts davon ist wahr. Hätten sich die Wikinger mit Fliegenpilzen vollgestopft, dann wären sie tot umgefallen, noch ehe der erste Feind auf Zurufweite herangekommen wäre. Fliegenpilze sind nämlich sehr giftig! Die mittelalterlichen Chroniken sagen auch deutlich, dass vor dem Kampf zum Spitzkegeligen Kahlkopf gegriffen wurde, aber die Chroniken waren ja viele Jahrhunderte hindurch in Vergessenheit geraten und mussten erst mühsam wieder entziffert werden, und bis dahin hatte sich die Geschichte mit den Fliegenpilzen schon in halb Europa verbreitet.

Zur Pilzzeit im Herbst schickt die norwegische Polizei immer eine Menge Patrouillen in die Wälder, um den Pilzsammlern ins Körbchen zu schauen. Und alle Lokalzeitungen bringen Fotos der stolzen Gesetzeshüter, die ihre Beute vorzeigen können. Dann folgen die unvermeidlichen Leserbriefe, ob die Polizei nichts Wichtigeres zu tun hätte, aber das spielt hier keine Rolle. Also, beim Pilzesammeln in Norwegen den *fleinsopp* meiden, denn sein Besitz kann zu unangenehmen Geldbußen und sogar zu Gefängnisstrafen führen. Den giftigen Fliegenpilz dagegen dürfen Sie nach Herzenslust mitnehmen, den zu sammeln ist schließlich erlaubt.

103. GRUND

Weil es in Norwegen so schöne Gedenktage gibt

Bei norwegischen Gedenktagen denkt man natürlich zuerst an den 17. Mai, den Nationalfeiertag, aber der ist nur erträglich, wenn man für Flaggen, patriotische Reden und Blasmusik schwärmt. Und es gibt den Johannistag, 23.6., Sankhans, Sommersonnenwende, gefeiert mit lodernden Feuern und Schwarzgebranntem. Sehr beliebt in der norwegischen Krimiliteratur, es ist dann so leicht, einen missliebigen Zeitgenossen im Fjord zu entsorgen, die Zeugen kriegen es ohnehin nicht mit oder können sich höchstens vage erinnern. Den Fischbrötchentag am 7.5., der eigentlich überhaupt nicht begangen wird, sondern nur in den Zeitungen erwähnt, fand ich wunderbar und sehr norwegisch, bis ich dann erfuhr, dass er international ist und eigentlich in allen Ländern gefeiert werden sollte, in denen Fischbrötchen verzehrt werden. International ist auch der Tag des Toilettenpapiers am 26.8. Aber es gibt auch rein norwegische Merktage, und norwegische Kalender und die immer wunderbare Lokalpresse sind wahre Fundgruben. Immer wieder erwähnt wird da der Kuckuckstag, das ist der 1. Mai. Wer vor dem Frühstück den

Kuckuck hört, wird noch in diesem Jahr sterben, heißt es, was natürlich alle, die lange in den Mai tanzen, nur ungern hören. Am letzten Donnerstag im September ist der Fårikåltag. Fårikål heißt wörtlich übersetzt Hammel in Kohl, es ist ein Eintopf aus fettem Hammelfleisch mit Knochen, Weißkohl und Pfefferkörnern, dazu gibt es gekochte Kartoffeln. Lebensmittelläden weisen gern auf diesen Tag hin, und Restaurants, die Hausmannskost servieren, haben am Fårikåltag immer Fårikål auf der Speisekarte stehen. Also, notieren und probieren! Nach dem norwegischen Kalender hat der Teufel am 11.6. Geburtstag, leider steht nie dabei, woher man das weiß. Aber der Teufel ist offenbar ein Geburtstagsfan, denn am 11.12. feiert er schon wieder. Wer an des Teufels Geburtstagen angeln geht, fängt nur Petermännchen, Knurrhahn oder Gefleckten Lippfisch. Und da kann man es auch gleich lassen und weiter im Kalender blättern. Ein schöner Tag ist der 6. Februar, er wird seit 1992 von der samischen Bevölkerung in Norwegen, Schweden, Finnland und Russland gefeiert. Das gefällt nicht allen, norwegische Stammtischpolitiker erklären gern und laut, das gehe doch nun wirklich nicht, wieso die Samen denn ohne Staat einen Nationalfeiertag haben wollten. Geht aber eben doch, wie wir sehen. Die Quänen haben natürlich auch ihren Tag, den 16.3., nennen ihn aber ganz einfach nur Tag der Quänen (Kvenfolkets dag auf Norwegisch, auf Quänisch: Kvääninkansan päivää). Der Tag geht zurück auf das Jahr 1340, als Vertreter der Quänen mit dem norwegischen König einen Vertrag schlossen, der den Quänen Siedlungsgebiete und ein Minimum an Rechten sicherte. Hat zwar auch nichts genützt, ist aber ein schöner Tag. Es gibt sehr viele lokale Feiertage, die nur in einem Ort gefeiert werden; wenn man Glück hat, erfährt man es vorher aus der Lokalpresse, sieht am Ort einen Aushang, der auf die geplanten Feierlichkeiten hinweist, irgendwo ist immer was los. Ein besonders geschmackvoller Tag ist der Norwegische Apfeltag am 7.10. Alle Landwirtschaftsmuseen veranstalten Apfelfeste, in den Bäckereien gibt es Apfelkuchen, in Westnorwegen gibt es sogar Apfelschnaps und Apfelwein!

104. GRUND

Weil der Norway Cup sogar Sportmuffeln gefällt

Norwegische Fußballkultur – darüber könnte man problemlos ein dickes Buch schreiben. Welcher Verein in welchem Ruf steht, was die Fans singen und rufen, welche Fangruppen einander am innigsten verabscheuen, es ist eigentlich wie überall. Eine norwegische Besonderheit ist aber der Norway Cup. Der Norway Cup wird seit 1972 jeden Sommer in Oslo abgehalten und gilt als eines der größten Fußballturniere der Welt. Er war zuerst für Jugendliche zwischen zehn und neunzehn gedacht, inzwischen geht es ab sechs los, in drei Klassen treten also die Juniormannschaften gegeneinander an. Wobei Mannschaften eigentlich falsch ist, anders als bei anderen Fußballveranstalten wird nämlich beim Norway Cup kein Unterschied zwischen den Geschlechtern gemacht. Die jungen Talente treten eine Woche lang gegeneinander an, in ungefähr sechstausend Spielen. Ebenso umwerfend ist eine andere Zahl: von 1972 bis 2016 haben nicht weniger als 53.049 teilgenommen, und sie kamen aus »fünfzig bis sechzig« Nationen (wieso sie das nicht genauer wissen, konnte die Pressestelle des Norway Cup auch nicht erklären). Natürlich wird Wert darauf gelegt, dass es aufs Mitmachen und die Spielfreude ankommt, nicht auf Siege und Pokale. Aber ebenso natürlich pilgern jeden Sommer Talentscouts aus der gesamten Fußballwelt nach Oslo und hoffen auf eine große Entdeckung. Hier sind ein paar Namen von Fußballstars, die erstmals beim Norway Cup in der Öffentlichkeit auffielen: Erik Mykland, John Carew und Ole Gunnar Solskjær. Dass in dieser kleinen Aufzählung nur Männer vertreten sind, liegt an den Talentsuchern, nicht an den Talenten. Der norwegische Fußballverband hat Frauenfußball erst 1976 als »echte« Sportart anerkannt, und da spielten die Mädchen schon seit vier Jahren beim Norway Cup mit. Die offizielle Website des Norway Cup zeigt denn auch vier norwegische Spielerinnen, die sich nach einem Tor jubelnd umarmen. In einem Fernsehinterview beklagten einige sechzehnjährige Spielerinnen übrigens, dass es gar so sittenstreng zugehe beim Norway Cup. Da seien sie nun eine ganze Woche mit knackigen Jungs aus aller Welt zusammen, aber alle müssten dauernd trainieren, und die Betreuer sorgten energisch dafür, dass sich keine Gelegenheit zu Flirts ergäbe. Davon abgesehen waren sie total begeistert von allem. Begeistert sind auch immer die Zuschauer, allein schon, weil der Nachwuchs noch nicht die Unsitten der Profis angenommen hat. Niemand bringt blöde Sprüche, und niemand wälzt sich nach einer Rempelei oder einem Zusammenstoß minutenlang mit schmerzverzerrtem Gesicht auf dem Boden!

105. GRUND

Weil Europas Heilbutthauptstadt in Norwegen liegt

Norwegens Nationalfisch ist unbestreitbar der Schleimaal (wie in Grund 86 beschrieben), auch wenn sich amtlich gesehen der Kabeljau durch unsaubere Mittel diesen Titel erschlichen hat. Der Heilbutt dagegen ist nicht gerade der Fisch, den die meisten mit Norwegen verbinden. Aber Havøysund in Finnmark ist ja auch der Ort, an den die meisten denken, wenn von norwegischen Reisezielen die Rede ist. Das soll sich nun alles ändern. Und in Havøysund gibt man sich nicht mit Kleinigkeiten ab, Havøysund strebt nichts Geringeres an, als »Europas Heilbutthauptstadt« zu werden. Das wird bestimmt gelingen, denn einerseits ist die Konkurrenz um dieses Amt nicht sehr groß, andererseits gehen sie mit solcher Begeisterung ans Werk, dass es einfach klappen muss. Zudem ist der Heilbutt, der im Nordatlantik beheimatet ist, ja nun wirklich ein leckerer Fisch mit feinem weißen Fleisch. Sein Name ist übrigens irreführend, er ist gar kein Butt, sondern gehört zu den Schollenfischen. Auf Norwegisch heißt er *kveite*, also einfach »weißer Fisch« und das stimmt nun wirklich. Das Problem ist nun allerdings, dass aufgrund von Überfischung die Bestände gefährdet sind, und da könnte es doch widersinnig wirken, nun auch noch begeisterte Touristen nach Havøysund zu locken, die den Bestand noch weiter reduzieren? Aber das sollen sie gar nicht. Sie sollen nach Havøysund kommen, Geld mitbringen und sich vor allem amüsieren. Jedes Jahr im August soll ein Heilbuttfestival stattfinden, 2016 gab es das zum zweiten Mal, und es war ein voller Erfolg. Natürlich wird auch gefischt, es gibt ein Wettfischen für Erwachsene und dann eins für Kinder unter vierzehn. Alle Teilnehmenden dürfen nur eine Angel benutzen, und wer gewonnen hat, wird per Boot entschieden. Alle Fische, die ein Boot erwischt hat, werden der Länge nach gemessen, und das Boot, das also insgesamt den längsten hat, hat gewonnen und kriegt einen Pokal. Es gibt aber so viel Rahmenprogramm, dass das Angeln sozusagen unter ferner liefen rangiert, die Überlebenschance für den Heilbuttbestand der Gegend ist also sehr groß. Es gibt Musik, Bingo, Lotterien, ganz viel Musik, 2016 trat beim Abschlusskonzert Espen Askeladd auf (ich habe nicht rauskriegen können, wer sich hinter diesem Namen versteckt und was er für Musik macht!). Und die ganze Zeit muss gegessen werden, nicht nur Fisch. Auf allen Werbezetteln und Flyern zum Festival wird betont darauf hingewiesen, dass überall auf dem Festivalgelände Bier, Wein und Würstchen zu haben sind. Vielleicht gerät der Heilbutt da ein wenig in den Hintergrund, ein lustiges Fest ist es aber auf jeden Fall und ganz bestimmt ein Grund für einen Besuch in Havøysund!

106. GRUND

Weil Nille das Einkaufsparadies überhaupt ist

Nille heißt eine norwegische Ladenkette, ich weiß nicht, warum gerade Nille, und die Websites helfen mir da auch nicht weiter, aber es ist ja auch egal. In Norwegen gibt es 360 Nille-Filialen, seit 2011 werden es auch in Schweden immer mehr. Mit den 360 norwegischen Filialen ist die Firmenleitung auch noch nicht zufrieden, jedes Jahr sollen noch mindestens fünfzehn dazukommen. Bei Nille gibt es so ungefähr alles, Haushaltsartikel, Geschenke, Klamotten, Süßigkeiten, und alles ist für norwegische Verhältnisse überraschend billig. Im Prinzip erinnern die Nille-Läden an Billigketten wie Woolworth oder die Kaufhalle, aber bei Nille ist alles übersichtlicher, freundlicher, geschmackvoller. Freundlicher, das gilt auch für das Personal. Wenn man einen Nille-Laden betritt, sind sie immer alle beschäftigt, fragen nicht, was man sucht, nerven nicht rum, ganz einfach. Aber selbst bei kompliziertesten Wünschen verlieren sie nie die Geduld und finden das Gewünschte oder zumindest etwas Ähnliches noch in den hintersten Ecken.

Die norwegische Ethnologin und Autorin Ragnhild Gylver (in deutscher Übersetzung erschienen ist ihr Jugendbuch *Knirsch*) hat ein Jahr in einem Nille-Laden gearbeitet und darüber ein Buch geschrieben. Daraus lernen wir vor allem, dass die freundliche Gelassenheit noch viel bewundernswerter ist, als ich das bisher gedacht hatte. Die Angestellten werden knallhart auf Leistung getrimmt. In jedem Laden hängt im Hinterzimmer ein Bildschirm, der kundtut, auf welchem Platz in der Hitparade der Verkäufe der jeweilige Laden gerade steht. Das kann sich von Minute zu Minute ändern, wenn zum Beispiel eine Filiale einen großen Posten Duftkerzen absetzt, schon haben sie den bisherigen Listenersten übertrumpft, und der grämt sich. Genauer gesagt, die Geschäftsführerin grämt sich, wie das in Ragnhild Gylvers Fall war, die sich immer wieder mit ihrem härtesten Konkurrenten Kopf-an-Kopf-Rennen lieferte. Ein oberer Platz in den Charts macht sich natürlich bezahlt, für den Chef oder die Chefin einer solchen Filiale winken Reisen oder andere nette Belohnungen. Die Belegschaft hat eigentlich wenig davon, ein nettes Wort vielleicht, oder mal ein Essen für alle.

Abgesehen davon, dass sie alle ganz viel verkaufen sollen, gibt es dann immer noch ein Produkt, das jede Woche wechselt und das der Kundschaft besonders ans Herz gelegt werden soll, und für dieses Produkt der Woche gibt es eine gesonderte Hitparade und eigene Prämien. Wir kennen das ja auch von anderen Ladenketten, man will drei Kugelschreiber kaufen und wird darauf hingewiesen, dass sie gerade Papierservietten im Sonderangebot haben. Die arme Verkäuferin, die das mitteilen muss, zeigt dann deutlich, wie peinlich ihr das ist, und man möchte fast diese blöden Servietten kaufen, die man gar nicht haben will, um die arme Frau zu trösten. Nichts davon bei Nille! Dort wird man so nebenbei aufmerksam gemacht, als sei es der Verkäuferin gerade erst eingefallen, mit freundlichem Lächeln und ein bisschen vertraulich schlägt sie vor, wo man doch schon mal hier ist, könnte man doch zu den drei Kugelschreibern noch Duftkerzen kaufen, es passiert doch so oft, dass man dringend ein Geschenk braucht, und Duftkerzen passen immer. Sie machen das so freundlich und so geschickt, dass man gar nicht auf die Idee kommt, dass sie das tun müssen – wenn ich es nicht bei Ragnhild Gylver gelesen hätte, würde ich es nicht unbedingt glauben. Wenn man wirklich keinen Grund sieht, die Duftkerzen zu kaufen, dann sind die Verkäuferinnen so freundlich und gelassen wie zuvor – und inzwischen dauert das Gespräch schon so lange, dass man doch etwas entdeckt, was man unbedingt braucht, und am Ende sind alle zufrieden. Sie sehen, Nille ist ein Einkaufsparadies, und es gibt es nur in Norwegen (na ja, und inzwischen eben auch in Schweden).

107. GRUND

Weil schon die Anreise eine Erholungsreise ist: die Kielfähre

Nach Norwegen muss man ja erst mal kommen. Klar, es gibt viele Wege, mit der Bahn, dem Bus, dem Auto, man kann fliegen (und wenn man Glück hat, nicht in Gardermoen zwischenlanden muss, s. Grund 70), es gibt allerlei Fähren aus Dänemark, ja, und dann gibt es die aus Kiel. Früher hießen die Fähren nach Angehörigen des Königshauses, Kronprinz Harald, Prinzessin Ragnhild. Dann wurden die alten Fähren ausrangiert und durch neue, größere ersetzt, und alle hofften auf schöne neue Namen, Prinzgemahl Ari oder so. Aber die Reederei, früher Jahre Line (nach dem Gründer Anders Jahre), tat sich mit der Norway Line zusammen und hieß jetzt Color Line. Entsprechend phantasielos sind die Namen der neuen Fähren: Color Magic und Color Fantasy.

In Oslo und Kiel wurden dann neue Terminals gebaut, die Platz genug für die größeren Schiffe boten. Der in Kiel ist besonders schön geworden: Er liegt dem Bahnhof gegenüber, man kann bequem zu Fuß rüberschlendern, sollte aber Zeit einplanen. Eine Zugbrücke kann gerade dann hochgehen, wenn man es furchtbar eilig hat, um noch zum Einchecken rechtzeitig zu sein, und dann gibt es noch eine Bahnlinie für Gütertransporte im Hafen, die ebenfalls zu überqueren ist. Der Terminal in Oslo liegt ein Stück außerhalb und ist nicht so verkehrsgünstig gelegen (es gibt aber einen Bus vom Osloer Hauptbahnhof), dafür aber ohne Zugbrücken oder Bahnlinien.

Mit der Fähre nach Oslo zu fahren ist wie einen Extra-Urlaubstag zu erwirtschaften. Die Fähren sind wirklich schwimmende Paläste, mit Restaurants, Bars, Unterhaltungsprogramm, Schwimmbad. Auf den ersten Blick wirken die Preise auch entsprechend, aber so schlimm ist es nicht, es gibt fast immer überraschend günstige Sonderangebote, und man braucht dann nicht einmal die billigsten

Kabinen zu nehmen. Gegen die gar nichts einzuwenden ist. Die Zeiten, als die billigsten Übernachtungsmöglichkeiten aus engen Kabinen unter dem Autodeck bestanden, mit je zwei Etagenbetten, die man mit völlig unbekannten Reisenden teilen musste, sind lange vorbei. Aber die billigsten Kabinen haben ihre Fenster nach innen und blicken auf die »Einkaufsstraße«, die quer durch das Schiff führt, und daran liegen Läden aller Art, Restaurants, Kneipen, und es ist furchtbar laut, weil fast die ganze Zeit Musik erschallt, und zwar keine, die man sich freiwillig auch nur eine Minute lang anhören würde. Und es ist dunkel. Als die neuen Fähren in Betrieb genommen wurden, war das eine oft gestellte Frage: Warum ist die Einkaufsstraße so dunkel? Warum gibt es nirgendwo ein paar Fenster mit Seeblick? Die Antwort gab jemand von Color Line (bittet aber darum, nicht mit Namen zitiert zu werden): Das ist psychologisches Marketing, das sich an die norwegischen Reisenden richtet. Die sind an die strengen Alkoholsitten ihres Landes gewöhnt, und wenn sie bei helllichtem Tage Alkohol trinken, kriegen sie sofort ein schlechtes Gewissen. Die Dunkelheit in der Einkaufsstraße bringt das schlechte Gewissen zum Schweigen, denn das Unterbewusstsein bildet sich ein, es sei schon Abend. Raffiniert gedacht, und es wirkt! Das kann uns aber egal sein, es gibt keine erholsamere Art, nach Norwegen zu reisen, als in einer Kabine mit Außenfenster zu sitzen, ein schönes Buch zu lesen und ab und zu aufs Meer hinauszublicken. Man kann die Kabine auch verlassen und spazieren gehen, sich an Deck setzen, eins der höher gelegenen Cafés aufsuchen, die aufs Wasser hinausblicken, Cafés von der Sorte, in denen man zu gern mit dem Herrn Mitreisenden (wie in Grund 5) einen Cognac trinkt! Morgens hat man dann Blick auf den märchenhaft schönen Oslofjord – kann frühstücken (und die Restaurants, in denen Frühstück serviert wird, haben Fenster mit Blick aufs Meer!), und dann ist man da.

Von diesem Moment an ist die Sache weniger erholsam. Um das Schiff zu verlassen, muss man durch endlos lange Gänge wandern.

Wenn gerade viel los ist auf der Fähre, kann es leicht mal eine halbe Stunde dauern, bei strenger Passkontrolle oder wenn Rauschgifthunde in Dienst sind, noch länger. Dieser Gang ist eine Qual für Gehbehinderte, Leute mit Krücken, Leute mit Atembeschwerden oder auch solche mit viel Gepäck. Außerdem gibt es auf der ganzen Strecke keine Toilette, nicht mal, wenn man die Sache endlich hinter sich gebracht hat, dann muss man erst ins Nebengebäude in die Abteilung zum Einchecken. Man kann aber, um die schöne Überfahrt nicht noch am Ende zu ruinieren, einfach warten. Man setzt sich in der Einkaufsstraße auf eine Bank und behält den Ausgang im Auge. Nun sieht man, wenn sich die Schlange zerstreut hat und es nicht mehr im Schneckentempo geht, und dann wandert man los und braucht nur zehn Minuten. Zudem kann man sich auf einem riesigen Bildschirm ein Informationsprogramm über die Sehenswürdigkeiten von Oslo zu Gemüte führen. Eigentlich ist es nicht besonders interessant, es werden nur die Dinge erwähnt, die ohnehin in jeder Broschüre stehen, aber der Text wurde entweder verfasst von einer Person, die schon so lange in Norwegen lebt, dass sie vergessen hat, wie Deutsch eigentlich geht, oder von einem Norweger, der sich einbildet, richtig gut Deutsch zu können, und die vielen kleinen Missverständnisse, wenn zum Beispiel eine Werft »niedergelegt« wird statt stillgelegt, vertreiben sehr schön die Zeit.

Umgekehrt ist das übrigens nicht so, bei der Ankunft in Kiel werden keine Sehenswürdigkeiten auf kuriosem Norwegisch angepriesen. Dafür ist der Weg hinaus viel kürzer, und es gibt keine Rauschgifthunde, dafür aber Toiletten im Terminal. Nur sind dann noch Bahnlinie und Zugbrücke zu bewältigen. Wenn man also von Kiel aus mit der Bahn weiterfahren will, sollte man mindestens eine Stunde zwischen der offiziellen Ankunft und der Weiterfahrt einplanen. In Oslo allerdings noch mehr, da muss man ja erst mal in die Stadt gelangen.

108. GRUND

Weil Kurt Schwitters in Norwegen sein eigenes Museum bekommt

Das war ein aufregender Moment – im norwegischen Fernsehen liefen Nachrichten, und plötzlich hieß es: »Einer der weltbekanntesten Künstler überhaupt bekommt jetzt in Westnorwegen ein eigenes Museum.« Wir waren alle sehr gespannt, allein schon der ungewöhnliche Plural (das mit der Steigerung geht auf Norwegisch wie auf Deutsch) gab doch zu denken. Also, wer mochte gemeint sein? Kurt Schwitters. Alle anwesenden norwegischen Freunde starrten mich an: »Kennst du den?« Wie gut, dass ich sogar einige Zeilen aus *Anna Blume* zitieren konnte. Der Hannoveraner Kurt Schwitters war unbedingt ein bedeutender Künstler, auch wenn »weltbekanntest« vielleicht übertrieben ist. Ich wusste, dass er in Norwegen im Exil gewesen war, ab 1937, aber mehr auch nicht. Schwitters war aber absoluter Norwegenfan, und er war schon in früheren Jahren immer wieder dort in Urlaub gewesen. 1937 ging er zuerst nach Lysaker bei Oslo. Dort richtete er einen neuen Merzbau ein, der seinem berühmtem Merzbau-Projekt in Hannover so ähnlich wie möglich sein sollte. Aber dieser Merzbau brannte ab, und Schwitters zog auf die Insel Hjertøya bei Molde um, die er von früheren Aufenthalten her kannte. Dort richtete er sich in einer alten Landarbeiterhütte ein, die nicht mehr bewohnt war und als Kartoffelkeller benutzt wurde. Da die ländliche Unterschicht in Norwegen in bitterer Armut gelebt hatte, war die Hütte natürlich winzig klein, geradeeinmal zwölf Quadratmeter. Die aber malte Schwitters aus, jeder Fingerbreit von Wänden und Decke wurde mit Zeichnungen und Textzeilen bedeckt, und das Ganze war fast ein Mini-Merzbau.

Als Norwegen 1940 von deutschen Truppen besetzt wurde, gelang Schwitters die Flucht nach England. Seine Hütte wurde nicht weiter benutzt und gammelte dann erst mal über fünfzig Jahre vor sich hin. In Norwegen geriet er in dieser Zeit so ziemlich in Vergessenheit. Sein Sohn Ernst, dem die Exiljahre in Norwegen gut gefallen hatten, kehrte nach 1945 dorthin zurück und ließ sich als Fotograf in Oslo nieder. Auf Flohmärkten findet man manchmal Postkarten aus den Fünfzigerjahren, die gern ganz neue Bauten zeigen, die ersten Blocks der neuen Universität Oslo zum Beispiel, noch ganz allein auf weiter Flur. Fast immer zeigt ein Blick auf die Rückseite, dass wir richtig vermutet haben: Diese Fotos hat Ernst Schwitters gemacht. Sein Sohn Bengt, der das Familienerbe verwaltete, versuchte nach dem Tod seines Vaters, den norwegischen Staat für eine Kurt-Schwitters-Stiftung zu interessierten, doch das Kulturministerium winkte ab. Erst, als das renommierte Museum Henie-Onstad-Sentret bei Oslo im Jahre 2009 Kurt Schwitters eine größere Ausstellung widmete, wurde das Interesse neu geweckt. Irgendwer erinnerte sich dann an die Hütte auf Hjertøya, und es stellte sich heraus, dass die Wandzeichnungen erhalten waren bzw. restauriert werden konnten. Diese Rettungsarbeiten dauerten Jahre, alles musste Stück für Stück abgetragen und dann im geplanten Kurt Schwitters-Raum im Romsdalsmuseum in Molde neu zusammengesetzt worden. Der Raum sieht jetzt aus wie vorher das Innere der Hütte, es gibt außerdem eine Menge Informationen über das Leben und Werk von Kurt Schwitters. Gleich im Nebenraum übrigens befindet sich die Trachtenabteilung, das hätte ihm sicher gefallen. Die Hütte aber, jetzt leer, steht weiterhin auf Hjertøya und kann in Ruhe vor sich hin verfallen.

109. GRUND

Weil Norwegens Literaturförderung einzigartig ist

In Norwegen wird viel gelesen, und darauf sind sie stolz, zu Recht, natürlich, auch wenn es dann befremdet, dass der größte Bestseller der letzten Jahre ein Buch mit dem Titel *Der sichere Weg zum Führerschein* war. Wir können aber sicher sein, dass dieses Buch nicht in den Genuss der staatlichen norwegischen Literaturförderung gekommen ist. Und um die soll es hier gehen. Die norwegische Literaturförderung ist ziemlich einzigartig und unbedingt nachahmenswert! Es gibt sie seit 1965. In jedem Jahr kauft der Staat von fast jedem neu erschienenen norwegischen belletristischen Titel tausend Stück, von jedem norwegischen Kinderbuch sogar fünfzehnhundert. Seit einigen Jahren wurde das noch um Sachbücher erweitert. Diese vom Staat eingekauften Bücher werden an die Bibliotheken des Landes verteilt. Die Bibliotheken können ihr auch in Norwegen viel zu knappes Budget dann für den Ankauf anderer Titel benutzen (mehrere Exemplare von besonders begehrten Büchern, Übersetzungen, Neuauflagen von Klassikern zum Beispiel, oder Anleitungen zum Erwerb des Führerscheins eben). Für die Verlage ist das wunderbar, die Herstellungskosten sind damit fast gedeckt, und die Verlage werden auf diese Weise ermutigt, Bücher herauszubringen, die sich vermutlich nicht so gut verkaufen lassen werden: Lyrik, Essays, Novellen, ganz neue Autorinnen und Autoren. Das alles klingt wunderbar und könnte so bleiben, aber in neuerer Zeit ist dieses schöne System unter Beschuss geraten.

Da der Krimiboom einfach kein Ende zu nehmen scheint, suchen die Verlage verzweifelt nach dem norwegischen Stieg Larsson oder der neuen Unni Lindell (was allerdings nicht so gut klappt, s. Grund 44), und es erscheinen unendliche Mengen von miserablen Krimis, schlechter Plot, Pappfiguren, flache Sprache. Vor Lyrik und Essays dagegen schrecken die Verlage zurück – aber für die war das System ja einmal gedacht. Nun gibt es einerseits die sehr starke rechtspopulistische Partei FRP, in deren Augen Kultur, die kein Geld bringt, ohnehin kein Existenzrecht hat, und die die ganze Förderung am liebsten abschaffen möchte. Andererseits wollen viele das System behalten, nur verändern. Ein Vorschlag war, keine Krimis mehr einzukaufen – aber wie soll man die Grenze ziehen zwischen einem literarisch hochwertigen Krimi, wie der Schwede Håkan Nesser sie schreibt (um hier kein norwegisches Beispiel zu nennen und niemanden zu beleidigen), und der nervigen Dutzendware? Dazu muss man wissen, dass es eine Instanz gibt, die überprüfen soll, ob ein Titel wirklich gut genug ist um eingekauft zu werden. Das sind aber nur drei Leute, die immer für drei Jahre ernannt werden. Sie können natürlich nicht alles lesen, und außerdem sollen sie ihre Entscheidungen für sich behalten, weil es ja furchtbar kränkend für Autor XY ist, wenn gerade sein Buch nicht eingekauft wird. Manchmal kommt es aber doch an den Tag, und dann gibt es großes Geschrei, ist ja klar. Vom Auswahlkomitee für zu schwach befunden wurden unter anderem Bücher der Krimigrößen Anne Holt und Jon Michelet, des auch in deutscher Übersetzung viel gelesenen Ketil Bjørnstad, und, jüngster Skandal: Lars Mæhles Jugendroman *Landet under isen* (»Das Land unter dem Eis«), der kurz darauf vom norwegischen Kulturministerium als bestes Jugendbuch des Jahres ausgezeichnet wurde.

Dieses Nadelöhr nicht zu passieren, hat nicht nur zur Folge, dass das Buch dann eben in den öffentlichen Bibliotheken nicht vorhanden ist. Es gibt eine Instanz in Norwegen, die Übersetzungen aus dem Norwegischen finanziell unterstützt, Norla (das Büro für Norwegische Literatur im Ausland, der Name wurde mit Bedacht gewählt, weil die Abkürzung in mehreren Sprachen funktioniert), aber wenn diese Bücher übersetzt werden sollen, darf Norla keinen Zuschuss geben.

Wie unbefriedigend die Situation ist, sehen wir daran, dass 1965 klargestellt wurde, dass Unterhaltungsliteratur nicht unter die staatliche Förderung fällt – und damit waren und sind die in Norwegen so beliebten Romanserien gemeint. Die in aller Welt so beliebte Margit Sandemo (s. Grund 69) darf also von norwegischen Bibliotheken nicht eingekauft, Übersetzungen ihrer Bücher dürfen von Norla nicht bezuschusst werden – aber öde Fließbandkrimis eben doch. Klar, dass das nicht so weitergehen kann. Klar aber auch, dass die norwegische Literaturförderung bei allen Schwächen eben doch so ungefähr die beste ist, die es derzeit weltweit gibt.

110. GRUND

Weil Norwegen 2019 Gastland auf der Frankfurter Buchmesse sein wird

Das ist jetzt nämlich amtlich: Norwegen wird Gastland der Frankfurter Buchmesse 2019, und das bedeutet erhöhte Präsenz von Land und Büchern in den Medien, es erscheint eine Menge norwegischer Bücher, und das ist doch alles schön! Plötzlich aber läuft mein Mailkasten über: »Na, bist du schon bei den Vorbereitungen?« Äh, nein? Ich weiß nicht, was die Fragenden von mir erwarten, ob sie überhaupt etwas erwarten oder einfach nur so fragen, in der Hoffnung, dass ich ihnen was erzählen kann. Alles sehr rätselhaft. Aber erst mal freuen wir uns! Es heißt ja, »aller guten Dinge sind drei«, und auch: »Sprichwort – wahr' Wort.«

Der erste Versuch war 1997. Norwegen, Schweden und Dänemark sollten gemeinsam Gastland werden, »Skandinavien« sozusagen. Aber Norwegen stieg aus, die Beteiligungskosten (den Status als Gastland kriegt man nämlich nicht geschenkt) waren ihnen zu hoch. Worauf Schweden und Dänemark auch nicht mehr wollten, weil Norwegen dann heimlich davon profitiert hätte – alle hätten nur »Skandinavien« gedacht und auch norwegische Bücher gekauft, gewissermaßen illegal. Weil das also zu teuer war, sprang das reiche Portugal ein und machte eine fantastisch gute Buchpräsentation.

Einige Jahre später bekam ich eine Vorladung. Wirklich, es war keine Einladung. Keine Frage von »Könnten Sie bitte« oder »Würden Sie vielleicht«, sondern: Dann und dann sollte ich im Norwegischen Konsulat in Hamburg erscheinen und erklären, warum Norwegen Gastland des Jahres 2005 oder 2006 werden sollte. Im

Konsulat saßen der Konsul und zwei Herren vom Königlich Norwegischen Außenministerium und hörten sich meine vielen guten Gründe an. Es gab auch etwas zu trinken, und die Herren notierten alles, stellten noch ein paar Fragen und erklärten dann, jetzt seien sie überzeugt, und sie würden alles dafür tun, um Norwegen bald zum Gastland zu machen.

Keine Ahnung, was dann passierte. Der Konsul wurde abberufen (sicher aus anderen Gründen), die Herren aus dem Außenministerium hüllten sich in Schweigen, Norwegen wurde weder 2005 Gastland (Südkorea) noch 2006 (Indien). Nun aber, 2019.

Die Frage, ob ich mich schon vorbereite, wird seit einigen Monaten (also seit Norwegens Status als Gastland aktenkundig ist) mehrmals pro Woche gestellt, aber wenn ich zurückfrage, wie ich mich denn vorbereiten soll, gibt es keine Antwort. Es gibt Gerüchte, dass manche aus der Übersetzerzunft sich schon in Position bringen, um die großen Aufträge abzukriegen – aber wie machen die das? Ich habe keine Ahnung und finde das alles sehr verwirrend. Aber ich fange jetzt auch an, mich vorzubereiten.

Das Börsenblatt des Deutschen Buchhandels schreibt übrigens von »Nordmännern« und nennt auch nur Männer aus Norwegen. Darauf hat mich Else Laudan aufmerksam gemacht, in ihrem Argument-Verlag erscheinen Bücher von norwegischen Autorinnen wie Kim Småge (Norwegens erste feministische Krimiautorin s. Grund 44) und Herbjørg Wassmo (die 1987 als zweite Autorin seit Bestehen dieser Auszeichnung mit dem Literaturpreis des Norwegischen Rates ausgezeichnet wurde).

Deshalb suche ich jetzt Lieblingsautorinnen heraus, deren Bücher unbedingt (wieder)übersetzt werden müssen, lese mich fest und vergesse darüber die aktuelle Arbeit. Ich finde, das ist eine hervorragende Vorbereitung, und bis 2019 dauert es ja auch noch eine Weile, bis dahin kann ich ganz viele Lieblingsautorinnen lesen! – Ich hoffe auf deutsche Neuauflagen meiner Lieblingsautorin Sigrid Boo!

111. GRUND

Weil es noch 111.111 weitere Gründe gibt, Norwegen zu mögen

Mindestens. Bei jedem Grund, den ich hier angeführt habe, fielen mir gleich weitere ein, die mit dem gerade beschriebenen zu tun hatten, oder auch nicht. Hier sind ein paar davon. Norwegische Fernsehserien (wie *Lillyhammer*), die, wenn überhaupt, dann bei uns nur mit furchtbarer Synchronisation gezeigt werden, die meisten kommen aber gar nicht so weit. Norwegische Filme, in Norwegen werden ungeheuer viele Filme produziert, die meisten sind schrecklich, schlecht gespielt, schlecht konzipiert, aber mit schönen Landschaften im Hintergrund. Aber alle paar Jahre ist ein richtig guter dabei, und der wird dann auch gleich für den Oscar nominiert (wie der Film *Elling* in Grund 73). Die neue norwegische Begeisterung für den Radsport. Jahrzehntelang interessierte der dort keinen Menschen, nicht einmal die Tour de France wurde vom norwegischen Fernsehen übertragen. Der norwegische Radfahrer Thor Hushovd hatte seine ersten großen Erfolge bei der Tour de France 2001, er hatte in Belgien einen Fanclub, und erst dann wurden seine Landsleute auf ihn aufmerksam. 2010 wurde er in Norwegen zum Sportler des Jahres gewählt, und seither wird Norwegen zur Radrennnation, 2013 gewann Thor Hushovd das frisch eingeführte Arctic Race, und neuerdings werden in Norwegen Unmengen von Radsporttalenten entdeckt. Es gibt norwegische Heilige, die genaueres Hinsehen verdient hätten, wie die heilige Sunniva oder St. Hallvard, den Schutzpatron Oslos. Es gibt den alten Pilgerweg nach Trondheim, der sich jederzeit mit dem Jakobsweg messen kann und nicht einmal halb so überlaufen ist. Und dass es einen internationalen Pornostar mit norwegischem Pass gab, ist doch auch interessant? Der hieß Sasha Gabor (1945–2008) und war in Ungarn geboren worden, aber nach dem Aufstand 1956 flohen seine

Eltern mit dem kleinen Sasha nach Norwegen. Er bekam die Staatsangehörigkeit und wurde zuerst Flieger, dann Pornostar. Wenn er eine Frau sympathisch fand, küsste er ihr – sehr unnorwegisch! – die Hand, dann sagte er: »Sie sind so charmant! Sie sollten einen Pornofilm machen.« Das nahm er dann aber gleich wieder zurück und beklagte, man solle lieber noch warten, die Pornofilme seien so gar nicht romantisch. Das war sein großer Kummer. Sein anderer großer Kummer war, dass er in Norwegen auf der Straße belästigt, angespuckt und sogar niedergeschlagen wurde, von Leuten, die ihm erklärten, dass sie sich niemals Pornos ansähen, aber er solle sich schämen, bei diesem Dreck mitzumachen.

Dann gibt es so schöne Wörter, die es auf Deutsch nicht gibt. Sehen Sie sich diesen Satz an: »Sie sieht sie und sie.« Wen sieht die erste sie? Sieht sie ein weibliches Wesen, oder mehrere, oder zwei Gruppen von Menschen? Oder: »Er setzt seinen Hut auf.« Setzt er den eigenen auf, oder den des Tischnachbarn, der gerade nicht aufpasst? Im Norwegischen gibt es für alle solche Fälle jeweils andere Personalpronomen, es können keine Irrtümer auftreten, und deshalb findet man in norwegischen Texten manchmal über viele Sätze hinweg keinen einzigen Namen – es ist ja ohnehin klar, wer gemeint ist. Und nie muss man sich mit Konstrukten wie »mein Großvater väterlicherseits und mein Großvater mütterlicherseits sind leider verfeindet, aber mein Vetter dritten Grades versucht zu vermitteln« behelfen, alle diese Verwandtschaftsbezeichnungen sind im Norwegen klar und deutlich, für jede Art von Verwandtschaft gibt es eigene Wörter, und dazu gibt es noch einen Sammelbegriff für »Vettern und Kusinen«, »søskenbarn« nämlich.

Ein wunderschönes Gesprächsthema schließlich ist das Odelsting – das bedeutet übersetzt »Erbting«, was aber nicht heißt, dass die Sitze im Odelsting vererbt worden wären. So weit mein Wissen, ich habe nie begriffen, wozu das Odelsting eigentlich diente. Und egal, wen ich in Norwegen gefragt habe, niemand wusste es. »Odelsting ... äh, also, das ist eine Kammer des norwegischen Parlaments.« (So viel wusste ich schon vorher). »Aber ... äh, nein, keine Ahnung.« So ging das, bis ich im November 2014 einen Vortrag vor einer Gruppe von fünfzig pensionierten Lehrerinnen halten musste, und ich dachte, jetzt oder nie. Die müssen mir doch erklären können, wie es sich mit dem Odelsting verhält. Aber das wusste keine. Bis auf eine, die es zwar auch nicht wusste, die aber immerhin mitteilen konnte, dass das Odelsting im Oktober 2009 abgeschafft worden ist. Stimmt, man kann das in den offiziellen Stortingsnachrichten nachschlagen. Da steht auch nicht, wozu das Odelsting nun gut war, aber es ist weiterhin ein schönes Gesprächsthema. Und wussten Sie, dass Norwegen in Sachen Flurbereinigung ein europäisches Pionierland war? Das ist sicher nur für Leute mit landwirtschaftlichem Hintergrund interessant, und auch in Norwegen ist es kaum bekannt. Im Zusammenhang mit einer Selbstmordwelle unter schwedischen Bauern zur Zeit der ersten dortigen Flurbereinigung (um 1910) wollte ich wissen, was »Flurbereinigung« auf Norwegisch heißt. Das wusste aber niemand, und alle behaupteten: »Hat's in Norwegen nicht gegeben.« Hat es aber doch! Schon 1823 wurde dort das erste Gesetz zur Flurbereinigung erlassen. Noch immer existiert eine staatliche Flurbereinigungskommission, die allerdings so selten aktiv wird, dass so gut wie niemand in Norwegen je von ihrer Existenz gehört hat. Wie auch kaum jemand dort weiß, was Flurbereinigung auf Norwegisch heißt: Teigblanding. Sowohl auf Bokmål wie auf Nynorsk. Wie schon in Grund 18 gesagt: Es ist alles gar nicht so schwierig!

ORTS- UND PERSONENLISTE

Aasbrenn, Magne, 19
Aasen, Ivar, 19
Aasen, Sig Tove, 57
Aasvik, Therese, 69
Adam von Bremen, 21
Agder, 31, 57
Aggen, Arnfinn, 94
Agnes (Prinzessin), 101
Agnes von Braunschweig-Lüneburg, 101
Akershus, 77, 100, 101
Ålesund, 36
Alta, 20
Ambjørnsen, Ingvar, 61, 73
Amundsen, Carl Morten, 94
Amundsen, Per-Willy, 94
Andersen, Hans Christian, 6, 38
Andersen, Inger Lise, 18
Andøya, 34
Arendal, 4, 84, 85
Arne & Carlos, 78
Asbjørnsen & Moe, 27
Asker, 79
Asker og Bærum, 65
Aulestad, 96
Aurenes, Marta, 16
Aurskog, 55

Balestrand, 33, 36
Barentsburg, 91, 92
Behn, Ari, 10, 67, 107
Berg, Sigrun, 80
Bergen, 31, 33, 36, 49, 54, 58, 59, 78, 84, 89
Birkedalen, Else Sophie Jensdatter, 51
Birkedalen, Hans Jacob Hendrichsen, 51
Birkenheier, Åse, 27
Bjølstad, Karen, 74
Bjørklund, Thor, 55
Bjørnøya, 35
Bjørnson, Bjørnstjerne, 15, 40, 49, 51, 52, 69, 96, 97
Bjørnson, Karoline, 96
Bjørnstad, Ketil, 23, 24, 109
Blakstad, Gudolf, 33
Bodø, 79
Boine, Mari, 22

Bomann-Larssen, Tor, 9
Boo, Sigrid, 38, 49, 71, 77, 110
Bråten, Knut Aastad, 23
Bråten, Ole Aastad, 23
Brando, Marlon, 11
Bremnes, Kari, 24
Brodin, Elin, 90
Brokke, Sigurd, 24
Buen Garnås, Agnes, 24
Buskerud, 42

Carew, John, 104
Carl Gustav (König), 67
Carola, 99
Casement, Roger, 62
Christensen, Eyvind Adler, 62
Christiania, 4, 62, 79
Clinton, Bill, 67
Collett, Camilla, 49, 85
Connolly, James, 50

Dalai Lama, 73
Dale, Unni Søiland, 76
Delphin, Marie, 46
Désirée (Königin), 11, 61
Drammen, 47
Drøbak, 51

Eckhoff, Audun, 47
Edvardsen, Erik H., 50
Elverum, 30
Emma Elliane, 20
Emstad, Marit Guldsetbrua, 76
Engesbak, Reidar Deadswan, 99
Eriksen, Bitten, 76
Etnedal, 77
Eufemia (Königin), 101

Fantoft, 59, 83, 95
Fen, Even, 15
Fett, Harry, 97
Finnmark, 31, 104
Finnøy, 90
Finnskogen, 45, 60, 82
Flagstad, Kirsten, 24, 85
Fosse, Jon, 17
Fossum, Karin, 44
Foyn, Svend, 88

Fredrikstad, 19, 64
Fridtjof den Frøkne, 36
Friedrich II, 91
Fritzl, Josef, 68
Furuholmen, Magne, 25

Gabor, Sasha, 111
Galthåen, 34
Garbarek, Jan, 23, 24
Gardermoen, 70, 71, 72, 107
Gausdal, 96
Glomsdalen, 30
Goebbels, Josef, 52
Göring, Hermann, 52
Goethe, Johann Wolfgang, 15, 17, 96
Gol, 95
Grieg, Alexander, 59
Grieg, Alexandra, 59
Grieg, Edvard, 23, 59
Grieg, Gesine, 59
Grieg, Joachim, 59
Grieg, Nina, 36, 59, 60, 95
Grieg, Tonny, 60
Grimeland, Joseph, 85
Grimm, Jacob und Wilhelm, 27
Grimstad, 51, 52
Grinshuet, 34
Gudbrandsdalen, 39
Gyldenløve, Ulrik Fredrik, 28
Gylver, Ragnhild, 106

Hafslund, Per, 87
Hagerup, Inger, 59
Hagerup, Klaus, 59
Hagn, Alfred, 97
Håkon V, 101
Håkon VII, 9, 85
Håkon Magnus (Kronprinz), 4, 5, 9
Halberg, Jonny, 13
Hallingdal, 65
Hamar, 84
Hamarøy, 52, 53
Hamsun, Knut, 12, 38, 51, 52, 53, 96
Hamsun, Marie, 51, 52
Hansen, Christian Ernst, 28
Hansen, Frida, 80
Hansen, Søren Lexow, 47

Harald (König), 10, 67, 69, 100, 107
Harald Schönhaar, 4, 90
Hardanger, 23
Hardangerfjord, 61
Harket, Morten, 25
Harstad, 33
Hatlevik, Torstein, 54
Hauge, Hans Nielsen, 23
Hauge, Olav H., 61
Havøysund, 104
Heddal, 95
Hedmark, 14, 40
Heinrich II, 91
Heinrich VIII, 100
Helgeland, 34
Helleland, Allis, 47
Henmo, Sverre, 52
Henriksen, Levi, 45
Hervig, Jan-Inge, 33
Heyerdal, Thor, 48, 77
Hildebrandt, Christel, 51
Hillestad, Erik, 24
Hitler, Adolf, 52, 68
Hjertøya, 108
Holt, Anne, 44, 109
Holt, Åstha, 45, 60, 83
Hordaland, 54, 90
Horten, 62
Hurumlandet, 70
Hushovd, Thor, 111
Hvitsteen, 74

Ibsen, Henrik, 12, 38, 49, 50, 51, 52, 59, 74, 96
Ibsen, Sigurd, 74
Ibsen, Suzannah, 51
Imerslund, Per 97
Ingebjørg (Königin), 101
Ingrid Alexandra, (Prinzessin), 9, 10,
Iveland, 57

Jacobsen, Roy, 64
Jæger, Hans, 51, 96
Jæren, 31
Jahre, Anders, 107
Johansen, Henry, 85
Jotunheimen, 2

Kaaresuando, 20
Karl Johan (König), 11, 61
Karoli, Solomia, 98

Karlsen, Harald, 45, 88
Kautokeino, 24
Kirkemo, Kristin, 86
Kjerringøy, 52
Kongsberg, 24
Kragerö, 28
Kristensen, Monica, 91
Kristiania, 51, 52, 55, 57, 96
Kristiansand, 57
Krohg, Christian, 51, 96
Krüger, Karoline, 24
Kvale, Halvard, 24
Kvilekval, Nils, 6

Langslet, Lars Roar, 86
Larssen, Tulla, 74
Larsson, Stieg, 109
Larvik, 1, 48, 55
Lavik, Dore, 51
Laudan, Else 110
Lenth, Lars, 70
Lewinsky, Monica, 67
Lillehammer, 22, 52, 55, 66, 94, 96
Lindell, Unni, 44, 93, 109
Linstow, Hans Ditlev Franciscus von, 11
Listhaug, Sylvi, 94
Løren, 50
Løten, 40
Løvstad, Asbjørn, 43
Løvstad, Karianne Kvålen, 43
Lofoten, 4, 37, 89
Lofthus, Christian, 51
Lom, 52
Lomen, 24
London, Jack, 88
Longyear, John Munroe, 92
Longyearbyen, 91, 92
Lorentzen, Ludvig, 68
Lyngmo-Heien, Ørnulf, 1, 2
Lysaker, 108
Lysholm, Jørgen, 40
Lysholm, Catharina, 40

Mæhle, Lars, 18, 109
Märtha, Kronprinzessin, 9
Märtha Louise, Prinzessin, 9, 67
Manner, Friederike, 52
Mao Tse-Tung, 35, 73
Margrethe (Königin), 4
Maria Stuart, 91

Maud (Königin), 9, 36, 100
Mehlum, Jan, 6
Merkel, Angela, 69
Mette-Marit, (Kronprinzessin), 9, 89
Michelet, Jon, 35, 44, 47, 88, 109
Mittun, Mietze, 60
Mittun, Olav, 60
Mjøen, Augusta, 96, 97
Mjøen, Cläre, 96
Mjøen, Reidar, 97
Mo i Rana, 32, 52
Molde, 46, 94, 108
Mosnes, Terje, 18
Moss, 13, 33, 62, 70
Muizniks, Nils, 98
Munch, Andreas, 74
Munch, Christian, 74
Munch, Edvard, 46, 74
Munch, Inger Marie, 74
Munch, Laura, 74
Munch, Laura Katrine, 74
Munch, Peter Andreas (Bruder von Edvard), 74
Munch, Peter Andreas, 27, 74, 101
Munch, Sofie, 74
Munthe-Kaas, Herman, 33
Mutter Teresa, 73
Myhre, Lars-Martin, 25
Myhre, Wencke, 23, 24, 67
Mykland, Erik, 104
Myllarguten, 45

Nansen, Fridtjof, 87, 98
Narvik, 52
Nesbø, Jo, 15, 44, 64
Nesja, Carl, 48
Nesje, Nina, 49
Nesser, Håkan, 108
Nichterlein, Josef, 76
Nilsen, Lillebjørn, 24
Nøtterøy, 49, 87
Nordgren, Sune, 47
Nordland, 52, 53
Noreger, Odd, 16

Odda, 96,
Olaus Magnus, 90
Olav (König), 9, 67
Omre, Arthur, 14
O'Doherty, Eamonn, 50

Øverbo, Alvhild Viken, 60
Ohlin, Per 84
Oppland, 24
Oscar I, 11, 61
Oslo, 4, 10, 11, 12, 13, 15, 16, 17, 20, 21,24, 26, 30, 32, 35, 37, 40, 41, 44, 45, 46, 47, 48, 49, 51, 52, 55, 60, 62, 64, 66, 67, 68, 70, 71, 72, 74, 75, 77, 78, 84,85, 87, 89, 95, 97, 98, 100, 101, 103, 104, 106,107, 108, 110, 111
Oslofjord, 33, 87, 107
Ossietzky, Carl von, 52

Paus, Ole, 24
Picasso, Jacqueline, 48
Picasso, Pablo, 48
Pontoppidan, Erik, 81
Python, Monty 84
Purkestad, 34

Quisling, Vidkun, Vorwort, 7, 52, 97

Ragde, Anne B, 15
Ragnhild, Prinzessin, 107
Rauland, 45
Refsum, Eivor, 49
Riegl, Alois, 80
Riehl, Wilhelm Heinrich, 61
Rollem, Terje, 76
Romsdal, 108
Rosendal, 61
Rybak, Alexander, 24
Ryggen, Hannah, 80
Rypbal, Inger Lise, 18

Sandemo, Margit, 17, 69, 109
Sandefjord, 1,41, 70, 87
Sandvika, 84, 85
Schelderup, Leis, 59
Schiller, Friedrich, 15, 61, 96
Schrammel, Johann und Josef, 12
Schweizer, Albert, 73
Schwitters, Bengt, 108
Schwitters, Ernst, 108
Schwitters, Kurt, 108

Selbu, 77
Selinko, Annemarie, 11
Sibbern, Annichen, 76
Silvia, (Königin), 67
Skibotn, 21
Skram, Amalie, 49, 96
Skretting, Gudrun, 76
Småge, Kim, 44, 110
Sør-Trøndelag, 77
Sognefjord, 36
Solkjær, Ole Gunnar, 104
Solstad, Dag, 35
Son, 33
Sonja (Königin), 10
Sophie Magdalena (Königin), 100
Sparboe, Kirsti, 23
Spitzbergen, 90, 91
Staalesen, Gunnar, 57
Stavanger, 16, 40, 43, 63, 68, 72, 77, 78, 96, 97
Steensballe, P. F., 51
Steinkjer, 40
Störtebeker, Klaus, 57
Stokmarknes, 52
Stoltenberg, Mathias, 46
Storgalten, 34
Stray, Sigrid, 52
Suggetjonn, 34
Svalbard, 1
Sveaas, Christen, 99
Sverre Magnus (Prinz), 10
Svinesund, 34
Svinøy, 34
Svullrya, 45

Tau, Max, 52
Tautra, 34
Teigen, Jahn, 49
Telemark, 45, 61
Terboven, Josef, 52
Thørring, Jorun, 44
Thoresen, Magdalene, 96
Thue, Kjell, 87
Tønsberg, 1, 4, 49, 87
Thorvaldsen, Bertel, 6
Thortvedt, Olaus, 57
Tonsåsen, 77
Tormodsgaard, Bjarne, 65

Totakvatnet, 40
Traven, B, 97
Trøndelag, 82
Troms, 2, 31
Tromsø, 33, 90
Trondheim, 40, 44, 64, 82, 111
Trondheimsfjord, 34
Trotzki, Leo, 97
Tyrifjord, 1
Tysnes, 54

Ulfeldt, Corfiz, 91
Ullevål, 80
Ullensvang, 80
Ullern, 80
Ulvik, 31
Unger, Max, 36
Undset, Sigrid, 15, 90
Utne, Brita, 60

Vaaler, Johan, 55
Valdres, 77
Valkeapää, Nils Aslak, 22, 24
Vallestad, Terje, 63
Vangnes, 36
Vesaas, Halldis Moren, 18
Vestfold, 1,4
Vestvågøy, 4
Victoria (Queen), 8, 100
Vigeland, Gustav, 49, 74
Vikernes, Varg, 84
Vinje, 40
Voss, 31

Wagner, Richard, 2, 69, 84, 85
Waktaar-Savoy, Paul, 25
Walderhaug, Arne, 99
Wassmo, Herbjørg, 110
Westbye, Helge, 24
Wildhagen, Mette, 15
Wilhelm II, 8, 33, 36, 74
Wilse, Jacob Nicolai, 19
Wizlaw II, 101
Wolff, Frederik Christian, 61
Wolff, Simon Olaus, 61

Young, Neil, 55

Zobeltitz, Fedor von, 83
Zola, Emile, 49

ZITATE

Grund 21, Knut Aastad Bråten, persönlich, 3.6.2016

Grund 31: zitiert aus: Ingvar Ambjörnsen, Aus dem Feuer, Edition Nautilus, 2016

Grund 34: Gabriele Haefs über norwegische Schallplattenfirmen, in Folker 3/22015, Zitat von Lillebjørn Nilsen, Mail im März 2015

Grund 39, Grund 77, Sigrid Boo: Selv i tider som disse, 1932/Heldig ung dame, 1940. Aschehougs Forlag

Grund 52, Christel Hildebrandt über Ibsen, 7.6.2016, Mail

Grund 55, Hotel Haaheim, Torstein Hatlevik: Mail vom 6.1.2016

Grund 58, Gedicht von Sig Tove Aasen: per Mail 25.2.2016

Grund 61: Alvhild Viken Øverbø, Folkemusikk 2/2015

Grund 62: Olav H. Hauge, zitiert nach http://synogsegn.no/artiklar/2015/utgaave-3-15/eit-hol-i-loeedoera.aspx

Grund 69, Ludvig Lorentzen, Mail vom 25.1.2016

Grund 89, Jon Michelet: »Walfang«, Anakronia 11, 2012

Grund 94: Carl Morten Amundsen: Mail 27.7.2016

Grund 95: Metal: fast alles von Julian Haefs, dazu: Michael Moynihan und Didrik Söderlind: Lord of Chaos, Index Verlag, 2008

Grund 106: Ragnhild Gylver: Mersalgsdronningen, Vigmostad & Bjørke, 2016

BILDNACHWEIS

Coverfotos und Bilder zu den Kapiteln: 1. Reihe: © haker1904.gmail.com; © Nightman1965; © Vakhrushev Pavlo Igorevich; © Eugene Sergeev; © destillat; 2. Reihe: © Nanisimova_sell; © liliportfolio; © pljvv1; © tan4ikk; © Kotangens; © 3. Reihe: © jarino; © Dhoxax; © vitalytitov; © Sergey Alyoshin; © Nanisimova_sell; 4. Reihe: © vyskoczilova; © jovannig; © Vlada.Z; © Marek Slusarczyk; © Galyna Andrushko; 5. und 6. Reihe: © aluha123; © Pavlo Kolotenko; © Rudolf Balasko; © rigamondis; © Galyna Andrushko; © Dmitry Chulov; © Tomas Griger (alle www.depositphotos.de).

Bildteil 1: S. I: © liveinlondon_/pixabay.com; S. II oben: © vitalytitov, unten: © kjorgen; S. III: li.oben: © KRiemer/pixabay.com, re. oben: © kjekol, unten: © lenaforb/fotolia.com; S. IV: © jovannig; S. V: © KRiemer/pixabay.com; S. VI li. oben: © Hackman, re. oben: © Dhoxax, unten: © Willard; Seite VII: oben: © peter77, li. unten: © BIG_TAU, re. unten: © fanfon; Seite VIII: v.l.o.n.r.u.: © cookelma, © ezarubina, © Kotangens, © joyfull; S. IX oben: © kamchatka, unten: © liliportfolio; S. X oben: © kjorgen, unten: © tan4ikk; S. XI. oben: © Nanisimova_sell; unten: © tan4ikk; S. XII-XV: © depositphotos.com; © alexalexl

Bildteil 2: S. I oben: © rigamondis, unten: © kamchatka; S. II v.l.o.n.r.u.: © aluha123, © imageoptimistic, © jarino, © neuartelena; S. III oben: AlexvonGutthenbach-Lindau, © christoph-mueller (beide: pixabay.com); S. IV oben: © SERG_ICELAND, unten: © manolofranco/pixabay.com; S. V oben: Unsplash/pixabay.com, unten: © silverjohn; S. VI v.l.o.n.r.u.: © jovannig, © chudakov, © _fla, © javarman, S. VII oben: © ongap_, unten: © haker1904.gmail.com; S. VIII oben: © justsolove, unten: © pljvv1; S. IX oben: © peter77, unten: © elenathewise; S. X oben: AlexvonGutthenbach-Lindau/pixabay.com, unten: © sergeialyoshin; S. XI oben: VidarHAndersen/pixabay.com, unten: © dovapi; S. XII oben: © SnapwireSnaps, unten: © KRiemer (beide: pixabay.com), S. XIII oben: © Unsplash, unten: © spedney (beide: pixabay.com); S. XIV: © Seppo Paakunai; S. XV li. oben: © Barbara O'Doherty, unten: © LevT/fotolia.com; S. XVI oben: © ablakat, unten: © Thomas Marchhart (beide: fotolia.com).

Alle Bilder ohne separate Kennzeichnung stammen von www.depositphotos.com.

SCHWARZKOPF & SCHWARZKOPF

111 GRÜNDE, FINNLAND ZU LIEBEN

DAS EXOTISCHSTE LAND EUROPAS: HEIMAT DES WEIHNACHTSMANNES,
DER POLARLICHTER UND VERRÜCKTESTEN WETTBEWERBE.

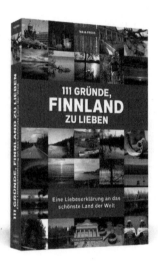

111 GRÜNDE, FINNLAND ZU LIEBEN
EINE LIEBESERKLÄRUNG AN DAS SCHÖNSTE LAND DER WELT
Von Tarja Prüss
328 Seiten | Taschenbuch
Mit separatem Farbteil
ISBN 978-3-86265-614-1 | Preis 12,99 €

111 GRÜNDE, FINNLAND ZU LIEBEN erzählt von einzigartigen Seen- und Waldlandschaften von Helsinki bis zum Polarkreis, spektakulären Naturschauspielen wie Nordlichtern und Mitternachtssonne, unerwarteten Begegnungen mit Finnen, Samen und Rentieren, gibt persönliche Einblicke in Mentalität und Lebensweise. Kein Reiseführer, eher ein Reiseverführer. Geschichten aus dem Land der Sauna-Erfinder, Mythen aus der lappländischen Heimat des Weihnachtsmannes. Eine Hommage an ein kleines stolzes Volk, das dreisprachig schweigt, sich in Luftgitarrespielen misst und kein Futur kennt.

Eine Liebeserklärung an das wohl exotischste Land Europas mit den letzten Ureinwohnern, den schrägsten Vögeln und verrücktesten Wettbewerben. Eine ganz persönliche Auswahl von Lieblingsgründen, eine Schatzkiste für Finnland-Neulinge, ein Überraschungsgeschenk für Finnland-Kenner.

WWW.SCHWARZKOPF-SCHWARZKOPF.DE

SCHWARZKOPF & SCHWARZKOPF

111 GRÜNDE, SCHWEDEN ZU LIEBEN

SCHWEDEN – LAND DER SELBSTBAUREGALE, ELCHE UND DES ILLEGALEN SCHNAPSES.
HELLE NÄCHTE, NEUTRALITÄT UND UNENDLICHE WÄLDER. VERLIEBEN SIE SICH 111 MAL.

111 GRÜNDE, SCHWEDEN ZU LIEBEN
EINE LIEBESERKLÄRUNG AN DAS SCHÖNSTE LAND DER WELT
Von Stefanie Andersson
ca. 288 Seiten | Taschenbuch
Mit separatem Farbteil
ISBN 978-3-86265-615-8 | Preis 12,99 €

Hier oben im Norden, wo die Welt noch in Ordnung ist, wo die Sonne im Sommer rund um die Uhr scheint, wo die Menschen in Postkartenhäusern wohnen und der Schnaps vom Staat verkauft wird, lebt es sich in einem ganz eigenen Takt.

Hier, an der Außenkante Europas, sind die Wälder noch intakt und das Gesundheitssystem nicht mehr so ganz. Die Menschen lieben und pflegen ihre eigene Kultur und schauen eher im Vorbeigehen auf das Europa jenseits der Ostsee.

In Schweden lebt man mit den Jahreszeiten, feiert Feste, die noch aus der Wikingerzeit stammen, und pflegt Bräuche, an deren Ursprung sich niemand mehr so richtig erinnern kann. Es ist ein Land, nach dem sich viele sehnen, aber das nur wenige wirklich verstehen. Es gibt viele Gründe, Schweden zu lieben. 111 davon stehen in diesem Buch.

WWW.SCHWARZKOPF-SCHWARZKOPF.DE

DANKSAGUNG

Der 83. Grund: Weil die norwegische Musikszene wirklich böse Männer zu bieten hat – Norwegen ist Metal-Land, wurde bis auf einen Satz von Julian Haefs geschrieben, dem hier noch mal ganz besonders gedankt werden muss.

GABRIELE HAEFS, * 1953 in Wachtendonk, übersetzt seit vielen Jahren Bücher aus dem Norwegischen – z.B. »Sofies Welt«. Ein norwegischer Ehemann trägt das Seine dazu bei, ihr Wissen über Land und Leute noch zu erweitern. Als Ritterin des Königlichen Norwegischen Olavsordens hat sie Einblick in Geheimnisse des Landes, die nicht auf den ersten Blick zu entdecken sind.

Gabriele Haefs
111 GRÜNDE, NORWEGEN ZU LIEBEN
Eine Liebeserklärung an das schönste Land der Welt

ISBN 978-3-86265-613-4
© Schwarzkopf & Schwarzkopf Verlag GmbH, Berlin 2016
Vermittelt durch die Literaturagentur Brinkmann, München | Alle Rechte vorbehalten. Dieses Werk ist urheberrechtlich geschützt. Jede Verwendung, die über den Rahmen des Zitatrechtes bei korrekter und vollständiger Quellenangabe hinausgeht, ist honorarpflichtig und bedarf der schriftlichen Genehmigung des Verlages.

KATALOG
Wir senden Ihnen gern kostenlos unseren Katalog.
Schwarzkopf & Schwarzkopf Verlag GmbH
Kastanienallee 32, 10435 Berlin
Telefon: 030 – 44 33 63 00 | Fax: 030 – 44 33 63 044

INTERNET | E-MAIL
www.schwarzkopf-schwarzkopf.de
www.facebook.com/schwarzkopfverlag
info@schwarzkopf-schwarzkopf.de